한국가스기술공사

직업기초능력평가

한국가스기술공사
직업기초능력평가

개정3판 1쇄 발행   2023년 11월 3일

편 저 자 | 취업적성연구소
발 행 처 | ㈜서원각
등록번호 | 1999-1A-107호
주   소 | 경기도 고양시 일산서구 덕산로 88-45(가좌동)
교재주문 | 031-923-2051
팩   스 | 031-923-3815
교재문의 | 카카오톡 플러스 친구[서원각]
홈페이지 | goseowon.com

PREFACE

우리나라 기업들은 1960년대 이후 현재까지 비약적인 발전을 이루었다. 이렇게 급속한 성장을 이룰 수 있었던 배경에는 우리나라 국민들의 근면성 및 도전정신이 있었다. 그러나 빠르게 변화하는 세계 경제의 환경에 적응하기 위해서는 근면성과 도전정신 이외에 또 다른 성장 요인이 필요하다.

최근 많은 공사·공단에서는 기존의 직무 관련성에 대한 고려 없이 인·적성, 지식 중심으로 치러지던 필기전형을 탈피하고, 산업현장에서 직무를 수행하기 위해 요구되는 능력을 산업부문별·수준별로 체계화 및 표준화한 NCS를 기반으로 하여 채용공고 단계에서 제시되는 '직무 설명자료'상의 직업기초능력과 직무수행능력을 측정하기 위한 직업기초능력평가, 직무수행능력평가 등을 도입하고 있다.

한국가스기술공사에서도 업무에 필요한 역량 및 책임감과 적응력 등을 구비한 인재를 선발하기 위하여 고유의 직업기초능력평가를 치르고 있다. 본서는 한국가스기술공사 채용대비를 위한 필독서로 한국가스기술공사 직업기초능력평가의 출제경향을 철저히 분석하여 응시자들이 보다 쉽게 시험유형을 파악하고 효율적으로 대비할 수 있도록 구성하였다.

신념을 가지고 도전하는 사람은 반드시 그 꿈을 이룰 수 있습니다. 처음에 품은 신념과 열정이 취업 성공의 그 날까지 빛바래지 않도록 서원각이 수험생 여러분을 응원합니다.

STRUCTURE

핵심이론 정리

NCS 직업기초능력 핵심이론을 체계적으로 정리하여 단기간에 학습할 수 있도록 하였습니다.

출제예상문제

다양한 유형의 출제예상문제를 다수 수록하여 실전에 완벽하게 대비할 수 있습니다.

인성검사 및 면접

성공취업을 위한 실전 인성검사와 면접의 기본, 면접기출을 수록하여 취업의 마무리까지 깔끔하게 책임집니다.

CONTENTS

PART

I

한국가스기술공사 소개

01 공사소개

1 한국가스기술공사 소개

(1) 개요

한국가스기술공사는 국내 천연가스 설비에 대한 책임 정비와 안전관리를 기초로 LNG 저장 탱크 설계 등 엔지니어링 사업과 수소 등 친환경에너지 사업 진출을 통해 국가 경제 발전과 국민 생활의 편익 증진을 위해 노력하고 있습니다.

(2) KOGAS-Tech 미션 및 비전

① 미션 ⋯ 깨끗하고 안전한 에너지 기술 Solution 제공으로 탄소중립 실현 기여

② 비전 ⋯ 한국가스기술공사는 설립목적인 천연가스의 안전한 공급 및 국민생활의 편의 증진을 위해 Vision2030을 수립하여 세계 일류 에너지 기술 기업으로의 힘찬 도약을 시작하고자 합니다.

(3) 경영목표 로드맵

① 전략방향
  ㉠ 스마트 기술 기반 정비경쟁력 제고
  ㉡ 그린에너지 미래성장동력 확보
  ㉢ 지속가능성장 인프라 강화
  ㉣ 전사적 경영시스템 혁신

② 중장기 경영목표 ⋯ Vision 2030
  ㉠ 에너지 전문인력 1만 명 양성
  ㉡ 중대재해사고 ZERO 달성
  ㉢ 기술개발활용성과 10%증가
  ㉣ 에너지설비 100%완벽 정비
  ㉤ ESG 지속가능지수 S등급
  ㉥ 매출 1조원

      ⓢ EBITDA 대 매출액 10% 이상

      ⓞ 부채비율 80% 미만

③ 12대 전략 목표

      ㉠ 가스플랜트 정비사업 안전 및 안정적 공급실현

      ㉡ 스마트 정비체계 기반 생산성 제고

      ㉢ 에너지 정비 기술솔루션 사업 확대

      ㉣ 수소산업 지원 플랫폼 사업확대

      ㉤ 친환경에너지 핵심기술개발 선도

      ㉥ 민간협력 기반 EPC사업 확대 및 글로벌 엔지니어링 기술경쟁력 강화

      ⓢ 중대재해 예방 및 환경품질체계 확립

      ⓞ KOGAS-Tech형 ESG가치체계 확립

      ㉦ 미래성장사업 전문인력 체계적 육성

      ㉧ 혁신계획 체계적 이행과 경영전략 실행력 강화

      ㉨ 전사 리스크 관리를 통한 재무성과 창출

      ㉩ 조직역량 강화 및 합리적 조직운영

(4) KOGAS-Tech 핵심가치

핵심가치는 한국가스기술공사 구성원들의 사고와 행동의 기준이 되는 가치로써, 모든 것에 우선하여 지키고자 하는 신념입니다.

① **안전우선** ⋯ 구성원과 이해관계자의 안전을 먼저 생각하겠습니다.

② **기술중시** ⋯ 고객에게 가치를 제공하는 기술전문기업이 되겠습니다.

③ **상생협력** ⋯ 협력업체, 파트너사 등과 상생경영을 실현하겠습니다.

④ **미래선도** ⋯ 미래 에너지 사업을 주도하는 선도적 사업역량을 확보하겠습니다.

2 조직도

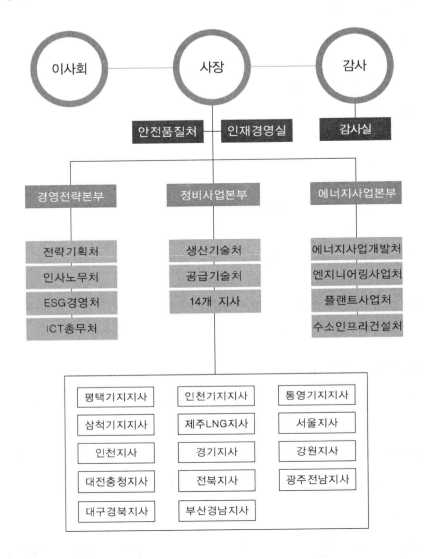

이사회 ---- 사장 ---- 감사

안전품질처 — 인재경영실

감사실

경영전략본부	정비사업본부	에너지사업본부
전략기획처	생산기술처	에너지사업개발처
인사노무처	공급기술처	엔지니어링사업처
ESG경영처	14개 지사	플랜트사업처
ICT총무처		수소인프라건설처

평택기지지사	인천기지지사	통영기지지사
삼척기지지사	제주LNG지사	서울지사
인천지사	경기지사	강원지사
대전충청지사	전북지사	광주전남지사
대구경북지사	부산경남지사	

3 **사업분야**

(1) 천연가스설비정비사업

① 생산설비 정비현황

　㉠ 생산설비정비

　　• 생산기지는 해외 생산국으로부터 운송된 액화천연가스를 저장 후 기화시켜 전국으로 공급하는 천연가스 공급의 핵심설비입니다.

　　• 한국가스기술공사는 평택, 인천, 통영, 삼척, 제주에 위치한 5개 생산기지에서 액화천연가스 생산관련 설비에 대한 철저한 예방점검과 정비로 설비의 최적가동을 실현하고 있으며, 설비 진단과 고장실적 분석 등을 통한 맞춤식 정비로 정비의 안정적인 운영에 기여하고 있습니다.

　㉡ 주요 수행업무

　　• 가스설비의 시운전 정비, 경상정비, 예방정비 및 상태진단

　　• 가스설비 수명연장 및 성능개선공사

　　• 설비 개선, 저장탱크 정밀점검 및 정비

　㉢ 상태기준 예방정비 체계구축 : 액화천연가스 생산설비의 효율적 정비체계 확립을 위하여 상태기준 예방정비 기법을 실시함으로써 설비의 고장시점을 예측하고 이에 따른 적절한 정비가 고장 전에 이루어지도록 하여 경제적이고 효율적인 정비를 수행할 수 있게 되고 설비의 가동율을 최대화 할 수 있게 됩니다.

② 공급설비 정비현황

　㉠ 공급설비정비 : 천연가스의 전국 공급망인 5,105km의 주배관망과 425개 공급관리소의 안정적 운영을 위해 10개 관로지사와 12개 사업소, 14개 분소를 운영 중에 있으며 연중 24시간 비상출동 체제를 가동하고 있습니다.

　㉡ 주요 수행업무

　　• 전국 천연가스 공급설비와 그 부대 시설물에 관한 기계, 전기, 통신, 계전, 계량, 전산 설비 등의 점검 및 정비

　　• 중앙지령실 및 지역통제소의 점검 및 정비

　　• 주요 설비의 분해 점검 및 정비

　　• 긴급상황 발생 시 복구작업

③ 배관망 검사

　㉠ 배관망검사 : 생산기지에서 전국의 수요처(도시가스회사 및 발전소 등)에 천연가스를 공급하기 위한 총 5,105km의 공급배관을 76개 구간으로 구분하여 배관 및 부속시설물에 대한 이상유무를 매일 점검하고, 위해요인 발견 시 신속하고 효율적인 조치를 시행함으로써 배관망 안전사고 예방에 만전을 기하고 있습니다.

　㉡ 주요 수행업무
- 연중무휴 1일 왕복 2회 순회 점검
- 배관망 주변 위해 요인 감시
- 가스누출 여부 점검
- 매설배관 피복건전성 탐측
- 배관부속시설물 이상유무 점검 및 정비
- 매설배관 방식설비 점검 및 정비
- 기상특보 및 환절기 특별점검
- 긴급 상황 발생 시 확산방지 및 긴급복구 등

④ 굴착공사 관리

　㉠ 굴착공사 관리 : 천연가스 공급배관망 주변에서 행해지는 각종 공사로부터 공급배관망 보호 및 안전성 확보를 위하여 굴착공사 관리 전담요원을 투입, 공사설계 단계에서부터 배관망 안전관리 대책이 반영될 수 있도록 기술지도를 실시하고 있으며 지하철공사와 같은 대형공사는 전담팀을 편성하여 시공현장에 상주하며 특별관리를 시행함으로써 천연가스의 안정적 공급에 만전을 기하고 있습니다.

　㉡ 주요 수행업무
- 가스배관 매설 현황 조사
- 신고 또는 미신고 굴착공사에 대한 안전관리 협의
- 공사현장 기술지도 및 점검
- 배관망 안전관리 기준 교육 및 홍보

(2) 엔지니어링사업

① 액화천연가스 저장탱크 사업

    ㉠ 액화천연가스 저장탱크는 −165도의 초저온 액화천연가스를 저장하는 특수 구조물로서 세계적으로 일부 기업에서만 설계가 가능합니다. 한국가스기술공사는 국내 유일의 액화천연가스 저장탱크 설계회사로서 세계 최대 규모인 20만kℓ급/27만kℓ급/28만kℓ급 탱크 설계 능력을 보유하고 있습니다.

    ㉡ 한국가스기술공사는 2000년 9% 니켈 액화천연가스 저장탱크에 대한 설계 국산화를 완료하고, 이후 국내(통영, 평택, 인천, 삼척, 보령, 광양기지) 및 해외(멕시코, 싱가포르, 태국, 중국)의 액화천연가스 탱크 57기에 대한 설계와 화학플랜트 저온탱크(에틸렌 등) 15기를 성공적으로 완료하였으며, 현재 다수의 국내, 해외 액화천연가스 저장탱크 및 화학 플랜트 저온탱크 등의 프로젝트를 수행하고 있습니다.

② 액화천연가스 생산기지 사업

    ㉠ 액화천연가스 생산기지는 액화천연가스를 해외로부터 도입하여 하역, 저장하고 천연가스를 생산하여 송출하는 기지로서 여러 가스플랜트 설비를 포함하고 있습니다.

    ㉡ 한국가스기술공사는 생산기지 본 설비에 해당하는 하역설비, 재액화설비, 기화설비 등에 대한 설계와 감리를 수행함으로써 가스플랜트설비에 대한 엔지니어링 능력을 구축하여 종합에너지설계회사로 거듭 발전하고 있습니다.

③ 천연가스주배관/공급관리소 사업

    ㉠ 액화천연가스 생산기지에서 생산된 천연가스는 약 4,971km의 전국 주배관망과 419개 공급관리소를 거쳐 발전소와 가정에 공급됩니다.

    ㉡ 한국가스기술공사는 고압 천연가스 배관, 공급관리소 및 설비에 대한 감리를 통해 전국 천연가스 공급 확대와 국민의 편리한 천연가스 이용에 일익을 담당하고 있습니다.

④ 기타 엔지니어링 사업 ⋯ 세계적인 온실가스 감축 정책에 따른 차세대 대체에너지인 디메틸에테르(DME(Di−Methyle Ether)) 생산설비 설계와 압축천연가스 수소 충전소설비 설계 등 친 환경적인 대체에너지 및 재생에너지 분야에 대한 설계분야 투자로 한국가스기술공사는 미래지향적인 에너지회사로의 발돋움을 하고 있습니다.

(3) 해외정비사업

① 사업 분야

㉠ 한국가스기술공사는 가스기술교류와 전문인력 양성을 위하여 독일 PLE사, 일본 TGE 사 등과 기술협력 체계를 구축하고 영국의 Whessoe사와 탱크설계 기술을 공유하여 축적된 기술력과 수많은 가스사업 수행 경험을 바탕으로 세계천연가스 설비사업에 진출하고 있습니다.

㉡ 국내에 위치한 평택, 인천, 통영, 삼척 액화천연가스 인수기지를 비롯하여 전국을 잇는 천연가스 주배관망 및 공급관리소의 책임정비를 수행하면서 축적된 독보적인 기술력을 바탕으로 해외천연가스 플랜트 건설 현장에서 시운전 주역으로 도약하고 있으며, 또한 향후 해외 각국의 천연가스 생산 및 인수기지 정비사업에 참여를 도모하고 있습니다.

② 주요 수행업무

㉠ 가스설비 운전 및 정비 : 천연가스플랜트의 가스 생산을 책임지고 운전 및 정비를 수행하는 방식으로서 액화천연가스 인수기지의 하역 설비로부터 저장, 기화, 송출, 계량설비와 관련된 프로세스 및 유틸리티에 관한 기계, 전기, 통신, 계장, 계측제어설비 등에 대한 정비 사업을 수행하고 있습니다.

㉡ 천연가스, 원유 및 가스 설비 시운전 및 기술용역 : 천연가스 및 원유 및 가스 육상 건설 후 시운전 및 운영 및 유지보수 서비스관련 기술용역을 나이지리아, 카타르, 중국, 태국, 싱가포르, 이라크, 사우디아라비아, 파나마 등지에서 성공적으로 수행하고 있습니다.

㉢ 기타사업 : 액화천연가스 하역설비, 회전기기, 압축기, 펌프, 초저온설비 등 단위설비 및 시스템 고장진단 정비, 완전분해정비 수행 및 컨설팅

(4) 에너지 & 건설사업

① 활관천공 & 차단작업 사업 정의 : 활관천공&차단작업은 사용 중인 배관 및 저장용기 등에 특수한 샌드위치 밸브와 피팅을 설치, 배관을 천공하는 활관천공&차단작업 공법과 *실링 엘리멘트를 장착한 *플러깅 헤드로 배관의 일부분을 차단하는 차단공법을 사용하여 유체 (가스, 유류, 증기 등)의 공급 및 계통운영 중단 없이 배관 분기 및 이설, 밸브교체 등을 수행하는 고난이도 특화기술 사업입니다.

* 실링엘리멘트 : 배관 차단재
* 플러깅헤드 : 배관 내 유체를 차단하기 위한 플러깅 머신 부속품

② 주배관건설

㉠ 천연가스 수요증가에 따른 공급배관 이설공사 및 우수한 설비능력으로 천연가스의 안정적 공급에 만전을 기하고 있습니다.

㉡ 천연가스의 수요급증에 따른 공급시설의 용량부족 해소를 위한 공급설비 보강과 급증하는 사회간접자본 확충사업과 연계하여 매설배관의 이설을 적기에 추진하여 천연가스의 안정적 공급에 만전을 기하고 있습니다.

(5) 안전 · 보건 · 환경 · 품질

① 경영시스템

㉠ 안전 · 보건 · 환경 · 품질 경영시스템 : "안전"을 최고의 가치로 생각하며 종합 재해율 제로에 도전하고 있는 한국가스기술공사는 국제 기준의 ISO9001/14001, ISO 45001 등의 인증 취득을 토대로 선진 안전 · 보건 · 환경 · 품질 경영시스템을 구축하여 과학적이고, 체계적으로 운영하고 있습니다.

㉡ 운영체계 : 안전 · 보건 · 환경 · 품질에 관한 통합 경영시스템을 구축하고 이의 체계적 이행을 위하여 표준문서(메뉴얼, 절차서, 지침서)와 가스설비 정비 표준정비절차를 수립하여 운영하고 있습니다.

㉢ 완벽한 액화천연가스설비 안전관리 : 전국의 배관망을 매일 점검함으로써 굴착공사 등으로 인한 배관 손상 사고를 방지하고 생산기지와 공급관리소의 가스 설비에 대한 월간, 분기, 반기, 연간 예방점검과 수시 안전점검 등을 통하여 설비 고장으로 인한 가스공급 중단 및 설비 사고 예방에 최선을 다하고 있습니다.

㉣ 지속적인 품질혁신활동 : 동일 부서의 직원들로 구성된 소집단을 결성하여 작업 및 업무와 관련된 문제점을 찾아내고 이에 대한 해결방안을 제시하여 실행함으로써 해당 업무의 생산성 향상과 조직의 활성화를 유도하고, 이를 통하여 회사의 경쟁력을 제고하여 품질경쟁력 우수기업으로 거듭나고 있습니다.

② 경영방침

　㉠ 안전 · 보건 · 환경 · 품질 경영방침
- 임직원은 안전을 최우선 가치로 삼고, 안전보건경영시스템을 지속적으로 개선 · 운영한다.
- 안전보건 법령, 절차 및 KOGAS-Tech 10대 기본 안전수칙을 준수하여 중대산업재해를 예방한다.
- 작업 전 유해 · 위험요인 발굴 및 개선활동을 생활화한다.
- 근로자 및 협력사의 안전보건에 관한 의견을 반영하여, 안전하고 쾌적한 작업환경을 조성한다.
- 지속적인 점검 및 개선으로 최상의 품질을 확보한다.
- EHSQ 경영시스템은 전 임직원이 함께한다.

　㉡ 안전보건 경영방침 ··· 한국가스기술공사는 국민안전에 기여하는 안전보건경영 실현을 위해 다음 사항을 실천한다.
- 임직원은 안전을 최우선 가치로 삼고, 안전보건경영시스템을 지속적으로 개선 · 운영한다.
- 안전보건 법령, 절차 및 KOGAS-Tech 10대 기본 안전수칙을 준수하여 중대산업재해를 예방한다.
- 작업 전 유해 · 위험요인 발굴 및 개선활동을 생활화한다.
- 근로자 및 협력사의 안전보건에 관한 의견을 반영하여, 안전하고 쾌적한 작업환경을 조성한다.

③ 경영시스템 조직체계 ··· 사장을 안전 · 보건 · 환경 · 품질 경영 총괄책임자로 하고 본사 안전품질처를 전사 안전 · 보건 · 환경 · 품질 경영 주관부서로 지정, 운영하고 있으며 14개 지사의 지사장을 안전 · 보건 · 환경 · 품질 관리 책임자로 임명 하여 현장의 안전품질점검, 보건환경관리 활동 등 사고예방에 만전을 기하고 있습니다. 또한 법정 선임인 안전관리자와 부장, 파트장 등을 관리 감독자로 선임하여 매년 자체 및 외부 위탁교육을 통하여 우수한 인력을 양성, 운영하고 있습니다.

④ 안전 · 보건 · 환경 · 품질 활동

　ㄱ 천연가스생산 및 공급설비 정비분야 : 사업장별 품질분임조를 결성하여 주 1회 이상의 회합을 실시하고 안전작업 및 정비품질 관련된 문제점을 찾아 이에 대한 해결방안을 제시하여 실행함으로써 정비 생산성 향상을 유도하고 매년 사내 정비품질 개선 발표회를 개최하여 우수 사례를 공유하고 있으며, 2006년부터 대외 경진대회에 참가하여 국가품질경영대회 등에서 총 53개의 대통령상을 수상하는 쾌거를 이루었습니다.

　ㄴ 안전점검 활동

- 기본 안전수칙을 강조하는 "4 · 4 · 4 안전점검의 날 행사" 운영 : 매월 4, 14, 24일은 "안전점검의 날", "장비점검의 날", "위험작업점검의 날"로 지정하여 전차 차원의 안전점검 실시
- 절기별(해빙기, 여름철, 겨울철) 특성에 따라 특별 안전점검기간으로 설정하여 주요 취약시설물 및 가스설비에 대한 안전점검 및 특별안전 교육 실시
- 연휴기간(설, 추석) 및 각종 행사기간을 특별 안전관리강화 기간으로 정하고 당직근무 강화 및 주요설비에 대한 안전점검 실시
- 경상정비 작업현장 및 주요 공사현장에 대한 임원 및 관리감독자 수시 안전점검 실시

　ㄷ 재난 대응체계 구축 : 가스사고 발생 시 신속하고 체계적인 대처로 재산보호 및 인명피해를 최소화하기 위하여 재난관리 절차서 및 현장조치 행동매뉴얼을 제정하여 운영하고 있으며, 상황 단계별로 관심(Blue), 주의(Yellow), 경계(Orange), 심각(Red) 단계로 나누어 재난대책본부를 구성하여 업무별로 상황반, 수습 및 복구지원반, 행정지원반, 언론대응반 역할을 담당하고 있습니다.

- 관심(Blue)단계
- –우리나라에 영향을 줄 가능성이 있는 태풍 등 기상예보 시
- –국제적 행사의 국내 개최 및 국가 주요행사 시(월드컵, 올림픽, 선거 등)
- –지진발생으로 공사 시설물 및 가스시설물에 피해발생 우려 시
- 주의(Yellow)단계
- –태풍주의보, 호우 · 폭염 · 한파 · 대설경보 발령 시
- –지진발생으로 공사 시설물 및 가스시설물에 소규모 피해발생 시
- –가스설비 또는 시설과 인접된 구조물 등의 붕괴 시
- –환경오염 또는 누출로 인한 행정조치(과태료, 범칙금) 발생 시
- 경계(Orange)단계
- –지진발생으로 공사 시설물 및 가스시설물에 피해가 발생하여 피해의 확산 우려 시
- –태풍 · 홍수 · 해일, 가스시설 손괴, 가스누출로 인명 대피나 가스공급이 중단된 경우
- –자연재해로 인한 배관노출 및 폭발테러 정보를 입수하여 조직적인 재난대비 필요 시
- –환경오염 또는 누출로 인한 행정조치(언론보도, 민원) 발생 시

- 심각(Red)단계
  - 지진발생으로 공사 시설물 대량파손 또는 가스시설물의 대량파손으로 가스누출 시
  - 액화천연가스, 천연가스 등의 누출로 인해 대형화재 및 폭발사고 발생 시
  - 자연재해, 테러 등으로 공사 시설물 및 가스시설물의 대량파손, 가스의 대량 누출 시
- ㉣ 사고예방 훈련 및 예방대책
  - 본사 및 지사에서는 비상사태 발생에 대비한 재난대응훈련을 주기적으로 실시하여 직원들의 경각심을 고취하고 있습니다.
  - 가상사고 적응훈련 : 분기별 1회 수행[유관기관과 함께 합동훈련 수행(한국가스공사, 지역소방서 등)]

(6) 기술력

① **천연가스설비 예측정비 기술** … 천연가스설비의 20여년간 정비이력 및 고장현상을 빅데이터로 활용하여 노후된 천연가스설비의 고장 시점을 예측하고, 실시간 운영데이터를 통해 수명 사이클을 분석하는 기술

② **소형 천연가스 액화기술** … 소형 액화천연가스 시장 선점을 위한 소형 액화공정 설계 기술 및 중·대형 액화천연가스 연료차량 충전인프라 구출을 위한 액화천연가스 공급시스템 설계 기술

③ **액화천연가스 터미널 설계기술** … 액화천연가스 인수기지 독자적 설계기술 확보를 위한 액화천연가스 인수기지 상세설계 기술로 인수기지 정적·동적 시뮬레이션 및 공정 설계기술

④ **지진해석기술** … 대형 액화천연가스 저장탱크 및 천연가스 설비 면진·내진설계를 위한 원천기술로 저장탱크의 지반 구조물 상호작용 해석 및 면진·내진 설계를 통한 외조 구조물 설계 최적화 기술

⑤ **드론을 활용한 천연가스 배관망 점검기술** … 객체인식기술을 접목한 무인항공기(드론)로 배관망 점검시스템을 구축하여 신속한 배관망 점검으로 무단굴착공사의 선제적 대응조치 및 관로점검의 예방점검 기술

⑥ **지하매설물 안전관리기술** … 인텔리전트 피킹, 핫태핑 등 기존 보유기술 고도화 및 사물인터넷기반(IoT) 지하배관 통합관리시스템 구축을 위한 위치정보 탐사·보상기술

⑦ **수소플랜트 설계기술** … 수소 생산용량에 따른 공정최적화를 통해 경제성 및 환경성을 고려한 수소 통합 최적 비즈니스 모델을 도출하는 기술

⑧ **수소분야 핵심기자재 설계기술** ··· 수소 생산 및 충전설비의 핵심기자재인 압축기, 노즐, 피팅, 호스 등 수입품 대체를 위한 국산화 설계·생산기술

⑨ **수소충전소 운영 및 안전관리기술** ··· 수소충전소 정비기술 및 사물인터넷기반(IoT)을 접목한 수소충전소 운영통합관리시스템 개발을 통한 안전관리 기술

(7) 연구개발 현황

① **연구개발 현황** ··· 한국가스기술공사는 국내 천연가스분야 플랜트 설계, 시공, 운전 및 유지보수 전문 기술 보유 기업으로서, 천연가스 설비 유지관리 기술의 고도화를 위한 연구와 미래핵심기술 선점과 신성장 동력 창출을 위한 미래 액화천연가스 사업관련 기술, 신에너지 및 신재생에너지관련 연구를 진행하고 있습니다. 또한 공사가 운영하는 수소산업 전주기 제품 안전성 지원센터는 성능평가를 기반으로 국내 수소산업 경쟁력 향상을 목표로 수소 제품·부품 시험·평가 지원, 사업화 지원 등 다방면으로 수소전문기업을 지원하고자 최선의 노력을 다하고 있습니다.

② **천연가스 자산관리 기술**

　㉠ **빅데이터를 활용한 천연가스설비 예측정비 기술**
　　노후화된 장기운영(20년 이상)천연가스 설비의 정비 및 고장이력 빅데이터 분석을 통해 고장 시점을 예측하고 실시간 운영데이터를 통해 수리·교체·폐기 등의 시기를 판단하는 기술

　㉡ **장기운영 천연가스설비 수명진단 기술**
　　증발가스압축기, 해수기화펌프 등 주요 천연가스 장기운영 설비에 대해 해당 설비의 설비개선·교체·폐기 등의 의사결정을 위해 설비 전체 생애주기를 고려하여 주요 수명인자에 대한 정밀검사 및 진단하는 기술

　㉢ **액화천연가스 회전기기 설비 성능평가 프로그램**
　　장기간 운전으로 회전기기의 성능효율 저하로 인한 에너지 손실이 크게 발생. 성능평가 프로그램 분석을 통해 이러한 노후 설비의 효율적인 운영방안을 제시하고, 향후 운전에 대한 경제성 및 안전성 분석

　㉣ **산업용 질소공급시스템**
　　다양한 산업분야의 공정에서 질소공급장치는 광범위하게 사용되고 있으며, 한국가스기술공사는 기존 액체질소를 기화시켜 공급하는 방식이 아닌 대기 중 질소를 포집하여 공급하는 기술을 접목하여 저비용의 질소공급시스템의 개발을 완료

4 **사회공헌**

(1) 사회공헌 소개

　기술의 발전으로 오늘 우리는 생활의 혁신과 새로운 미래를 갖게 되었습니다. 한국가스기술공사는 여기에서 한 발 나아가 또 다른 기술이 새로운 세상을 만들 수 있음을 생각합니다. '기술이 앞서면 세상은 편리해지지만, 기술을 나누면 세상이 따뜻해진다'는 믿음이 바로 그것입니다. 한국가스기술공사 그린누리봉사단은 전 임·직원이 함께 하는 사회공헌활동을 통해 모두가 행복한 세상 만들기에 앞장서고 있습니다. '세상을 바꾸는 사랑의 기술'이란 슬로건 아래, 기술기업이 가장 잘 할 수 있는 가스 전기설비 개보수 등의 전문활동을 필두로, 지역 사회기관 협력활동, 재능기부 활동, 상급기관 추진활동, 1사 1대표 활동 등 1,000여 명의 임직원이 연간 1000회 이상의 다양한 분야를 아우르는 활동을 펼치며 기업의 사회적 책임을 다하고 있습니다. 또한 본사를 비롯한 전국 14개 지사의 그린누리봉사단은 지역사회 복지 사각지대에 놓인 소외이웃이 스스로 자립할 수 있도록 지속적이고 정기적인 살핌과 후원을 실천하며 지역사회의 가장 든든한 이웃의 역할을 다하고 있습니다.

한국가스기술공사 그린누리봉사단은 10개년 12대 사회공헌 추진 미션, 사회공헌시스템의 지속적 개발, 임직원 나눔확산을 위한 교육 실시 등의 사회공헌 활동영역 확대를 통해 성숙한 기업시민으로서의 역할을 다하며 행복한 세상 만들기에 앞장설 것입니다.

(2) 한국가스기술공사 10개년 12대 사회공헌활동 운영 목표

① 2015 ~ 2018년 전략 실행 구간

　　㉠ 그린누리 기술 프로젝트 확대

　　㉡ 사회공헌 브랜드 구축

　　㉢ 사회공헌 홍보 강화

　　㉣ 사회공헌 제도 구축 및 정비

② 2019 ~ 2022년 전략집중 통한 국제표준 대응

　　㉠ 그린누리 기술 프로젝트 확대(계속)

　　㉡ ISO26000 대응

　　㉢ 지속가능보고서 발간

　　㉣ 본사 및 지사 전국적 통합 프로그램 추진

③ 2023 ~ 2025년 에너지공기업 선도모델 제시
　　㉠ 그린누리 기술 프로젝트 확대(계속)
　　㉡ 사회공헌 성과평가제도 시행
　　㉢ 해외사업장 글로벌 캠페인 추진
　　㉣ 사회공헌 전담조직 구축

(3) 한국가스기술공사 사회공헌활동 프로그램

① 그린누리 기술 프로젝트
　　㉠ 가스전기설비 개보수 지원
　　㉡ 가스안전경보기(누출감지기) 지원
　　㉢ 냉/난방비 및 기기 후원
　　㉣ 가스전기안전 교육 및 캠페인
　　㉤ 가스과학관(교육시설) 견학
　　㉥ 이공계/특성화고 장학생 후원
　　㉦ 장애인 기술교육 지원

② 지역사회기관 협력활동
　　㉠ 무료급식 지원
　　㉡ 사랑의 도시락 배달
　　㉢ 견학프로그램 기획 및 후원
　　㉣ 임직원 재능기부
　　㉤ 지역 대표사업(축제) 참여
　　㉥ 사랑의 헌혈 등 스킨십 활동

③ 상급기관 추진활동
　　㉠ 정부 3.0 민관정 협업 활동
　　㉡ 전통시장 활성화
　　㉢ 사랑의 울타리(지역아동센터)

④ 1사 1대표활동
　　㉠ 1사 1산하천 지킴이
　　㉡ 1사 1문화재 지킴이
　　㉢ 1사 1촌

02 채용안내

1 인재상

구성원에게 회사가 원하는 구체적인 행동이념을 제시하고 유도함으로써 조직의 한 방향 정렬을 통한 비전과 경영목표 달성을 위한 잠재능력 배양

(1) Safety(안전)

안전에 최선을 다하는 인재

(2) Communication(소통)

국민과 소통하는 인재

(3) Innovation(혁신)

성장을 위해 혁신하는 인재

(4) Challenge(도전)

미래를 향해 도전하는 인재

2 인사제도

(1) 채용

① 공개채용 원칙

② 법령에 따를 때, 임용예정직무에 자격소지자 및 해당직무 경험자를 채용하는 경우로서 공사에 적임자가 없을 때 특별 채용 가능

③ 학력 및 연령제한 철폐(단, 만 58세 초과자 제외)

(2) 보직

순환보직의 원칙(기준 및 절차는 따로 정함)

(3) 승진

① 능력과 성과에 따른 승진관리

② 승진 심사 및 시험에 의한 승진자 결정

③ 승진 소요 최소 근무년수

ㄱ 일반직원

직급	호칭	소요년수	비고
1급	처장	2급 직원으로 4년	
2급	부장	3급 직원으로 3년	
3급	차장	적용하지 않음	
4급	과장	5급 직원으로 4년	
5급	대리	6급 직원으로 4년	
6급	주임	7급 직원으로 4년	6급2 호칭 : 직원
7급	직원	-	

ㄴ 별정직 직원

직급	소요년수	비고
상용원 1 ~ 9등급	해당 등급 직원으로 3년	
시간선택제채용직원 1 ~ 9등급	해당 등급 직원으로 3년	

3　**채용절차**

(1) 일반직 및 특정직 기술공통

1차 전형(서류전형)		2차 전형(필기전형)		3차 전형(면접 전형)
20배수 선발	▶	2~5배수 선발	▶	직업기초능력50% 직무수행능력50%

최종합격자 결정시 필기시험 점수(30%와 면접점수(70%) 합산하여 고득점자 순
※ 필기전형 : 채용인원이 1명인 경우 5배수, 2명인 경우 3배수, 3명 이상인 경우 2배수

(2) 전형방법

1차 전형(서류전형)
서류전형 평가기준에 따라 실시
2차 전형(필기전형)
직무전공 : 사무, 기계, 전기 등 채용분야 직무전공별 출제 ※ 인성검사는 적·부로 평가하며, '적합' 판정자에 한해 면접 대상자 선정
3차 전형(면접전형)
토론 및 인터뷰 방식 면접실시[직업기초능력(50%) 및 직무수행능력(50%)평가]

(3) 필기전형

구분		사무 6급2	기계, 전기, 6급2
직무분야	출제수준	사무분야 : 법학, 행정학, 경영학, 경제학, 회계학 개론 수준 ※ 난이도 : 상 20%, 중 50%, 하 30%	기술분야 : 직무분야별 산업기사 전공학술과목 수준 ※ 전기 : 전자 및 계측제어 포함 ※ 난이도 : 상 20%, 중 50%, 하 30%
		기술공통 지원직 시사상식 : 과학, 기술, IT, 산업, 환경 등 출제 ※ 난이도 : 하 100%	
	출제문항	객관식 5지 선다형 50문항	
직업기초능력	평가	문제해결능력, 수리능력, 자원관리능력, 기술능력, 조직이해능력	
	출제	5개 영역 50문항(1개 영역당 10문항)	
인성검사		책임감, 성실성 등 인성분야 항목	

(4) 지원직(중장비), 특정직(경비)

1자 전형(서류전형)	2차 전형(면접전형)
8배수 선발	직업기초능력50% 직업수행능력50%

▶

※ 최종합격자 결정 시 서류전형 점수(30%)와 면접점수(70%) 합산하여 고득점자 순

(5) 전형방법

1차 전형(서류전형)
서류전형 평가기준에 따라 실시

2차 전형(면접전형)
인터뷰 방식 면접실시[직업기초능력평가 50% 및 직무수행능력 50% 평가)

4　**제출서류**

(1) 온라인 제출

① 경력증명서 온라인 기재(이름, 성별, 나이(주민등록번호), 학교 등 블라인드 채용 위배사항은 보이지 않도록 가릴 것)

② 경력 기재 시 입사지원서 상 '직무관련 경력기술서' 작성 제출

③ 필기전형 합격자는 사진과 생년월일 정보를 별도 안내에 따라 제출

(2) 면접일 제출

① **공통** : 주민등록초본(군경력 기재) 1부(필수)

② 해당자
  ㉠ 운전면허증 사본 1부
  ㉡ 최종학력증명서 및 성적증명서 각 1부
  ㉢ 경력증명서 원본 및 국민건강보험가입증명서 또는 국민연금가입증명서 각1부
  ㉣ 공인 어학 성적 원본 1부
  ㉤ 자격증 및 한국사능력검정 인증 등급 사본 1부
  ㉥ 장애인등록증 및 보훈대상자 증명서 사본 각 1부
  ㉦ 다문화 가족 증명서
  ㉧ **기초생활수급자** : 기초생활수급자 증명서 원본 1부

(3) 진위확인 방법 및 인정기준

① **어학 및 자격증**(운전면허증 포함)
  ㉠ **진위확인 방법** : 어학 및 자격증 등록번호 등을 이용하여 발급 기관에 확인
  ㉡ **인정기준** : 입사지원 마감일까지 취득하여 임용예정일 기준으로 유효하여야함
    ※ 단, 사이버국가고시센터(www.gosi.go.kr)에 유효한 성적으로 등록된 경우 응시일로부터 5년이 되는 날
    이 속한 연도의 말일까지 유효한 성적으로 인정

(4) 졸업증명서 및 학위증명서

① 진위확인 방법 : 발급기관의 원본서류 제출 통해 진위 여부 확인

② 인정기준 : 입사지원 마감일 기준으로 졸업 및 학위 취득이 증명되어야 함

③ 발급일자 : 제출일 기준으로 발급일 90일 이내의 서류 제출

(5) 경력증명서

① 재직기관에서 발급한 경력증명서(제출일 기준 발급일 90일이내)

② 인정기준 : 기관장 직인이 반드시 날인되고 입·퇴사(년/월/일까지)와 발급부서 및 담당자(연락처포함)가 표기된 서류에 한함(경력증명서 우대사항 직무내용이 표기되어 있어야 가점 적용 가능) 국민건강보험가입증명서 또는 국민연금가입증명서 제출

③ 발급일자 : 제출일 기준으로 발급일 90일 이내의 서류 제출
   ※ 폐업회사의 경력증명의 경우 국세청의 '폐업자에 대한 업종동의 정보 내역 사실 증명서' 제출

PART

II

직업기초능력평가

01 문제해결능력

1 문제와 문제해결

(1) 문제의 정의와 분류

① 정의 … 문제란 업무를 수행함에 있어서 답을 요구하는 질문이나 의논하여 해결해야 되는 사항이다.

② 문제의 분류

구분	창의적 문제	분석적 문제
문제제시 방법	현재 문제가 없더라도 보다 나은 방법을 찾기 위한 문제 탐구→문제 자체가 명확하지 않음	현재의 문제점이나 미래의 문제로 예견될 것에 대한 문제 탐구→문제 자체가 명확함
해결방법	창의력에 의한 많은 아이디어의 작성을 통해 해결	분석, 논리, 귀납과 같은 논리적 방법을 통해 해결
해답 수	해답의 수가 많으며, 많은 답 가운데 보다 나은 것을 선택	답의 수가 적으며 한정되어 있음
주요특징	주관적, 직관적, 감각적, 정성적, 개별적, 특수성	객관적, 논리적, 정량적, 이성적, 일반적, 공통성

(2) 업무수행과정에서 발생하는 문제 유형

① 발생형 문제(보이는 문제) … 현재 직면하여 해결하기 위해 고민하는 문제이다. 원인이 내재되어 있기 때문에 원인지향적인 문제라고도 한다.
  ㉠ 일탈문제 : 어떤 기준을 일탈함으로써 생기는 문제
  ㉡ 미달문제 : 어떤 기준에 미달하여 생기는 문제

② 탐색형 문제(찾는 문제) … 현재의 상황을 개선하거나 효율을 높이기 위한 문제이다. 방치할 경우 큰 손실이 따르거나 해결할 수 없는 문제로 나타나게 된다.
  ㉠ 잠재문제 : 문제가 잠재되어 있어 인식하지 못하다가 확대되어 해결이 어려운 문제
  ㉡ 예측문제 : 현재로는 문제가 없으나 현 상태의 진행 상황을 예측하여 찾아야 앞으로 일어날 수 있는 문제가 보이는 문제
  ㉢ 발견문제 : 현재로서는 담당 업무에 문제가 없으나 선진기업의 업무 방법 등 보다 좋은 제도나 기법을 발견하여 개선시킬 수 있는 문제

③ **설정형 문제(미래 문제)** … 장래의 경영전략을 생각하는 것으로 앞으로 어떻게 할 것인가 하는 문제이다. 문제해결에 창조적인 노력이 요구되어 창조적 문제라고도 한다.

예제 1

D회사 신입사원으로 입사한 귀하는 신입사원 교육에서 업무수행과정에서 발생하는 문제 유형 중 설정형 문제를 하나씩 찾아오라는 지시를 받았다. 이에 대해 귀하는 교육받은 내용을 다시 복습하려고 한다. 설정형 문제에 해당하는 것은?

① 현재 직면하여 해결하기 위해 고민하는 문제
② 현재의 상황을 개선하거나 효율을 높이기 위한 문제
③ 앞으로 어떻게 할 것인가 하는 문제
④ 원인이 내재되어 있는 원인지향적인 문제

[출제의도]
업무수행 중 문제가 발생하였을 때 문제 유형을 구분하는 능력을 측정하는 문항이다.
[해설]
업무수행과정에서 발생하는 문제 유형으로는 발생형 문제, 탐색형 문제, 설정형 문제가 있으며 ①④는 발생형 문제이며 ②는 탐색형 문제, ③이 설정형 문제이다.

답 ③

---

(3) 문제해결

① **정의** … 목표와 현상을 분석하고 이 결과를 토대로 과제를 도출하여 최적의 해결책을 찾아 실행 · 평가해 가는 활동이다.

② **문제해결에 필요한 기본적 사고**

　㉠ **전략적 사고** : 문제와 해결방안이 상위 시스템과 어떻게 연결되어 있는지를 생각한다.

　㉡ **분석적 사고** : 전체를 각각의 요소로 나누어 그 의미를 도출하고 우선순위를 부여하여 구체적인 문제해결방법을 실행한다.

　㉢ **발상의 전환** : 인식의 틀을 전환하여 새로운 관점으로 바라보는 사고를 지향한다.

　㉣ **내 · 외부자원의 활용** : 기술, 재료, 사람 등 필요한 자원을 효과적으로 활용한다.

③ **문제해결의 장애요소**

　㉠ 문제를 철저하게 분석하지 않는 경우

　㉡ 고정관념에 얽매이는 경우

　㉢ 쉽게 떠오르는 단순한 정보에 의지하는 경우

　㉣ 너무 많은 자료를 수집하려고 노력하는 경우

④ 문제해결방법
  ㉠ **소프트 어프로치** : 문제해결을 위해서 직접적인 표현보다는 무언가를 시사하거나 암시를 통하여 의사를 전달하여 문제해결을 도모하고자 한다.
  ㉡ **하드 어프로치** : 상이한 문화적 토양을 가지고 있는 구성원을 가정하고, 서로의 생각을 직설적으로 주장하고 논쟁이나 협상을 통해 서로의 의견을 조정해 가는 방법이다.
  ㉢ **퍼실리테이션(facilitation)** : 촉진을 의미하며 어떤 그룹이나 집단이 의사결정을 잘 하도록 도와주는 일을 의미한다.

2 문제해결능력을 구성하는 하위능력

(1) 사고력

① **창의적 사고** … 개인이 가지고 있는 경험과 지식을 통해 새로운 가치 있는 아이디어를 산출하는 사고능력이다.
  ㉠ 창의적 사고의 특징
    • 정보와 정보의 조합
    • 사회나 개인에게 새로운 가치 창출
    • 창조적인 가능성

예제 2

M사 홍보팀에서 근무하고 있는 귀하는 입사 5년차로 창의적인 기획안을 제출하기로 유명하다. S부장은 이번 신입사원 교육 때 귀하에게 창의적인 사고란 무엇인지 교육을 맡아달라고 부탁하였다. 창의적인 사고에 대한 귀하의 설명으로 옳지 않은 것은?

① 창의적인 사고는 새롭고 유용한 아이디어를 생산해 내는 정신적인 과정이다.
② 창의적인 사고는 특별한 사람들만이 할 수 있는 대단한 능력이다.
③ 창의적인 사고는 기존의 정보들을 특정한 요구조건에 맞거나 유용하도록 새롭게 조합시킨 것이다.
④ 창의적인 사고는 통상적인 것이 아니라 기발하거나, 신기하며 독창적인 것이다.

[출제의도]
창의적 사고에 대한 개념을 정확히 파악하고 있는지를 묻는 문항이다.
[해설]
흔히 사람들은 창의적인 사고에 대해 특별한 사람들만이 할 수 있는 대단한 능력이라고 생각하지만 그리 대단한 능력이 아니며 이미 알고 있는 경험과 지식을 해체하여 다시 새로운 정보로 결합하여 가치 있는 아이디어를 산출하는 사고라고 할 수 있다.

답 ②

ⓛ 발산적 사고 : 창의적 사고를 위해 필요한 것으로 자유연상법, 강제연상법, 비교발상법 등을 통해 개발할 수 있다.

구분	내용
자유연상법	생각나는 대로 자유롭게 발상 ex) 브레인스토밍
강제연상법	각종 힌트에 강제적으로 연결 지어 발상 ex) 체크리스트
비교발상법	주제의 본질과 닮은 것을 힌트로 발상 ex) NM법, Synectics

Point ≫ 브레인스토밍

ㄱ 진행방법
- 주제를 구체적이고 명확하게 정한다.
- 구성원의 얼굴을 볼 수 있는 좌석 배치와 큰 용지를 준비한다.
- 구성원들의 다양한 의견을 도출할 수 있는 사람을 리더로 선출한다.
- 구성원은 다양한 분야의 사람들로 5~8명 정도로 구성한다.
- 발언은 누구나 자유롭게 할 수 있도록 하며, 모든 발언 내용을 기록한다.
- 아이디어에 대한 평가는 비판해서는 안 된다.

ㄴ 4대 원칙
- 비판엄금(Support) : 평가 단계 이전에 결코 비판이나 판단을 해서는 안 되며 평가는 나중까지 유보한다.
- 자유분방(Silly) : 무엇이든 자유롭게 말하고 이런 바보 같은 소리를 해서는 안 된다는 등의 생각은 하지 않아야 한다.
- 질보다 양(Speed) : 질에는 관계없이 가능한 많은 아이디어들을 생성해내도록 격려한다.
- 결합과 개선(Synergy) : 다른 사람의 아이디어에 자극되어 보다 좋은 생각이 떠오르고, 서로 조합하면 재미있는 아이디어가 될 것 같은 생각이 들면 즉시 조합시킨다.

② 논리적 사고 … 사고의 전개에 있어 전후의 관계가 일치하고 있는가를 살피고 아이디어를 평가하는 사고능력이다.

ㄱ 논리적 사고를 위한 5가지 요소 : 생각하는 습관, 상대 논리의 구조화, 구체적인 생각, 타인에 대한 이해, 설득

ㄴ 논리적 사고 개발 방법
- 피라미드 구조 : 하위의 사실이나 현상부터 사고하여 상위의 주장을 만들어가는 방법
- so what기법 : '그래서 무엇이지?'하고 자문자답하여 주어진 정보로부터 가치 있는 정보를 이끌어 내는 사고 기법

③ 비판적 사고 … 어떤 주제나 주장에 대해서 적극적으로 분석하고 종합하며 평가하는 능동적인 사고이다.

ㄱ 비판적 사고 개발 태도 : 비판적 사고를 개발하기 위해서는 지적 호기심, 객관성, 개방성, 융통성, 지적 회의성, 지적 정직성, 체계성, 지속성, 결단성, 다른 관점에 대한 존중과 같은 태도가 요구된다.

ⓛ 비판적 사고를 위한 태도
- 문제의식 : 비판적인 사고를 위해서 가장 먼저 필요한 것은 바로 문제의식이다. 자신이 지니고 있는 문제와 목적을 확실하고 정확하게 파악하는 것이 비판적인 사고의 시작이다.
- 고정관념 타파 : 지각의 폭을 넓히는 일은 정보에 대한 개방성을 가지고 편견을 갖지 않는 것으로 고정관념을 타파하는 일이 중요하다.

(2) 문제처리능력과 문제해결절차

① 문제처리능력 ··· 목표와 현상을 분석하고 이를 토대로 문제를 도출하여 최적의 해결책을 찾아 실행 · 평가하는 능력이다.

② 문제해결절차 ··· 문제 인식 → 문제 도출 → 원인 분석 → 해결안 개발 → 실행 및 평가
  ㉠ 문제 인식 : 문제해결과정 중 'waht'을 결정하는 단계로 환경 분석 → 주요 과제 도출 → 과제 선정의 절차를 통해 수행된다.
  - 3C 분석 : 환경 분석 방법의 하나로 사업환경을 구성하고 있는 요소인 자사(Company), 경쟁사(Competitor), 고객(Customer)을 분석하는 것이다.

예제 3

L사에서 주력 상품으로 밀고 있는 TV의 판매 이익이 감소하고 있는 상황에서 귀하는 B부장으로부터 3C분석을 통해 해결방안을 강구해 오라는 지시를 받았다. 다음 중 3C에 해당하지 않는 것은?

① Customer
② Company
③ Competitor
④ Content

[출제의도]
3C의 개념과 구성요소를 정확히 숙지하고 있는지를 측정하는 문항이다.
[해설]
3C 분석에서 사업 환경을 구성하고 있는 요소인 자사(Company), 경쟁사(Competitor), 고객을 3C(Customer)라고 한다. 3C 분석에서 고객 분석에서는 '고객은 자사의 상품 · 서비스에 만족하고 있는지'를, 자사 분석에서는 '자사가 세운 달성목표와 현상 간에 차이가 없는지'를 경쟁사 분석에서는 '경쟁기업의 우수한 점과 자사의 현상과 차이가 없는지'에 대한 질문을 통해서 환경을 분석하게 된다.

답 ④

- SWOT 분석 : 기업내부의 강점과 약점, 외부환경의 기회와 위협요인을 분석·평가하여 문제해결 방안을 개발하는 방법이다.

		내부환경요인	
		강점(Strengths)	약점(Weaknesses)
외부환경요인	기회 (Opportunities)	SO 내부강점과 외부기회 요인을 극대화	WO 외부기회를 이용하여 내부약점을 강점으로 전환
	위협 (Threat)	ST 외부위협을 최소화하기 위해 내부 강점을 극대화	WT 내부약점과 외부위협을 최소화

ⓛ 문제 도출 : 선정된 문제를 분석하여 해결해야 할 것이 무엇인지를 명확히 하는 단계로, 문제 구조 파악 → 핵심 문제 선정 단계를 거쳐 수행된다.

- Logic Tree : 문제의 원인을 파고들거나 해결책을 구체화할 때 제한된 시간 안에서 넓이와 깊이를 추구하는데 도움이 되는 기술로 주요 과제를 나무모양으로 분해·정리하는 기술이다.

ⓒ 원인 분석 : 문제 도출 후 파악된 핵심 문제에 대한 분석을 통해 근본 원인을 찾는 단계로 Issue 분석 → Data 분석 → 원인 파악의 절차로 진행된다.

ⓔ 해결안 개발 : 원인이 밝혀지면 이를 효과적으로 해결할 수 있는 다양한 해결안을 개발하고 최선의 해결안을 선택하는 것이 필요하다.

ⓜ 실행 및 평가 : 해결안 개발을 통해 만들어진 실행계획을 실제 상황에 적용하는 활동으로 실행계획 수립 → 실행 → Follow-up의 절차로 진행된다.

예제 4

C사는 최근 국내 매출이 지속적으로 하락하고 있어 사내 분위기가 심상치 않다. 이에 대해 Y부장은 이 문제를 극복하고자 문제처리 팀을 구성하여 해결방안을 모색하도록 지시하였다. 문제처리 팀의 문제해결 절차를 올바른 순서로 나열한 것은?

① 문제 인식 → 원인 분석 → 해결안 개발 → 문제 도출 → 실행 및 평가
② 문제 도출 → 문제 인식 → 해결안 개발 → 원인 분석 → 실행 및 평가
③ 문제 인식 → 원인 분석 → 문제 도출 → 해결안 개발 → 실행 및 평가
④ 문제 인식 → 문제 도출 → 원인 분석 → 해결안 개발 → 실행 및 평가

[출제의도]
실제 업무 상황에서 문제가 일어났을 때 해결 절차를 알고 있는지를 측정하는 문항이다.
[해설]
일반적인 문제해결절차는 '문제 인식 → 문제 도출 → 원인 분석 → 해결안 개발 → 실행 및 평가로 이루어진다.

답 ④

1 다음 중 업무상 일어나는 문제를 해결할 때 필요한 '분석적 사고'에 대한 설명으로 올바른 것은 어느 것인가?

① 사실 지향의 문제는 기대하는 결과를 명시하고 효과적으로 달성하는 방법을 사전에 구상하고 실행에 옮겨야 한다.

② 가설 지향의 문제는 일상 업무에서 일어나는 상식, 편견을 타파하여 객관적 사실로부터 사고와 행동이 출발한다.

③ 전체를 각각의 요소로 나누어 그 요소의 의미를 도출한 다음 우선순위를 부여하고 구체적인 문제해결방법을 실행하는 것이다.

④ 성과 지향의 문제는 현상 및 원인분석 전에 지식과 경험을 바탕으로 일의 과정이나 결과, 결론을 가정한 다음 검증 후 사실일 경우 다음 단계의 일을 수행한다.

⑤ 당면하고 있는 문제와 그 해결방법에만 집착하지 말고, 그 문제와 해결방안이 상위 시스템 또는 다른 문제와 어떻게 연결되어 있는지를 생각하는 것이 필요하다.

> **Tip** 분석적 사고에 대한 올바른 설명에 해당하는 것은 보기 ③이며, 분석적 사고는 성과 지향, 가설 지향, 사실 지향의 세 가지 경우의 문제에 따라 요구되는 사고의 특징을 달리한다.
> ① 성과 지향의 문제에 요구되는 사고의 특징이다.
> ② 사실 지향의 문제에 요구되는 사고의 특징이다.
> ④ 가설 지향의 문제에 요구되는 사고의 특징이다.
> ⑤ 전략적 사고의 특징이다.

2 다음 ㉠~㉤의 5가지 문제 유형 중, 같은 유형으로 분류할 수 있는 세 가지는 어느 것인가?

> ㉠ 정 대리는 소홀한 준비로 인해 중요한 계약 기회를 놓치게 되었다.
> ㉡ A사는 숙련공의 퇴사율이 높아 제품의 불량률이 눈에 띄게 높아졌다.
> ㉢ 지난 주 태풍으로 인해 B사의 창고 시설 대부분이 심각하게 파손되었다.
> ㉣ 영업팀 직원들에게 올해에 주어진 매출 목표를 반드시 달성해야 하는 임무가 주어졌다.
> ㉤ 오늘 아침 출근 버스에 사고가 나서 많은 직원들이 점심시간이 다 되어 출근하였다.

① ㉠, ㉡, ㉣

② ㉠, ㉢, ㉤

③ ㉡, ㉢, ㉣

④ ㉡, ㉢, ㉤

⑤ ㉢, ㉣, ㉤

 ㉠, ㉢, ㉤ – 발생형 문제

㉡ – 탐색형 문제

㉣ – 설정형 문제

- 발생형 문제(보이는 문제) : 우리 눈앞에 발생되어 당장 걱정하고 해결하기 위해 고민하는 문제를 의미한다.
- 탐색형 문제(찾는 문제) : 더 잘해야 하는 문제로 현재의 상황을 개선하거나 효율을 높이기 위한 문제를 의미한다.
- 설정형 문제(미래 문제) : 미래상황에 대응하는 장래의 경영전략의 문제로 앞으로 어떻게 할 것인가 하는 문제를 의미한다.

3 다음 ㉠~㉢에서 설명하고 있는 창의적 사고 개발 방법의 유형을 순서대로 알맞게 짝지은 것은 어느 것인가?

> ㉠ "신차 출시"라는 주제에 대해서 "홍보를 통해 판매량을 늘린다.", "회사 내 직원들의 반응을 살핀다.", "경쟁사의 자동차와 비교한다." 등의 자유로운 아이디어를 창출할 수 있도록 유도하는 것.
>
> ㉡ "신차 출시"라는 같은 주제에 대해서 판매방법, 판매대상 등의 힌트를 통해 사고 방향을 미리 정해서 발상을 하는 방법이다. 이 때 판매방법이라는 힌트에 대해서는 "신규 해외 수출 지역을 물색한다."라는 아이디어를 떠올릴 수 있도록 유도한다.
>
> ㉢ "신차 출시"라는 같은 주제에 대해서 생각해 보면 신차는 회사에서 새롭게 생산해 낸 제품을 의미한다. 따라서 새롭게 생산해 낸 제품이 무엇인지에 대한 힌트를 먼저 찾고, 만약 지난달에 히트를 친 비누라는 신상품이 있었다고 한다면, "지난달 신상품인 비누의 판매 전략을 토대로 신차의 판매 전략을 어떻게 수립할 수 있을까"하는 아이디어를 도출할 수 있다.

	㉠	㉡	㉢
①	강제 연상법	비교 발상법	자유 연상법
②	자유 연상법	강제 연상법	비교 발상법
③	비교 발상법	강제 연상법	자유 연상법
④	강제 연상법	자유 연상법	비교 발상법
⑤	자유 연상법	비교 발상법	강제 연상법

 창의적 사고를 개발하기 위한 세 가지 방법은 각각 다음과 같은 것들이 있다.
- 자유 연상법 : 어떤 생각에서 다른 생각을 계속해서 떠올리는 작용을 통해 어떤 주제에서 생각나는 것을 계속해서 열거해 나가는 발산적 사고 방법.
- 강제 연상법 : 각종 힌트에서 강제적으로 연결 지어 발상하는 방법.
- 비교 발상법 : 주제와 본질적으로 닮은 것을 힌트로 하여 새로운 아이디어를 얻는 방법이다. 이 때 본질적으로 닮은 것은 단순히 겉만 닮은 것이 아니고 힌트와 주제가 본질적으로 닮았다는 의미이다.

4 다음 중 업무수행과정에서 발생하는 문제 유형에 대한 설명으로 옳지 않은 것은?

① 발생형 문제는 보이는 문제로, 현재 직면하여 해결하기 위해 고민하는 문제이다.

② 발생형 문제는 원인이 내재되어 있는 문제로, 일탈문제와 미달문제가 있다.

③ 탐색형 문제는 찾는 문제로, 시급하지 않아 방치하더라도 문제가 되지 않는다.

④ 설정형 문제는 장래의 경영전략을 생각하는 것으로 앞으로 어떻게 할 것인가 하는 미래 문제이다.

⑤ 설정형 문제는 문제해결에 창조적인 노력이 요구되어 창조적 문제라고도 한다.

 ③ 탐색형 문제는 현재의 상황을 개선하거나 효율을 높이기 위한 문제로, 방치할 경우 큰 손실이 따르거나 해결할 수 없는 문제로 나타나게 된다.

5 다음에 설명하고 있는 문제해결 방법은?

> 상이한 문화적 배경을 가지고 있는 구성원을 가정하고, 서로의 생각을 직설적으로 주장하고 논쟁이나 협상을 통해 서로의 의견을 조정해 가는 방법

① 소프트 어프로치　　　　　　　　② 하드 어프로치

③ 퍼실리테이션　　　　　　　　　　④ 3C 분석

⑤ 브레인스토밍

 제시된 내용은 하드 어프로치에 대한 설명이다.

① 소프트 어프로치: 문제해결을 위해서 직접적인 표현보다는 무언가를 시사하거나 암시를 통하여 의사를 전달하여 문제해결을 도모하고자 한다.

③ 퍼실리테이션(facilitation): 촉진을 의미하며 어떤 그룹이나 집단이 의사결정을 잘 하도록 도와주는 일을 의미한다.

④ 3C 분석: 환경 분석 방법의 하나로 사업 환경을 구성하고 있는 요소인 자사(Company), 경쟁사(Competitor), 고객(Customer)을 분석하는 것이다.

⑤ 브레인스토밍: 구성원의 자유발언을 통해 최대한 많은 아이디어를 얻는 방법이다.

Answer→　3.② 4.③ 5.②

6 아이디어를 얻기 위해 의도적으로 시험할 수 있는 7가지 규칙인 SCAMPER 기법에 대한 설명으로 옳지 않은 것은?

① S : 기존의 것을 다른 것으로 대체해 보라.

② C : 제거해 보라.

③ A : 다른 데 적용해 보라.

④ M : 변경, 축소, 확대해 보라.

⑤ R : 거꾸로 또는 재배치해 보라.

 S = Substitute : 기존의 것을 다른 것으로 대체해 보라.
C = Combine : A와 B를 합쳐 보라.
A = Adapt : 다른 데 적용해 보라.
M = Modify, Minify, Magnify : 변경, 축소, 확대해 보라.
P = Put to other uses : 다른 용도로 써 보라.
E = Eliminate : 제거해 보라.
R = Reverse, Rearrange : 거꾸로 또는 재배치해 보라.

7 다음 중 문제 해결을 위한 기본적인 사고방식으로 적절하지 않은 것은 어느 것인가?

① 어려운 해결책을 찾으려 하지 말고 우리가 알고 있는 단순한 정보라도 이용해서 실마리를 풀어가야 한다.

② 문제 전체에 매달리기보다 문제를 각각의 요소로 나누어 그 요소의 의미를 도출하고 우선순위를 부여하는 방법이 바람직하다.

③ 고정관념을 버리고 새로운 시각에서 문제를 바라볼 수 있어야 한다.

④ 나에게 필요한 자원을 확보할 계획을 짜서 그것들을 효과적으로 활용할 수 있어야 한다.

⑤ 문제 자체보다 그 문제가 다른 문제나 연관 시스템과 어떻게 연결되어 있는지를 파악하는 것이 중요하다.

 문제에 봉착했을 경우, 차분하고 계획적인 접근이 필요하다. 자칫 우리가 흔히 알고 있는 단순한 정보들에 의존하게 되면 문제를 해결하지 못하거나 오류를 범할 수 있다.
문제 해결을 위해 필요한 4가지 기본적 사고는 다음과 같다.
• 분석적 사고를 해야 한다(보기 ②)
• 발상의 전환을 하라(보기 ③)
• 내 · 외부 자원을 효과적으로 활용하라(보기 ④)
• 전략적 사고를 해야 한다(보기 ⑤)

8 다음 항목들 중 비판적 사고를 개발하기 위한 태도로 적절한 것들로 짝지어진 것은 어느 것인가?

> • 브레인스토밍
> • 타인에 대한 이해
> • 생각하는 습관
> • 비교 발상법
> • 지적 호기심
> • 결단성
> • 다른 관점에 대한 존중

① 결단성, 지적 호기심, 다른 관점에 대한 존중
② 생각하는 습관, 타인에 대한 이해, 다른 관점에 대한 존중
③ 비교 발상법, 지적 호기심, 생각하는 습관
④ 브레인스토밍, 지적 호기심, 타인에 대한 이해
⑤ 브레인스토밍, 다른 관점에 대한 존중

 제시된 항목들은 다음과 같은 특징을 갖는다.

창의적 사고	브레인스토밍	집단의 효과를 살려서 아이디어의 연쇄반응을 일으켜 자유분방한 아이디어를 내고자 하는 것으로, 창의적인 사고를 위한 발산 방법 중 가장 흔히 사용되는 방법이다.
	비교 발상법	주제와 본질적으로 닮은 것을 힌트로 하여 새로운 아이디어를 얻는 방법이다.
논리적 사고	생각하는 습관	논리적 사고에 있어서 가장 기본이 되는 것은 왜 그런지에 대해서 늘 생각하는 습관을 들이는 것이다.
	타인에 대한 이해	반론을 하든지 찬성을 하든지 논의를 함으로써 이해가 깊어지거나 논점이 명확해질 수 있다.
비판적 사고	결단성	모든 필요한 정보가 획득될 때까지 불필요한 논증, 속단을 피하고 모든 결정을 유보하지만, 증거가 타당할 땐 결론을 맺는다.
	지적 호기심	여러 가지 다양한 질문이나 문제에 대한 해답을 탐색하고 사건의 원인과 설명을 구하기 위하여 질문을 제기한다.
	다른 관점에 대한 존중	타인의 관점을 경청하고 들은 것에 대하여 정확하게 반응한다.

Answer↦ 6.② 7.① 8.①

| 9~10 | 다음 SWOT 분석기법에 대한 설명과 분석 결과 사례를 토대로 한 대응 전략으로 가장 적절한 것은 어느 것인가?

> SWOT 분석은 내부 환경요인과 외부 환경요인의 2개의 축으로 구성되어 있다. 내부 환경요인은 자사 내부의 환경을 분석하는 것으로 분석은 다시 자사의 강점과 약점으로 분석된다. 외부환경요인은 자사 외부의 환경을 분석하는 것으로 분석은 다시 기회와 위협으로 구분된다. 내부환경 요인과 외부환경 요인에 대한 분석이 끝난 후에 매트릭스가 겹치는 SO, WO, ST, WT에 해당되는 최종 분석을 실시하게 된다. 내부의 강점과 약점을, 외부의 기회와 위협을 대응시켜 기업의 목표를 달성하려는 SWOT분석에 의한 발전전략의 특성은 다음과 같다.
>
> • SO전략 : 외부 환경의 기회를 활용하기 위해 강점을 사용하는 전략 선택
> • ST전략 : 외부 환경의 위협을 회피하기 위해 강점을 사용하는 전략 선택
> • WO전략 : 자신의 약점을 극복함으로써 외부 환경의 기회를 활용하는 전략 선택
> • WT전략 : 외부 환경의 위협을 회피하고 자신의 약점을 최소화하는 전략 선택

9 아래 환경 분석결과에 대응하는 가장 적절한 전략은 어느 것인가?

강점(Strength)	• 핵심 정비기술 보유 • 고객과의 우호적인 관계 구축
약점(Weakness)	• 품질관리 시스템 미흡 • 관행적 사고 및 경쟁기피
기회(Opportunity)	• 고품질 정비서비스 요구 확대 • 해외시장 사업 기회 지속 발생
위협(Threat)	• 정비시장 경쟁 심화 • 미래 선도 산업 변화 전망 • 차별화된 고객서비스 요구 지속 확대

내부환경 외부환경	강점(Strength)	약점(Weakness)
기회(Opportunity)	① 교육을 통한 조직문화 체질 개선 대책 마련	② 산업 변화에 부응하는 정비기술력 개발 ③ 해외시장 발굴을 통한 국내 경쟁 돌파구 마련
위협(Threat)	④ 직원들의 마인드 개선을 통해 고객과의 신뢰체제 유지 및 확대	⑤ 품질관리 강화를 통한 고객만족도 제고

미흡한 품질관리 시스템을 보완하여 약점을 최소화하고 고객서비스에 부응하는 전략이므로 적절한 WT전략이라고 볼 수 있다.
① 교육을 통한 조직문화 체질 개선 대책 마련(W)
② 산업 변화(T)에 부응하는 정비기술력 개발(S) – ST전략
③ 해외시장 발굴(O)을 통한 국내 경쟁 돌파구 마련(T)
④ 직원들의 마인드 개선(W)을 통해 고객과의 신뢰체제 유지 및 확대(S)

10 전기차 배터리 제조업체가 실시한 아래 환경 분석결과에 대응하는 전략을 적절하게 분석한 것은 어느 것인가?

강점(Strength)	• 전기차용 전지의 경쟁력 및 인프라 확보 • 연구개발 비용 확보
약점(Weakness)	• 핵심, 원천기술의 미비 • 높은 국외 생산 의존도로 환율변동에 민감
기회(Opportunity)	• 고유가 시대, 환경규제 강화에 따른 개발 필요성 증대 • 새로운 시장 진입에서의 공평한 경쟁
위협(Threat)	• 선진업체의 시장 진입 시도 강화 • 전기차 시장의 불확실성 • 소재가격 상승

내부환경 외부환경	강점(Strength)	약점(Weakness)
기회(Opportunity)	① 충분한 개발비용을 이용해 경쟁력 있는 소재 개발	② 환경오염을 우려하는 시대적 분위기에 맞춰 전기차 시장 활성화를 위한 홍보 강화
위협(Threat)	③ 새롭게 진입할 선진업체와의 합작을 통해 원천기술 확보 ④ 충전소 건설 및 개인용 충전기 보급을 통해 시장 개척	⑤ 저개발 지역에 구축한 자사의 설비 인프라를 활용하여 생산기지 국내 이전 시도

 충전소 건설 및 개인용 충전기 보급은 결국 자사가 확보한 전기차용 전지의 경쟁력(S)을 바탕으로 수행할 수 있는 일일 것이며, 이를 통해 시장을 개척하는 것은 불확실한 시장성(T)을 스스로 극복할 수 있는 적절한 전략이 될 것이다.
① 충분한 개발비용(S)을 이용해 경쟁력 있는 소재 개발(T) – ST전략
② 환경오염을 우려하는 시대적 분위기(O)에 맞춰 전기차 시장 활성화를 위한 홍보 강화(T)
③ 새롭게 진입할 선진업체(T)와의 합작을 통해 원천기술 확보(W) – WT전략
⑤ 저개발 지역에 구축한 자사의 설비 인프라를 활용(S)하여 생산기지 국내 이전(W) 시도

Answer⟶ 9.⑤ 10.④

11 다음은 문제를 지혜롭게 처리하기 위한 단계별 방법을 나열한 것이다. 올바른 문제처리 절차에 따라 ㉠~㉤의 순서를 재배열한 것은 어느 것인가?

> ㉠ 당초 장애가 되었던 문제의 원인들을 해결안을 사용하여 제거한다.
> ㉡ 문제로부터 도출된 근본원인을 효과적으로 해결할 수 있는 최적의 해결방안을 수립한다.
> ㉢ 파악된 핵심문제에 대한 분석을 통해 근본 원인을 도출해 본다.
> ㉣ 선정된 문제를 분석하여 해결해야 할 것이 무엇인지를 명확히 결정한다.
> ㉤ 해결해야 할 전체 문제를 파악하여 우선순위를 정하고, 선정문제에 대한 목표를 명확히 한다.

① ㉤ - ㉣ - ㉢ - ㉡ - ㉠
② ㉣ - ㉤ - ㉢ - ㉠ - ㉡
③ ㉣ - ㉢ - ㉡ - ㉠ - ㉤
④ ㉠ - ㉡ - ㉤ - ㉣ - ㉢
⑤ ㉤ - ㉢ - ㉣ - ㉠ - ㉡

 문제처리능력이란 목표와 현상을 분석하고 이 분석결과를 토대로 문제를 도출하여 최적의 해결책을 찾아 실행, 평가 처리해 나가는 일련의 활동을 수행하는 능력이라 할 수 있다. 이러한 문제처리능력은 문제해결절차를 의미하는 것으로, 일반적인 문제해결절차는 '문제 인식(㉤), 문제 도출(㉣), 원인 분석(㉢), 해결안 개발(㉡), 실행(㉠) 및 평가'의 5단계를 따른다.

12 다음 중 SWOT 분석기법과 함께 문제해결을 위한 대표적인 툴(tool)인 3C 기법의 분석 요소에 대한 설명으로 올바르지 않은 것은 어느 것인가?

① 우리 회사의 제품이 고객에게 만족스러운 기능을 제공하였는가를 확인해 본다.
② 회사에서 목표한 매출이 제대로 달성되었는지를 확인해 본다.
③ 자사의 제품과 경쟁사의 제품과의 장단점은 무엇이고 어떠한 차이점이 있는지를 확인해 본다.
④ 국제 경제에 중대한 변화를 가져 올 요소가 무엇인지를 확인해 본다.
⑤ 우리 회사 직원들이 제공한 서비스 내용이 고객에게 감동을 주었는지를 확인해 본다.

 국제 경제에 중대한 변화를 가져 올 요소는 전반적인 업계의 환경이 변하는 것으로, 이것은 3C 즉 자사(Company), 고객(Customer), 경쟁사(Competitor)에 해당하는 사항이 아니며, SWOT 환경 분석기법상의 외부 요인으로 구분할 수 있다. 따라서 ④와 같은 내용은 3C 분석에서 고려할 만한 요소라고 볼 수는 없다.
①⑤ 고객의 만족을 확인하고자 하는 것으로 '고객' 요인에 대한 분석이다.
② 자사의 목표 달성을 확인하고자 것으로 '자사' 요인에 대한 분석이다.
③ 경쟁사와의 비교, 경쟁사에 대한 정보 분석 등은 '경쟁사' 요인에 대한 분석이다.

13 다음 중 문제해결을 위한 장애요소로 보기 어려운 것은?

① 쉽게 떠오르는 단순한 정보
② 개인적인 편견이나 고정관념
③ 많은 자료를 수집하려는 노력
④ 문제의식
⑤ 즉흥적으로 일을 하는 습관

 문제의식은 현재에 만족하지 않고 전향적인 자세로 상황을 개선하거나 바꾸고자 하는 마음 가짐이다. 이는 문제해결을 위한 장애요소가 아닌 꼭 갖추어야 할 자세이다.

14 다음 중 창의적인 사고에 대한 설명으로 옳은 것은?

① 창의적인 사고는 유용하거나 적절하지 않아도 된다.
② 창의적인 사고는 발산적 사고로서 아이디어가 독특한 것을 의미한다.
③ 창의적인 사고는 기존의 아이디어들을 객관적으로 정리하는 과정이다.
④ 창의적인 사고는 선천적인 것으로 교육을 통해 개발하기 힘들다.
⑤ 창의적인 사고는 문제를 정확하게 파악하는 문제의식에서 시작한다.

 ① 창의적인 사고는 유용하고 적절하며, 가치가 있어야 한다.
③ 창의적인 사고는 기존의 정보들을 특정한 요구조건에 맞거나 유용하도록 새롭게 조합시킨 것이다.
④ 창의적인 사고는 창의력 교육훈련을 통해서 개발할 수 있다.
⑤ 비판적 사고에 대한 설명이다.

15 무역사업을 하는 E사가 자사의 경영 환경을 다음과 같이 파악하였을 경우, E사가 취할 수 있는 ST전략으로 가장 적절한 것은?

> 우리는 급속도로 출현하는 경쟁자들에게 단기간에 시장점유율을 20% 이상 잠식당한 상태이다. 더군다나 우리 제품의 주 구매처인 미국 거래처로부터 물품을 수출하기에는 갈수록 무역규제와 제도적 장치가 불리하게 작용하고 있다. 침체된 경기는 언제 되살아날지 전망조차하기 힘들다. 시장 자체의 성장 속도는 매우 빨라 새로운 고객군도 가파르게 등장하고 있지만 그만큼 우리의 생산설비도 노후화되어 가고 있으며 종업원들의 고령화 또한 문제점으로 지적되고 있다. 미국 거래처와의 거래만 지속적으로 유지된다면 우리 경영진의 우수한 역량과 다년간의 경험을 바탕으로 안정적인 거래 채널을 유지할 수 있지만 이는 우리의 연구 개발이 지속적으로 이루어져야 가능한 일이며, 지금과 같이 수익성이 악화일로로 치닫는 상황에서는 기대하기 어려운 요인으로 지목된다. 우리가 보유한 독점적 기술력과 직원들의 열정만 믿고 낙관적인 기대를 하기에는 시장 상황이 녹록치 않은 것이 냉정한 현실이다.

① 독점 기술과 경영진의 경험을 바탕으로 자사에 불리한 규제를 벗어날 수 있는 새로운 영역을 창출한다.

② 우수한 경영진의 역량을 통해 직원들의 업무 열정을 제고하여 종업원의 고령화 문제를 해결한다.

③ 안정적인 공급채널로 수익성 저하를 만회하기 위해 노력한다.

④ 무역규제와 제도적 장치가 유리한 새로운 시장으로 영업을 변경한다.

⑤ 새로운 고객군의 등장을 계기로 시장점유율을 극대화할 수 있는 방안을 도출한다.

 제시된 글을 통해 알 수 있는 SWOT 요인은 다음과 같다.
- S : 경영진의 우수한 역량과 다년간의 경험, 안정적인 거래 채널, 독점적 기술력, 직원들의 열정
- W : 생산설비 노후화, 종업원들의 고령화, 더딘 연구 개발, 수익성 약화
- O : 시장의 빠른 성장 속도, 새로운 고객군 등장
- T : 급속도로 출현하는 경쟁자, 시장점유율 하락, 불리한 무역규제와 제도적 장치, 경기침체
ST 전략은 외부 환경의 위협을 회피하기 위해 강점을 사용하는 전략이다. 따라서 외부의 위협 요인인 '자사에 불리한 규제'를 벗어날 수 있는 새 영역을 자사의 강점인 '독점 기술과 경영진의 경험'으로 창출하는 ①이 가장 적절한 전략이다.

16 다음 글의 내용이 참일 때, 반드시 참인 것만을 〈보기〉에서 모두 고르면?

　　A 부서에서는 새로운 프로젝트를 위해 팀을 꾸리고자 한다. 이 부서에는 남자 직원 세현, 승훈, 영수, 준원 4명과 여자 직원 보라, 소희, 진아 3명이 소속되어 있다. 아래의 조건에 따라 이들 가운데 4명을 뽑아 프로젝트 팀에 포함시키려 한다.

　- 남자 직원 가운데 적어도 한 사람은 뽑아야 한다.
　- 여자 직원 가운데 적어도 한 사람은 뽑지 말아야 한다.
　- 세현, 승훈 중 적어도 한 사람을 뽑으면, 준원과 진아도 뽑아야 한다.
　- 영수를 뽑으면, 보라와 소희는 뽑지 말아야 한다.
　- 진아를 뽑으면, 보라도 뽑아야 한다.

〈보기〉
　㉠ 남녀 동수로 팀이 구성된다.
　㉡ 영수와 소희 둘 다 팀에 포함되지 않는다.
　㉢ 준원과 보라 둘 다 팀에 포함된다.

① ㉠

② ㉢

③ ㉠, ㉡

④ ㉡, ㉢

⑤ ㉠, ㉡, ㉢

 팀에 들어갈 수 있는 남자 직원 수는 1~4명(첫 번째 조건), 여자 직원 수는 0~2명(두 번째 조건)이 되는데, 4명으로 구성되어야 하는 팀이므로 가능한 조합은 '남자 2명-여자 2명', '남자 3명-여자 1명', '남자 4명-여자 0명'이다. 세 번째 조건과 다섯 번째 조건에 의해 '세현 or 승훈 → 준원&진아 → 보라'가 되어, '세현'이나 '승훈'이 팀에 들어가게 되면, '준원-진아-보라'도 함께 들어간다. 따라서, 남자 직원 수를 3명 이상 선발하면 세현 혹은 승훈이 포함되게 되어 여자 직원 수가 1명 혹은 0명이 될 수 없으므로 가능한 조합은 '남자 2명-여자 2명'이고, 모든 조건에 적합한 조합은 '세현-준원-진아-보라' 혹은 '승훈-준원-진아-보라'이다.

Answer↱　15.①　16.⑤

17 다음 글의 내용이 참일 때, 반드시 참인 것만을 〈보기〉에서 모두 고르면?

> 세 사람 가훈, 나훈, 다훈은 지난 회의가 열린 날짜와 요일에 대해 다음과 같이 기억을 달리하고 있다.
> – 가훈은 회의가 5월 8일 목요일에 열렸다고 기억한다.
> – 나훈은 회의가 5월 10일 화요일에 열렸다고 기억한다.
> – 다훈은 회의가 6월 8일 금요일에 열렸다고 기억한다.
> 추가로 다음과 같은 사실이 알려졌다.
> – 회의는 가훈, 나훈, 다훈이 언급한 월, 일, 요일 중에 열렸다.
> – 세 사람의 기억 내용 가운데 한 사람은 월, 일, 요일의 세 가지 사항 중 하나만 맞혔고, 한 사람은 하나만 틀렸으며, 한 사람은 어느 것도 맞히지 못했다.

> 〈보기〉
> ㉠ 회의는 6월 10일에 열렸다.
> ㉡ 가훈은 어느 것도 맞히지 못한 사람이다.
> ㉢ 다훈이 하나만 맞힌 사람이라면 회의는 화요일에 열렸다.

① ㉠
② ㉢
③ ㉠, ㉡
④ ㉡, ㉢
⑤ ㉠, ㉡, ㉢

 하나도 못 맞춘 사람에 따라 나머지 사람이 맞춘 항목 수를 알아보면 다음과 같다.
  • 가훈이 하나도 못 맞춘 사람일 경우:
    – 6월 10일 화요일: 나훈-2개(일, 요일), 다훈-1개(월)
    – 6월 10일 금요일: 나훈-1개(일), 다훈-2개(월, 요일)
  • 나훈이 하나도 못 맞춘 사람일 경우:
    – 6월 8일 목요일: 가훈-2개(일, 요일), 다훈-2개(월, 일)
    – 6월 8일 금요일: 가훈-1개(일), 다훈-3개(월, 일, 요일)
  • 다훈이 하나도 못 맞춘 사람일 경우:
    – 5월 10일 화요일: 가훈-1개(월), 나훈-3개(월, 일, 요일)
    – 5월 10일 목요일: 가훈-2개(월, 요일), 나훈-2개(월, 일)
  따라서 제시된 조건 중 마지막 조건에 의해 하나도 못 맞춘 사람은 '가훈'이다.

18 K사의 가, 나, 다, 라 팀은 출장지로 이동하는데, 각 팀별로 움직이려고 한다. 동일 출장지로 운항하는 5개의 항공사별 수하물 규정은 다음과 같다. 다음 규정을 참고할 때, 각 팀에서 판단한 것으로 〈보기〉 중 옳은 것을 모두 고르면?

	화물용	기내 반입용
갑 항공사	A+B+C=158cm 이하, 각 23kg, 2개	A+B+C=115cm 이하, 10kg~12kg, 2개
을 항공사		A+B+C=115cm 이하, 10kg~12kg, 1개
병 항공사	A+B+C=158cm 이하, 20kg, 1개	A+B+C=115cm 이하, 7kg~12kg, 2개
정 항공사	A+B+C=158cm 이하, 각 20kg, 2개	A+B+C=115cm 이하, 14kg 이하, 1개
무 항공사		A+B+C=120cm 이하, 14kg~16kg, 1개

* A, B, C는 가방의 가로, 세로, 높이의 길이를 의미함.

〈보기〉
㉠ '가' 팀: 기내 반입용 가방이 최소한 2개가 되어야 하니 일단 '갑 항공사', '병 항공사' 밖엔 안 되겠군.
㉡ '나' 팀: 가방 세 개 중 A+B+C의 합이 2개는 155cm, 1개는 118cm이니 '무 항공사' 예약상황을 알아봐지.
㉢ '다' 팀: 무게로만 따지면 '병 항공사'보다 '을 항공사'를 이용하면 더 많은 짐을 가져갈 수 있겠군.
㉣ '라' 팀: 가방의 총 무게가 55kg을 넘어갈 테니 반드시 '갑 항공사'를 이용해야겠네.

① ㉠, ㉡

② ㉡, ㉣

③ ㉢, ㉣

④ ㉠, ㉡, ㉢

⑤ ㉡, ㉢, ㉣

 '무 항공사'의 경우 화물용 가방 2개의 총 무게가 20 × 2 =40kg, 기내 반입용 가방 1개의 최대 허용 무게가 16kg이므로 총 56kg까지 허용되어 '무 항공사'도 이용이 가능하다.
㉠ 기내 반입용 가방의 개수를 2개까지 허용하는 항공사는 '갑 항공사', '병 항공사'밖에 없다.
㉡ 155cm 2개는 화물용으로, 118cm 1개는 기내 반입용으로 운송 가능한 곳은 '무 항공사'이다.
㉢ '을 항공사'는 총 허용 무게가 23+23+12=58kg이며, '병 항공사'는 20+12+12=44kg이다.

19 전문가 6명(A~F)의 '회의 참여 가능 시간'과 '회의 장소 선호도'를 반영하여 〈조건〉을 충족하는 회의를 월요일~금요일 중에 개최하려 한다. 다음에 제시된 '표' 및 〈조건〉을 보고 판단한 것 중 옳은 것은?

〈회의 참여 가능 시간〉

요일 전문가	월	화	수	목	금
A	13:00~16:20	15:00~17:30	13:00~16:20	15:00~17:30	16:00~18:30
B	13:00~16:10	–	13:00~16:10	–	16:00~18:30
C	16:00~19:20	14:00~16:20	–	14:00~16:20	16:00~19:20
D	17:00~19:30	–	17:00~19:30	–	17:00~19:30
E	–	15:00~17:10	–	15:00~17:10	–
F	16:00~19:20	–	16:00~19:20	–	16:00~19:20

〈회의 장소 선호도〉

(단위 : 점)

장소\전문가	A	B	C	D	E	F
가	5	4	5	6	7	5
나	6	6	8	6	8	8
다	7	8	5	6	3	4

〈조건〉
1) 전문가 A~F 중 3명 이상이 참여할 수 있어야 회의 개최가 가능하다.
2) 회의는 1시간 동안 진행되며, 회의 참여자는 회의 시작부터 종료까지 자리를 지켜야 한다.
3) 회의 시간이 정해지면, 해당 일정에 참여 가능한 전문가들의 선호도를 합산하여 가장 높은 점수가 나온 곳을 회의 장소로 정한다.

① 월요일에는 회의를 개최할 수 없다.
② 금요일 16시에 회의를 개최할 경우 회의 장소는 '가'이다.
③ 금요일 18시에 회의를 개최할 경우 회의 장소는 '다'이다.
④ A가 반드시 참여해야 할 경우 목요일 16시에 회의를 개최할 수 있다.
⑤ C, D를 포함하여 4명 이상이 참여해야 할 경우 금요일 17시에 회의를 개최할 수 있다.

금요일 17시에 회의를 개최할 경우 C, D를 포함하여 A, B, F가 회의에 참여할 수 있다.

① 17:00~19:20 사이에 3명(C, D, F)의 회의가능 시간이 겹치므로 월요일에 회의를 개최할 수 있다.

② 금요일 16시 회의에 참여 가능한 전문가는 A, B, C, F이며 네 명의 회의 장소 선호도는 '가: 19점', '나: 28점', '다: 24점'으로 가장 높은 점수인 '나'가 회의 장소가 된다.

③ 금요일 18시 회의에 참여하는 전문가는 C, D, F이고 회의 장소 선호도를 합산한 결과 '나' 장소가 된다(나: 22점 > 가: 16점 > 다: 15점).

④ 목요일 16시에 회의를 개최하면 참여 가능한 전문가는 A, E 둘뿐이므로 회의개최가 불가능하다.

20 A구와 B구로 이루어진 신도시 '가' 시에는 어린이집과 복지회관이 없다. 이에 '가' 시는 60억 원의 건축 예산을 사용하여 '건축비와 만족도'와 '조건'하에서 시민 만족도가 가장 높도록 어린이집과 복지회관을 신축하려고 한다. 다음을 근거로 판단할 때 옳지 않은 것은?

<건축비와 만족도>

지역	시설 종류	건축비(억 원)	만족도
A구	어린이집	20	35
	복지회관	15	30
B구	어린이집	15	40
	복지회관	20	50

<조건>

1) 예산 범위 내에서 시설을 신축한다.
2) 시민 만족도는 각 시설에 대한 만족도의 합으로 계산한다.
3) 각 구에는 최소 1개의 시설을 신축해야 한다.
4) 하나의 구에 동일 종류의 시설을 3개 이상 신축할 수 없다.
5) 하나의 구에 동일 종류의 시설을 2개 신축할 경우, 그 시설 중 한 시설에 대한 만족도는 20% 하락한다.

① 예산은 모두 사용될 것이다.
② A구에는 어린이집이 신축될 것이다.
③ B구에는 2개의 시설이 신축될 것이다.
④ '가' 시에 신축되는 시설의 수는 4개일 것이다.
⑤ '조건 5'가 없더라도 신축되는 시설의 수는 달라지지 않을 것이다.

 예산 60억 원을 모두 사용한다고 했을 때, 건축비 15억 원이 소요되는 시설 4개를 지을 수 있는 경우는 (조건 3, 4에 의해) 'A구에 복지회관 2개, B구에 어린이집 2개'인 경우(만족도 126)뿐이다. 3개를 지을 때 최대로 만족도를 얻을 수 있는 경우는 다음과 같다.

지역-시설종류	건축비	만족도	지역-시설종류	건축비	만족도
B-복지회관	20억 원	50	B-복지회관	20억 원	50
B-어린이집	15억 원	40	B-복지회관	20억 원	40[조건5]
A-어린이집	20억 원	35	A-어린이집	20억 원	35
	55억 원	125		60억 원	125

따라서 A구에 복지회관 2개, B구에 어린이집 2개를 신축할 경우에 시민 만족도가 가장 높다.

21 H는 경복궁에서 시작하여 서울시립미술관, 서울타워 전망대, 국립중앙박물관까지 순서대로 관광하려 한다. '경복궁 → 서울시립미술관'은 도보로, '서울시립미술관 → 서울타워 전망대' 및 '서울타워 전망대 → 국립중앙박물관'은 각각 지하철로 이동해야 한다. 다음과 같은 조건하에서 H가 관광비용을 최소로 하여 관광하고자 할 때, H가 지불할 관광비용은 얼마인가? (단, 관광비용은 입장료, 지하철 요금, 상품가격의 합산 금액이다.)

〈입장료 및 지하철 요금〉				
경복궁	서울시립미술관	서울타워전망대	국립중앙박물관	지하철
1,000원	5,000원	10,000원	1,000원	1,000원

※ 지하철 요금은 거리에 관계없이 탑승할 때마다 일정하게 지불하며, 도보 이동 시에는 별도 비용 없음

• H가 선택할 수 있는 상품은 다음 세 가지 중 하나이다.

상품	가격	혜택				
		경복궁	서울시립미술관	서울타워전망대	국립중앙박물관	지하철
스마트교통카드	1,000원	–	–	50% 할인	–	당일 무료
시티투어A	3,000원	30% 할인	30% 할인	30% 할인	30% 할인	당일 무료
시티투어B	5,000원	무료	–	무료	무료	–

① 11,000원

② 12,000원

③ 13,000원

④ 14,900원

⑤ 19,000원

 H가 이용할 수 있는 상품에 따라 관광비용을 계산해 보면 다음과 같다(지하철 두 번 이용).

상품	상품가격	입장료				지하철	합산 금액
		경복궁	서울시립미술관	서울타워전망대	국립중앙박물관		
스마트교통카드	1,000	1,000	5,000	5,000	1,000	0	13,000
시티투어A	3,000	700	3,500	7,000	700	0	14,900
시티투어B	5,000	0	5,000	0	0	2,000	12,000

따라서 H가 시티투어B를 선택했을 때 최소비용인 12,000원으로 관광할 수 있다.

Answer → 20.② 21.②

22 다음과 같은 상황과 조건을 바탕으로 할 때, A가 오늘 아침에 수행한 아침 일과에 포함될 수 없는 것은?

- A는 오늘 아침 7시 20분에 기상하여 25분 후인 7시 45분에 집을 나섰다. A는 주어진 25분을 모두 아침 일과를 쉼 없이 수행하는 데 사용했다.
- 아침 일과를 수행하는 데 정해진 순서는 없으며, 같은 아침 일과를 두 번 이상 수행하지 않는다.
- 단, 머리를 감았다면 반드시 말리며, 각 아침 일과 수행 중에 다른 아침 일과를 동시에 수행할 수는 없다.
- 각 아침 일과를 수행하는 데 소요되는 시간은 다음과 같다.

아침 일과	소요 시간	아침 일과	소요 시간
샤워	10분	몸치장 하기	7분
세수	4분	구두 닦기	5분
머리 감기	3분	주스 만들기	15분
머리 말리기	5분	양말 신기	2분

① 세수
② 머리 감기
③ 구두 닦기
④ 몸치장 하기
⑤ 주스 만들기

 소요 시간을 서로 조합하여 합이 25분이 되도록 했을 때, 포함될 수 없는 것을 고른다.
- 샤워 + 주스 만들기 : 10+15
- [머리 감기 & 머리 말리기]+구두 닦기+샤워+양말 신기 : (3+5)+5+10+2
- [머리 감기 & 머리 말리기]+몸치장 하기+샤워 : (3+5)+7+10

4분이 소요되는 '세수'가 포함될 경우 총 걸린 시간 25분을 만들 수 없다.

23 '가' 은행 '나' 지점에서는 3월 11일 회계감사 관련 서류 제출을 위해 본점으로 출장을 가야 한다. 다음에 제시된 〈조건〉과 〈상황〉을 바탕으로 판단할 때, 출장을 함께 갈 수 있는 직원들의 조합으로 가능한 것은?

〈조건〉
1) 08시 정각 출발이 확정되어 있으며, 출발 후 '나' 지점에 복귀하기까지 총 8시간이 소요된다. 단, 비가 오는 경우 1시간이 추가로 소요된다.
2) 출장인원 중 한 명이 직접 운전하여야 하며, '운전면허 1종 보통' 소지자만 운전할 수 있다.
3) 출장시간에 사내 업무가 겹치는 경우에는 출장을 갈 수 없다.
4) 출장인원 중 부상자가 포함되어 있는 경우, 서류 박스 운반 지연으로 인해 30분이 추가로 소요된다.
5) 차장은 책임자로서 출장인원에 적어도 한 명 포함되어야 한다.
6) 주어진 조건 외에는 고려하지 않는다.

〈상황〉
1) 3월 11일은 하루 종일 비가 온다.
2) 3월 11일 당직 근무는 17시 10분에 시작한다.

직원	직급	운전면허	건강상태	출장 당일 사내 업무
A	차장	1종 보통	부상	없음
B	차장	2종 보통	건강	17시 15분 계약업체 담당
C	과장	없음	건강	17시 35분 고객 상담
D	과장	1종 보통	건강	당직 근무
E	대리	2종 보통	건강	없음

① A, B, C
② A, C, D
③ B, C, E
④ B, D, E
⑤ C, D, E

 3월 11일에 하루 종일 비가 온다고 했으므로 복귀하기까지 총 소요 시간은 9시간이므로 복귀 시간은 부상자 없을 경우 17시가 된다. 부상이 있는 A가 출장을 갈 경우, 17시 15분에 사내 업무가 있는 B, 17시 10분부터 당직 근무를 서야 하는 D는 A와 함께 출장을 갈 수 없다. ③의 경우 1종 보통 운전면허 소지자가 없으며, ⑤의 경우 책임자인 차장이 포함되어 있지 않다.

Answer↦ 22.① 23.④

24 ○○공단은 A ~ E 다섯 명을 대상으로 면접시험을 실시하였다. 면접시험의 평가기준은 '가치관, 열정, 표현력, 잠재력, 논증력' 5가지 항목이며 각 항목 점수는 3점 만점이다. 〈면접시험 결과〉와 〈등수〉가 아래와 같을 때, 보기 중 옳은 것을 고르면? (단, 종합점수는 각 항목별 점수에 항목가중치를 곱하여 합산하며, 종합점수가 높은 순으로 등수를 결정하였다.)

〈면접시험 결과〉							〈등수〉	
					(단위 : 점)			
구분	A	B	C	D	E		순위	면접 응시자
가치관	3	2	3	2	2		1	B
열정	2	3	2	2	2		2	E
표현력	2	3	2	2	3		3	A
잠재력	3	2	2	3	3		4	D
논증력	2	2	3	3	2		5	C

① 잠재력은 열정보다 항목가중치가 높다.
② 논증력은 열정보다 항목가중치가 높다.
③ 잠재력은 가치관보다 항목가중치가 높다.
④ 가치관은 표현력보다 항목가중치가 높다.
⑤ 논증력은 잠재력보다 항목가중치가 높다.

 A~E 중 비교 항목 외의 나머지 항목에서 같은 점수를 나타내는 두 면접 응시자를 비교함으로써 각 보기에서 비교하는 두 항목 간 가중치의 대소를 알 수 있다. '잠재력'과 '가치관'의 항목가중치를 비교하려면 C와 D의 점수와 등수를 비교함으로써 알 수 있다. 나머지 항목에서는 같은 점수이고 C는 가치관에서 D보다 1점 높고 D는 잠재력에서 C보다 1점 높은 상황에서 D의 등수가 C보다 높으므로 가중치는 '잠재력'에서 더 높은 것을 알 수 있다. 마찬가지로 ①의 경우 B와 E, ④의 경우 A와 E, ⑤의 경우 A와 C를 비교해봄으로써 항목 간 가중치의 높고 낮음을 알 수 있다. ②의 경우에는 주어진 조건에서 비교할 수 있는 대상이 없으므로 알 수 없는 내용이다.

25 A씨는 자주 가는 카페에서 자신의 회원카드를 제시하려고 하며, 현재 적립금 2,050원을 최대한 사용할 예정이다. 다음 조건에 따라 계산될 경우 A씨가 최종적으로 지불해야 하는 금액은?

〈구매 목록〉

- 핫초코 R
- 아메리카노 L
- 카페라떼 R
- 카라멜 마끼아또 L
- 녹차라떼 R에 휘핑크림 추가

〈메뉴〉

(단위 : 원)

	R 사이즈	L 사이즈
아메리카노	2,500	2,800
카페라떼	3,500	3,800
카라멜 마끼아또	3,800	4,200
녹차라떼	3,000	3,500
핫초코	3,500	3,800

* 휘핑크림, 샷 추가 시 : 800원 추가

* 오늘의 차 : 핫초코 균일가 3,000원

* 카페 2주년 기념행사 : 총 금액 20,000원 초과 시 5% 할인

〈회원특전〉

- 10,000원 이상 결제 시 회원카드를 제시하면 총 결제 금액에서 1,000원 할인
- 적립금이 2,000점 이상인 경우, 현금처럼 사용 가능(1점당 1원, 100단위로 사용가능하며 타 할인 혜택 적용 후 최종금액의 10%까지만 사용 가능)
- 할인혜택 중복적용 가능

① 14,300원 ② 14,700원

③ 15,300원 ④ 15,700원

⑤ 16,300원

 3,000 + 4,200 + 2,800 + 3,000 + 800 + 3,500 = 17,300원
구매 금액이 10,000원 이상이므로 회원카드를 제시하여 1,000원이 할인된 16,300원이 된다. 적립금 2,050점 중 16,300원의 10%인 1,630점까지만 가능하므로 1,600점을 사용하여 최종 금액 14,700원을 지불해야 한다.

Answer ➭ 24.③ 25.②

○ 주택용 전력(저압)

기본요금(원/호)		전력량 요금(원/kWh)	
200kWh 이하 사용	900	처음 200kWh까지	90
201~400kWh 사용	1,800	다음 200kWh까지	180
400kWh 초과 사용	7,200	400kWh 초과	279

1) 주거용 고객, 계약전력 3kWh 이하의 고객
2) 필수사용량 보장공제 : 200kWh 이하 사용 시 월 4,000원 한도 감액(감액 후 최저요금 1,000원)
3) 슈퍼유저요금 : 동·하계(7~8월, 12~2월) 1,000kWh 초과 전력량 요금은 720원/kWh 적용

○ 주택용 전력(고압)

기본요금(원/호)		전력량 요금(원/kWh)	
200kWh 이하 사용	720	처음 200kWh까지	72
201~400kWh 사용	1,260	다음 200kWh까지	153
400kWh 초과 사용	6,300	400kWh 초과	216

1) 주택용 전력(저압)에 해당되지 않는 주택용 전력 고객
2) 필수사용량 보장공제 : 200kWh 이하 사용 시 월 2,500원 한도 감액(감액 후 최저요금 1,000원)
3) 슈퍼유저요금 : 동·하계(7~8월, 12~2월) 1,000kWh 초과 전력량 요금은 576원/kWh 적용

26 다음 두 전기 사용자인 갑과 을의 전기요금 합산 금액으로 올바른 것은?

갑 : 주택용 전력 저압 300kWh 사용
을 : 주택용 전력 고압 300kWh 사용

① 68,600원
② 68,660원
③ 68,700원
④ 68,760원
⑤ 68,800원

 갑과 을의 전기요금을 다음과 같이 계산할 수 있다.
〈갑〉
기본요금 : 1,800원
전력량 요금 : (200 × 90)+(100 × 180)=18,000+18,000=36,000원
200kWh를 초과하였으므로 필수사용량 보장공제 해당 없음
전기요금 : 1,800+36,000=37,800원
〈을〉
기본요금 : 1,260원
전력량 요금 : (200 × 72)+(100 × 153)=14,400+15,300=29,700원
200kWh를 초과하였으므로 필수사용량 보장공제 해당 없음
전기요금 : 1,260+29,700=30,960원
따라서 갑과 을의 전기요금 합산 금액은 37,800+30,960=68,760원이 된다.

Answer↦ 26.④

27 위의 전기요금 계산 안내문에 대한 설명으로 올바르지 않은 것은?

① 주택용 전력은 고압 요금이 저압 요금보다 더 저렴하다.

② 동계와 하계에 1,000kWh가 넘는 전력을 사용하면 기본요금과 전력량 요금이 모두 2배 이상 증가한다.

③ 저압 요금 사용자가 전기를 3kWh만 사용할 경우의 전기요금은 1,000원이다.

④ 가전기기의 소비전력을 알 경우, 전기요금 절감을 위해 전기 사용량을 200kWh 단위로 나누어 관리할 수 있다.

⑤ 슈퍼유저는 1년 중 5개월 동안만 해당된다.

② 동계와 하계에 1,000kWh가 넘는 전력을 사용하면 슈퍼유저에 해당되어 적용되는 1,000kWh 초과 전력량 요금 단가가 2배 이상으로 증가하게 되나, 기본요금에는 해당되지 않는다.

① 기본요금과 전력량 요금 모두 고압 요금이 저압 요금보다 저렴한 기준이 적용된다.

③ 기본요금 900원과 전력량 요금 270원을 합하여 1,170원이 되며, 필수사용량 보장공제 적용 후에도 최저요금인 1,000원이 발생하게 된다.

④ 200kWh 단위로 요금 체계가 바뀌게 되므로 200kWh씩 나누어 관리하는 것이 전기요금을 절감할 수 있는 방법이다.

⑤ 7~8월, 12~2월로 하계와 동계 5개월에 해당된다.

28 8층에서 엘리베이터를 타게 된 갑, 을, 병, 정, 무 5명은 5층부터 내리기 시작하여 마지막 다섯 번째 사람이 1층에서 내리게 되었다. 다음 〈조건〉을 만족할 때, 1층에서 내린 사람은 누구인가?

〈조건〉
- 2명이 함께 내린 층은 4층이며, 나머지는 모두 1명씩만 내렸다.
- 을이 내리기 직전 층에서는 아무도 내리지 않았다.
- 무는 정의 바로 다음 층에서 내렸다.
- 갑과 을은 1층에서 내리지 않았다.

---

① 갑   ② 을
③ 병   ④ 정
⑤ 무

 문제의 내용과 조건의 내용에서 알 수 있는 것은 다음과 같다.
- 5층과 1층에서는 적어도 1명이 내렸다.
- 4층에서는 2명이 내렸다. → 2층 또는 3층 중 아무도 내리지 않은 층이 한 개 있다.

그런데 네 번째 조건에 따라 을은 1층에서 내리지 않았고, 두 번째 조건에 따라 을이 내리기 직전 층에서는 아무도 내리지 않아야 하므로, 을은 2층에서 내렸고 3층에서는 아무도 내리지 않은 것이 된다(∵ 2층 또는 3층 중 아무도 내리지 않은 층이 한 개 있으므로)

또한 무는 정의 바로 다음 층에서 내렸다는 세 번째 조건에 따르면, 정이 5층에서 내리고 무가 4층에서 내린 것이 된다.

네 번째 조건에서 갑은 1층에서 내리지 않았다고 하였으므로, 2명이 함께 내린 층인 4층에서 무와 함께 내린 것이고, 결국 1층에서 내릴 수 있는 사람은 병이 된다.

Answer→ 27.② 28.③

29 다음 설명을 참고할 때, 대출금 지급이 조기에 만료되는 경우를 〈보기〉에서 모두 고른 것은? (단, 모두 주택연금 대출자로 가정한다)

[대출금 지급의 조기 만료]

　주택담보노후연금대출을 받고 본인에게 다음 각 항목의 사유 중 하나라도 발생한 경우 은행으로부터 독촉, 통지 등이 없어도 본인은 당연히 은행에 대한 당해 채무의 기한의 이익을 상실하여 곧 이를 갚아야 할 의무를 지며, 대출 기한일과 관계없이 대출금 지급이 조기에 종료됩니다.
- 본인 및 배우자가 모두 사망한 경우
- 본인이 사망한 후 배우자가 6월 이내에 담보주택의 소유권이전등기 및 채권자에 대한 보증부대출 채무의 인수를 마치지 아니한 경우
- 본인 및 배우자 담보주택에서 다른 장소로 이사한 경우
- 본인 및 배우자가 1년 이상 계속하여 담보주택에서 거주하지 아니한 경우. 다만, 입원 등 은행이 정하여 인터넷 홈페이지에 공고하는 불가피한 사유로 거주하지 아니한 경우는 제외한다.
- 본인이 담보주택의 소유권을 상실한 경우
- 주택담보노후연금대출 원리금이 근저당권의 설정 최고액을 초과할 것으로 예상되는 경우로서 채권자의 설정 최고액 변경 요구에 응하지 아니하는 경우
- 그밖에 은행의 주택금융운영위원회가 정하는 일정한 사유가 발생한 경우

〈보기〉

(가) 7개월 전 대출 명의자인 남편이 사망하였으며, 은행에 보증부대출 채무 인수를 두 달 전 완료하여 소유권이전등기는 하지 않은 배우자 A씨
(나) 5/1일부터 이듬해 4/30일까지의 기간 중 본인 및 배우자 모두 병원 입원 기간이 각각 1년을 초과하는 B씨 부부
(다) 주택연금대출을 받고 3개월 후 살고 있던 집을 팔고 더 큰 집을 사서 이사한 C씨
(라) 연금 대출금과 수시 인출금의 합이 담보주택에 대해 은행에서 행사할 수 있는 근저당권 최고금액을 초과하여 은행의 설정 최고액 변경 요구에 따라 필요한 절차를 수행하고 있는 D씨

① (가), (다)
② (나), (라)
③ (가), (나), (라)
④ (가), (다), (라)
⑤ (나), (다), (라)

 (가) 6개월 이내에 보증부대출 채무 인수는 마쳤으나 소유권이전등기를 하지 않았으므로 대출금 조기 만료에 해당된다.
　(다) 본인이 담보주택의 소유권을 상실한 경우로 대출금 조기 만료에 해당된다.
　(나) 병원 입원 기간은 해당 사유에서 제외되므로 대출금이 조기 만료되지 않는다.
　(라) S씨의 대출금과 근저당권 상황은 대출금 조기 만료에 해당될 수 있으나, 채권자인 은행의 설정 최고액 변경 요구에 응하고 있으므로 조기 만료에 해당되지 않는다.

30 한국전자는 영업팀 6명의 직원(A~F)과 관리팀 4명의 직원(갑~정)이 매일 각 팀당 1명씩 총 2명이 당직 근무를 선다. 2일 날 A와 갑 직원이 당직 근무를 서고 팀별 순서(A~F, 갑~정)대로 돌아가며 근무를 선다면, E와 병이 함께 근무를 서는 날은 언제인가? (단, 근무를 서지 않는 날은 없다고 가정한다)

① 10일
② 11일
③ 12일
④ 13일
⑤ 14일

 주어진 조건에 따라 선택지의 날짜에 해당하는 당직 근무표를 정리해 보면 다음과 같다.

구분	갑	을	병	정
A	2일, 14일		8일	
B		3일		9일
C	10일		4일	
D		11일		5일
E	6일		12일	
F		7일		13일

따라서 A와 갑이 2일 날 당직 근무를 섰다면 E와 병은 12일 날 당직 근무를 서게 된다.

02 수리능력

1 직장생활과 수리능력

(1) 기초직업능력으로서의 수리능력

① 개념 … 직장생활에서 요구되는 사칙연산과 기초적인 통계를 이해하고 도표의 의미를 파악하거나 도표를 이용해서 결과를 효과적으로 제시하는 능력을 말한다.

② 수리능력은 크게 기초연산능력, 기초통계능력, 도표분석능력, 도표작성능력으로 구성된다.
  ㉠ **기초연산능력** : 직장생활에서 필요한 기초적인 사칙연산과 계산방법을 이해하고 활용할 수 있는 능력
  ㉡ **기초통계능력** : 평균, 합계, 빈도 등 직장생활에서 자주 사용되는 기초적인 통계기법을 활용하여 자료의 특성과 경향성을 파악하는 능력
  ㉢ **도표분석능력** : 그래프, 그림 등 도표의 의미를 파악하고 필요한 정보를 해석하는 능력
  ㉣ **도표작성능력** : 도표를 이용하여 결과를 효과적으로 제시하는 능력

(2) 업무수행에서 수리능력이 활용되는 경우

① 업무상 계산을 수행하고 결과를 정리하는 경우

② 업무비용을 측정하는 경우

③ 고객과 소비자의 정보를 조사하고 결과를 종합하는 경우

④ 조직의 예산안을 작성하는 경우

⑤ 업무수행 경비를 제시해야 하는 경우

⑥ 다른 상품과 가격비교를 하는 경우

⑦ 연간 상품 판매실적을 제시하는 경우

⑧ 업무비용을 다른 조직과 비교해야 하는 경우

⑨ 상품판매를 위한 지역조사를 실시해야 하는 경우

⑩ 업무수행과정에서 도표로 주어진 자료를 해석하는 경우

⑪ 도표로 제시된 업무비용을 측정하는 경우

예제 1

다음 자료를 보고 주어진 상황에 대한 물음에 답하시오.

〈근로소득에 대한 간이 세액표〉

월 급여액(천 원) [비과세 및 학자금 제외]		공제대상 가족 수				
이상	미만	1	2	3	4	5
2,500	2,520	38,960	29,280	16,940	13,570	10,190
2,520	2,540	40,670	29,960	17,360	13,990	10,610
2,540	2,560	42,380	30,640	17,790	14,410	11,040
2,560	2,580	44,090	31,330	18,210	14,840	11,460
2,580	2,600	45,800	32,680	18,640	15,260	11,890
2,600	2,620	47,520	34,390	19,240	15,680	12,310
2,620	2,640	49,230	36,100	19,900	16,110	12,730
2,640	2,660	50,940	37,810	20,560	16,530	13,160
2,660	2,680	52,650	39,530	21,220	16,960	13,580
2,680	2,700	54,360	41,240	21,880	17,380	14,010
2,700	2,720	56,070	42,950	22,540	17,800	14,430
2,720	2,740	57,780	44,660	23,200	18,230	14,850
2,740	2,760	59,500	46,370	23,860	18,650	15,280

※ 갑근세는 제시되어 있는 간이 세액표에 따름
※ 주민세=갑근세의 10%
※ 국민연금=급여액의 4.50%
※ 고용보험=국민연금의 10%
※ 건강보험=급여액의 2.90%
※ 교육지원금=분기별 100,000원(매 분기별 첫 달에 지급)

박○○ 사원의 5월 급여내역이 다음과 같고 전월과 동일하게 근무하였으나 특별수당은 없고 차량지원금으로 100,000원을 받게 된다면, 6월에 받게 되는 급여는 얼마인가? (단, 원 단위 절삭)

(주) 서원플랜테크 5월 급여내역			
성명	박○○	지급일	5월 12일
기본급여	2,240,000	갑근세	39,530
직무수당	400,000	주민세	3,950
명절 상여금		고용보험	11,970
특별수당	20,000	국민연금	119,700
차량지원금		건강보험	77,140
교육지원		기타	
급여계	2,660,000	공제합계	252,290
		지급총액	2,407,710

① 2,443,910
② 2,453,910
③ 2,463,910
④ 2,473,910

(3) 수리능력의 중요성

① 수학적 사고를 통한 문제해결

② 직업세계의 변화에의 적응

③ 실용적 가치의 구현

(4) 단위환산표

구분	단위환산
길이	1cm = 10mm, 1m = 100cm, 1km = 1,000m
넓이	$1cm^2$ = $100mm^2$, $1m^2$ = $10,000cm^2$, $1km^2$ = $1,000,000m^2$
부피	$1cm^3$ = $1,000mm^3$, $1m^3$ = $1,000,000cm^3$, $1km^3$ = $1,000,000,000m^3$
들이	$1m\ell$ = $1cm^3$, $1d\ell$ = $100cm^3$, 1L = $1,000cm^3$ = $10d\ell$
무게	1kg = 1,000g, 1t = 1,000kg = 1,000,000g
시간	1분 = 60초, 1시간 = 60분 = 3,600초
할푼리	1푼 = 0.1할, 1리 = 0.01할, 1모 = 0.001할

예제 2

둘레의 길이가 4.4km인 정사각형 모양의 공원이 있다. 이 공원의 넓이는 몇 a인가?

① 12,100a

② 1,210a

③ 121a

④ 12.1a

2 수리능력을 구성하는 하위능력

(1) 기초연산능력

① **사칙연산** … 수에 관한 덧셈, 뺄셈, 곱셈, 나눗셈의 네 종류의 계산법으로 업무를 원활하게 수행하기 위해서는 기본적인 사칙연산뿐만 아니라 다단계의 복잡한 사칙연산까지도 수행할 수 있어야 한다.

② **검산** … 연산의 결과를 확인하는 과정으로 대표적인 검산방법으로 역연산과 구거법이 있다.
- ㉠ **역연산** : 덧셈은 뺄셈으로, 뺄셈은 덧셈으로, 곱셈은 나눗셈으로, 나눗셈은 곱셈으로 확인하는 방법이다.
- ㉡ **구거법** : 원래의 수와 각 자리 수의 합이 9로 나눈 나머지가 같다는 원리를 이용한 것으로 9를 버리고 남은 수로 계산하는 것이다.

예제 3

다음 식을 바르게 계산한 것은?

$$1 + \frac{2}{3} + \frac{1}{2} - \frac{3}{4}$$

① $\dfrac{13}{12}$

② $\dfrac{15}{12}$

③ $\dfrac{17}{12}$

④ $\dfrac{19}{12}$

[출제의도]
직장생활에서 필요한 기초적인 사칙연산과 계산방법을 이해하고 활용할 수 있는 능력을 평가하는 문제로서, 분수의 계산과 통분에 대한 기본적인 이해가 필요하다.

[해설]
$$\frac{12}{12} + \frac{8}{12} + \frac{6}{12} - \frac{9}{12} = \frac{17}{12}$$

답 ③

---

(2) 기초통계능력

① **업무수행과 통계**
- ㉠ **통계의 의미** : 통계란 집단현상에 대한 구체적인 양적 기술을 반영하는 숫자이다.
- ㉡ **업무수행에 통계를 활용함으로써 얻을 수 있는 이점**
  - 많은 수량적 자료를 처리가능하고 쉽게 이해할 수 있는 형태로 축소
  - 표본을 통해 연구대상 집단의 특성을 유추
  - 의사결정의 보조수단
  - 관찰 가능한 자료를 통해 논리적으로 결론을 추출·검증

© 기본적인 통계치
- 빈도와 빈도분포 : 빈도란 어떤 사건이 일어나거나 증상이 나타나는 정도를 의미하며, 빈도분포란 빈도를 표나 그래프로 종합적으로 표시하는 것이다.
- 평균 : 모든 사례의 수치를 합한 후 총 사례 수로 나눈 값이다.
- 백분율 : 전체의 수량을 100으로 하여 생각하는 수량이 그중 몇이 되는가를 퍼센트로 나타낸 것이다.

② 통계기법
㉠ 범위와 평균
- 범위 : 분포의 흩어진 정도를 가장 간단히 알아보는 방법으로 최곳값에서 최젓값을 뺀 값을 의미한다.
- 평균 : 집단의 특성을 요약하기 위해 가장 자주 활용하는 값으로 모든 사례의 수치를 합한 후 총 사례 수로 나눈 값이다.
- 관찰값이 1, 3, 5, 7, 9일 경우 범위는 $9 - 1 = 8$이 되고, 평균은 $\dfrac{1+3+5+7+9}{5} = 5$가 된다.
㉡ 분산과 표준편차
- 분산 : 관찰값의 흩어진 정도로, 각 관찰값과 평균값의 차의 제곱의 평균이다.
- 표준편차 : 평균으로부터 얼마나 떨어져 있는가를 나타내는 개념으로 분산값의 제곱근 값이다.
- 관찰값이 1, 2, 3이고 평균이 2인 집단의 분산은 $\dfrac{(1-2)^2 + (2-2)^2 + (3-2)^2}{3} = \dfrac{2}{3}$ 이고 표준편차는 분산값의 제곱근 값인 $\sqrt{\dfrac{2}{3}}$ 이다.

③ 통계자료의 해석
㉠ 다섯숫자요약
- 최솟값 : 원자료 중 값의 크기가 가장 작은 값
- 최댓값 : 원자료 중 값의 크기가 가장 큰 값
- 중앙값 : 최솟값부터 최댓값까지 크기에 의하여 배열했을 때 중앙에 위치하는 사례의 값
- 하위 25%값 · 상위 25%값 : 원자료를 크기 순으로 배열하여 4등분한 값
㉡ 평균값과 중앙값 : 평균값과 중앙값은 그 개념이 다르기 때문에 명확하게 제시해야 한다.

예제 4

인터넷 쇼핑몰에서 회원가입을 하고 디지털캠코더를 구매하려고 한다. 다음은 구입하고자 하는 모델에 대하여 인터넷 쇼핑몰 세 곳의 가격과 조건을 제시한 표이다. 표에 있는 모든 혜택을 적용하였을 때 디지털캠코더의 배송비를 포함한 실제 구매가격을 바르게 비교한 것은?

구분	A 쇼핑몰	B 쇼핑몰	C 쇼핑몰
정상가격	129,000원	131,000원	130,000원
회원혜택	7,000원 할인	3,500원 할인	7% 할인
할인쿠폰	5% 쿠폰	3% 쿠폰	5,000원
중복할인여부	불가	가능	불가
배송비	2,000원	무료	2,500원

① A<B<C
② B<C<A
③ C<A<B
④ C<B<A

[출제의도]
직장생활에서 자주 사용되는 기초적인 통계기법을 활용하여 자료의 특성과 경향성을 파악하는 능력이 요구되는 문제이다.

[해설]
㉠ A 쇼핑몰
• 회원혜택을 선택한 경우 : $129,000 - 7,000 + 2,000 = 124,000$(원)
• 5% 할인쿠폰을 선택한 경우 : $129,000 \times 0.95 + 2,000 = 124,550$

㉡ B 쇼핑몰 : $131,000 \times 0.97 - 3,500 = 123,570$

㉢ C 쇼핑몰
• 회원혜택을 선택한 경우 : $130,000 \times 0.93 + 2,500 = 123,400$
• 5,000원 할인쿠폰을 선택한 경우 : $130,000 - 5,000 + 2,500 = 127,500$

$\therefore$ C<B<A

답 ④

(3) 도표분석능력

① 도표의 종류

　㉠ 목적별 : 관리(계획 및 통제), 해설(분석), 보고

　㉡ 용도별 : 경과 그래프, 내역 그래프, 비교 그래프, 분포 그래프, 상관 그래프, 계산 그래프

　㉢ 형상별 : 선 그래프, 막대 그래프, 원 그래프, 점 그래프, 층별 그래프, 레이더 차트

② 도표의 활용

　㉠ 선 그래프

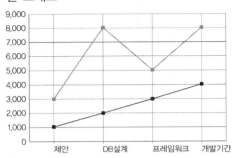

- 주로 시간의 경과에 따라 수량에 의한 변화 상황(시계열 변화)을 절선의 기울기로 나타내는 그래프이다.
- 경과, 비교, 분포를 비롯하여 상관관계 등을 나타낼 때 쓰인다.

　㉡ 막대 그래프

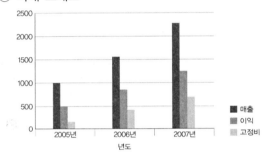

- 비교하고자 하는 수량을 막대 길이로 표시하고 그 길이를 통해 수량 간의 대소관계를 나타내는 그래프이다.
- 내역, 비교, 경과, 도수 등을 표시하는 용도로 쓰인다.

　㉢ 원 그래프

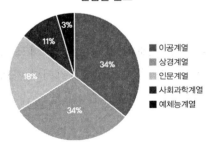

- 내역이나 내용의 구성비를 원을 분할하여 나타낸 그래프이다.
- 전체에 대해 부분이 차지하는 비율을 표시하는 용도로 쓰인다.

ⓔ 점 그래프

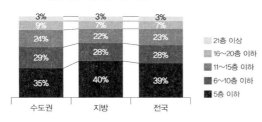

복제율과 1인당 GDP

- 종축과 횡축에 2요소를 두고 보고자 하는 것이 어떤 위치에 있는가를 나타내는 그래프이다.
- 지역분포를 비롯하여 도시, 지방, 기업, 상품 등의 평가나 위치·성격을 표시하는데 쓰인다.

ⓜ 층별 그래프

전국 아파트 층수별 거래 비중

- 선 그래프의 변형으로 연속내역 봉 그래프라고 할 수 있다. 선과 선 사이의 크기로 데이터 변화를 나타낸다.
- 합계와 부분의 크기를 백분율로 나타내고 시간적 변화를 보고자 할 때나 합계와 각 부분의 크기를 실수로 나타내고 시간적 변화를 보고자 할 때 쓰인다.

ⓗ 레이더 차트(거미줄 그래프)

- 원 그래프의 일종으로 비교하는 수량을 직경, 또는 반경으로 나누어 원의 중심에서의 거리에 따라 각 수량의 관계를 나타내는 그래프이다.
- 비교하거나 경과를 나타내는 용도로 쓰인다.

③ 도표 해석상의 유의사항
    ㉠ 요구되는 지식의 수준을 넓힌다.
    ㉡ 도표에 제시된 자료의 의미를 정확히 숙지한다.
    ㉢ 도표로부터 알 수 있는 것과 없는 것을 구별한다.
    ㉣ 총량의 증가와 비율의 증가를 구분한다.
    ㉤ 백분위수와 사분위수를 정확히 이해하고 있어야 한다.

예제 5

다음 표는 2009 ~ 2010년 지역별 직장인들의 자기개발에 관해 조사한 내용을 정리한 것이다. 이에 대한 분석으로 옳은 것은?

(단위 : %)

연도 구분 지역	2009				2010			
	자기개발 하고 있음	자기개발 비용 부담 주체			자기개발 하고 있음	자기개발 비용 부담 주체		
		직장 100%	본인 100%	직장50%+ 본인50%		직장 100%	본인 100%	직장50%+ 본인50%
충청도	36.8	8.5	88.5	3.1	45.9	9.0	65.5	24.5
제주도	57.4	8.3	89.1	2.9	68.5	7.9	68.3	23.8
경기도	58.2	12	86.3	2.6	71.0	7.5	74.0	18.5
서울시	60.6	13.4	84.2	2.4	72.7	11.0	73.7	15.3
경상도	40.5	10.7	86.1	3.2	51.0	13.6	74.9	11.6

① 2009년과 2010년 모두 자기개발 비용을 본인이 100% 부담하는 사람의 수는 응답자의 절반 이상이다.
② 자기개발을 하고 있다고 응답한 사람의 수는 2009년과 2010년 모두 서울시가 가장 많다.
③ 자기개발 비용을 직장과 본인이 각각 절반씩 부담하는 사람의 비율은 2009년과 2010년 모두 서울시가 가장 높다.
④ 2009년과 2010년 모두 자기개발을 하고 있다고 응답한 비율이 가장 높은 지역에서 자기개발비용을 직장이 100% 부담한다고 응답한 사람의 비율이 가장 높다.

[출제의도]
그래프, 그림, 도표 등 주어진 자료를 이해하고 의미를 파악하여 필요한 정보를 해석하는 능력을 평가하는 문제이다.
[해설]
② 지역별 인원수가 제시되어 있지 않으므로, 각 지역별 응답자 수는 알 수 없다.
③ 2009년에는 경상도에서, 2010년에는 충청도에서 가장 높은 비율을 보인다.
④ 2009년과 2010년 모두 '자기개발을 하고 있다'고 응답한 비율이 가장 높은 지역은 서울시이며, 2010년의 경우 자기개발비용을 직장이 100% 부담한다고 응답한 사람의 비율이 가장 높은 지역은 경상도이다.

답 ①

(4) 도표작성능력

① 도표작성 절차

    ㉠ 어떠한 도표로 작성할 것인지를 결정

    ㉡ 가로축과 세로축에 나타낼 것을 결정

    ㉢ 한 눈금의 크기를 결정

    ㉣ 자료의 내용을 가로축과 세로축이 만나는 곳에 표현

    ㉤ 표현한 점들을 선분으로 연결

    ㉥ 도표의 제목을 표기

② 도표작성 시 유의사항

    ㉠ 선 그래프 작성 시 유의점

- 세로축에 수량, 가로축에 명칭구분을 제시한다.
- 선의 높이에 따라 수치를 파악하는 경우가 많으므로 세로축의 눈금을 가로축보다 크게 하는 것이 효과적이다.
- 선이 두 종류 이상일 경우 반드시 그 명칭을 기입한다.

    ㉡ 막대 그래프 작성 시 유의점

- 막대 수가 많을 경우에는 눈금선을 기입하는 것이 알아보기 쉽다.
- 막대의 폭은 모두 같게 하여야 한다.

    ㉢ 원 그래프 작성 시 유의점

- 정각 12시의 선을 기점으로 오른쪽으로 그리는 것이 보통이다.
- 분할선은 구성비율이 큰 순서로 그린다.

    ㉣ 층별 그래프 작성 시 유의점

- 눈금은 선 그래프나 막대 그래프보다 적게 하고 눈금선은 넣지 않는다.
- 층별로 색이나 모양이 완전히 다른 것이어야 한다.
- 같은 항목은 옆에 있는 층과 선으로 연결하여 보기 쉽도록 한다.

1 업무를 수행할 때 활용하는 통계를 작성함으로써 얻을 수 있는 이점이 아닌 것은 어느 것인가?

① 통계는 많은 수량적 자료를 처리가능하고 쉽게 이해할 수 있는 형태로 축소한다.

② 표본을 통해 연구대상 집단의 특성을 유추할 수 있다.

③ 의사결정의 보조수단으로 활용할 수 있다.

④ 어떤 사람의 재산, 한라산의 높이 등 어떤 개체에 관한 구체적 사항을 알 수 있다.

⑤ 관찰 가능한 자료를 통해 논리적으로 어떠한 결론을 추출, 검증할 수 있다.

 통계는 집단의 현상에 관한 것으로서, 어떤 사람의 재산이나 한라산의 높이 등, 특정 개체에 관한 수적 기술은 아무리 구체적이더라도 통계라고 하지 않는다.

2 다음 중 그래프로 자료를 작성할 때의 주의사항으로 올바른 설명을 〈보기〉에서 모두 고른 것은 어느 것인가?

> 〈보기〉
> ㉠ 해당 자료의 가로, 세로축을 나타내는 수치의 의미를 범례로 제시한다.
> ㉡ 사용된 수치 중 가장 중요하게 나타내고자 하는 자료의 단위만을 제시한다.
> ㉢ 축의 단위는 해당 수치의 범위가 모두 포함될 수 있도록 제시한다.
> ㉣ 무엇을 의미하는 그래프인지를 알 수 있도록 제목을 반드시 제시한다.

① ㉡, ㉢, ㉣   ② ㉠, ㉢, ㉣

③ ㉠, ㉡, ㉣   ④ ㉠, ㉡, ㉢

⑤ ㉠, ㉡, ㉢, ㉣

 ㉠ 가로와 세로의 수치가 의미하는 내용은 범례를 통해서 표현할 수 있다.
㉡ 그래프나 도표 작성 시, 사용된 모든 수치의 단위를 표기해 주어야 한다.
㉢ 데이터의 수치들에 해당하는 축의 단위 표시가 없는 경우 모든 데이터가 표시될 수 없으므로 축의 단위는 충분하게 설정하여야 한다.
㉣ 그래프의 제목을 붙이는 것은 그래프 작성의 가장 기본적인 사항이다.

3 다음은 다양한 그래프의 종류와 그 활용 사례를 정리한 도표이다. 그래프의 종류에 맞는 활용 사례가 아닌 것은 어느 것인가?

종류	활용 방법	활용 사례
㉠ 원 그래프	내역이나 내용의 구성비를 분할하여 나타내고자 할 때	제품별 매출액 구성비
㉡ 점 그래프	지역분포를 비롯하여 도시, 지방, 기업, 상품 등의 평가나 위치, 성격을 표시	광고비율과 이익률의 관계
㉢ 층별 그래프	합계와 각 부분의 크기를 백분율로 나타내고 시간적 변화를 보고자 할 때	상품별 매출액 추이
㉣ 막대그래프	비교하고자 하는 수량을 막대 길이로 표시하고, 그 길이를 비교하여 각 수량 간의 대소 관계를 나타내고자 할 때	연도별 매출액 추이 변화
㉤ 방사형 그래프	다양한 요소를 비교하거나 경과를 나타낼 때	매출액의 계절변동

① ㉠
② ㉡
③ ㉢
④ ㉣
⑤ ㉤

 막대그래프는 가장 많이 쓰이는 그래프이며, 영업소별 매출액, 성적별 인원분포 등의 자료를 한 눈에 알아볼 수 있게 하기 위한 그래프이다. 주어진 연도별 매출액 추이 변화와 같은 '추이'를 알아보기 위해서는 꺾은선 그래프가 가장 적절한 종류이다.

4 다음 ㉠ ~ ㉣ 중 연산결과를 확인할 수 있는 두 가지 검산 방법에 대한 올바른 설명을 찾아 짝지은 것은 어느 것인가?

> ㉠ 큰 수로부터 작은 수로 계산해 나가는 연역연산방법이 된다.
> ㉡ 덧셈은 뺄셈으로, 곱셈은 나눗셈으로 확인하는 역연산 방법이 있다.
> ㉢ 결과값으로부터 원인값을 찾아보는 인과연산법이 있다.
> ㉣ 9를 버린다는 의미로, 9를 버리고 남은 수로 계산하는 구거법이 있다.

① ㉠, ㉡
② ㉡, ㉢
③ ㉢, ㉣
④ ㉠, ㉢
⑤ ㉡, ㉣

 연역연산방법, 인과연산법은 존재하지 않는 검산 방법이며, 연산결과를 확인하는 두 가지 검산 방법으로는 언급된 ㉡의 역연산 방법과 ㉣의 구거법이 있다.

Answer 1.④ 2.② 3.④ 4.⑤

5 다음은 도표의 작성절차에 대한 설명이다. 밑줄 친 ㉠～㉤ 중 올바르지 않은 설명을 모두 고른 것은 어느 것인가?

---

1) 어떠한 도표로 작성할 것인지를 결정
업무수행 과정에서 도표를 작성할 때에는 우선 주어진 자료를 면밀히 검토하여 어떠한 도표를 활용하여 작성할 것인지를 결정한다. 도표는 목적이나 상황에 따라 올바르게 활용할 때 실효를 거둘 수 있으므로 우선적으로 어떠한 도표를 활용할 것인지를 결정하는 일이 선행되어야 한다.

2) 가로축과 세로축에 나타낼 것을 결정
주어진 자료를 활용하여 가로축과 세로축에 무엇을 나타낼 것인지를 결정하여야 한다. 일반적으로 ㉠ 가로축에는 수량(금액, 매출액 등), 세로축에는 명칭구분(연, 월, 장소 등)을 나타내며 ㉡ 축의 모양은 T 자형이 일반적이다.

3) 가로축과 세로축의 눈금의 크기를 결정
주어진 자료를 가장 잘 표현할 수 있도록 가로축과 세로축의 눈금의 크기를 결정하여야 한다. 한 눈금의 크기가 너무 크거나 작으면 자료의 변화를 잘 표현할 수 없으므로 자료를 가장 잘 표현할 수 있도록 한 눈금의 크기를 정하는 것이 바람직하다.

4) 자료를 가로축과 세로축이 만나는 곳에 표시
자료 각각을 결정된 축에 표시한다. 이 때 ㉢ 가로축과 세로축이 교차하는 곳에 정확히 표시하여야 정확한 그래프를 작성할 수 있으므로 주의하여야 한다.

5) 표시된 점에 따라 도표 작성
표시된 점들을 활용하여 실제로 도표를 작성한다. ㉣ 선 그래프라면 표시된 점들을 선분으로 이어 도표를 작성하며, ㉤ 막대그래프라면 표시된 점들을 활용하여 막대를 그려 도표를 작성하게 된다.

6) 도표의 제목 및 단위 표시
도표를 작성한 후에는 도표의 상단 혹은 하단에 제목과 함께 단위를 표기한다.

---

① ㉠, ㉡

② ㉠, ㉢

③ ㉠, ㉡, ㉢

④ ㉠, ㉢, ㉣

⑤ ㉢, ㉣, ㉤

 ㉠ 가로축에는 명칭구분(연, 월, 장소 등), 세로축에는 수량(금액, 매출액 등)을 나타낸다.
㉡ 축의 모양은 L자형이 일반적이다.

6 업무상 수집한 정보를 그래프로 나타내고자 할 때, 정보의 내용과 사용할 그래프의 유형이 올바르게 설명되지 않은 것은?

① 막대그래프는 각 수량 간의 대소 관계를 나타내고자 할 때 가장 기본적으로 활용할 수 있는 그래프이며, 매출액이나 인원 분포 등의 자료를 나타낼 수 있다.

② 원 그래프는 일반적으로 내역이나 내용의 구성비를 분할하여 나타내고자 할 때 활용할 수 있는 그래프이며, 구성 비율을 나타낼 수 있다.

③ 선 그래프는 지역분포를 비롯하여 도시, 지방, 기업, 상품 등의 평가나 위치, 성격을 표시하는데 활용할 수 있는 그래프이며, 광고비율과 이익률의 관계 등을 나타낼 수 있다.

④ 방사형 그래프는 다양한 요소를 비교할 때, 경과를 나타낼 때 활용할 수 있는 그래프로서, 매출액의 계절변동 등을 나타낼 수 있다.

⑤ 층별 그래프는 합계와 각 부분의 크기를 백분율 또는 실수로 나타내고 시간적 변화를 보고자 할 때 활용할 수 있는 그래프이며, 상품별 매출액 추이를 나타낼 수 있다.

> (Tip) ③에 설명된 내용은 선 그래프가 아닌 점 그래프에 대한 내용이다. 선 그래프는 꺾은선 그래프라고도 하며, 그래프의 가장 기본적인 활용 형태로서, 시간적 추이(시계열 변화)를 표시하는데 적합하여 연도별 매출액 추이 변화 등을 나타낼 수 있다.

7 도표와 그래프에 대한 다음 설명 중 빈칸에 들어갈 수 없는 말은?

> 도표란 어떠한 자료를 분석하여 그 관계를 그림으로 형식화하여 나타낸 표를 말한다. 도표는 서적이나 인쇄물에 들어가는 표를 말하며 일정한 양식의 그림으로 표현한다. 글에서 제시한 정보나 자료 등 어떤 상호관련적인 사항들을 비교하거나 분류해서 독자를 이해시키고자 사용하며 주로 논문, 리포트, 보고서 등에 쓰인다. 문장으로 설명하는 것보다 정확하고 간단명료하게 이해할 수 있도록 내용을 표로 정리하고 일정한 기준이나 양식에 맞게 도식화하여 나타낸다. 도표는 그래프, 다이어그램, 차트, 지도, 사진 등을 활용하며 한눈에 알아보기 쉽도록 하는 것이 중요하다. 도표를 사용함으로 인한 좋은 점은 (   ).

① 많은 내용을 정리하는 데 효과적이다.
② 요약된 시각적 그래프를 통해 쉽게 파악하여 관심을 지속시킬 수 있다.
③ 자료의 전체적인 흐름보다 세부적인 항목의 수치를 확인하기에 용이하다.
④ 문장으로 기억하는 것 보다 훨씬 오래 기억에 남을 수 있다.
⑤ 전체적인 자료의 양을 줄일 수 있다.

 세부적인 항목의 수치를 확인하기에 용이하다는 것은 개별 항목을 설명하는 문장이나 구체적인 수치가 제시된 통계표에서 찾을 수 있는 장점이며, 그래프의 특징은 이러한 세부적인 수치보다 전체 자료의 증감 내역이나, 추이, 흐름 등을 쉽게 파악할 수 있다는 장점이 있다. 또한, 문장으로 설명된 내용과 달리 도표나 그래프는 시각적인 이미지를 기억함으로 인해 한눈에 자료의 내용을 파악할 수 있으며, 오래 기억에 남아있게 된다.

8 다음은 대표적인 단위를 환산한 자료이다. 환산 내용 중 올바르지 않은 수치가 포함된 것은?

단위	단위환산
길이	$1cm = 10mm$, $1m = 100cm$, $1km = 1,000m$
넓이	$1cm^2 = 100mm^2$, $1m^2 = 10,000cm^2$, $1km^2 = 1,000,000m^2$
부피	$1cm^3 = 1,000mm^3$, $1m^3 = 1,000,000cm^3$, $1km^3 = 1,000,000,000m^3$
들이	$1m\ell = 1cm^3$, $1d\ell = 1,000cm^3 = 100m\ell$, $1\ell = 100cm^3 = 10d\ell$
무게	$1kg = 1,000g$, $1t = 1,000kg = 1,000,000g$
시간	1분 = 60초, 1시간 = 60분 = 3,600초
할푼리	1푼 = 0.1할, 1리 = 0.01할, 모 = 0.001할

① 부피 ② 들이
③ 무게 ④ 시간
⑤ 할푼리

'들이'의 환산이 다음과 같이 수정되어야 한다.
수정 전 $1d\ell = 1,000cm^3 = 100m\ell$, $1\ell = 100cm^3 = 10d\ell$
수정 후 $1d\ell = 100cm^3 = 100m\ell$, $1\ell = 1,000cm^3 = 10d\ell$

9 어떤 네 자리수가 있다. 백의 자리 숫자에서 1을 빼면 십의 자리 숫자와 같게 되고, 십의 자리 숫자의 2배가 일의 자리 숫자와 같다. 또, 이 네 자리수의 네 숫자를 순서가 반대가 되도록 배열하여 얻은 수에 원래의 수를 더하면 8778이 된다. 이 숫자의 각 자리수를 모두 더한 값은 얼마인가?

① 15 ② 16
③ 17 ④ 18
⑤ 19

네 자리수를 $a \times 10^3 + b \times 10^2 + c \times 10 + d$라 하면, 조건에 의하여 $(a \times 10^3 + b \times 10^2 + c \times 10 + d) + (d \times 10^3 + c \times 10^2 + b \times 10 + a) = 8778$이 된다.
즉, $(a+d) \times 10^3 + (b+c) \times 10^2 + (b+c) \times 10 + (a+d) = 8778$이 된다.
따라서 각 조건에 따라, $a+d=8$, $b+c=7$, $b-1=c$, $2c=d$가 된다.
이에 따라 $a=2$, $b=4$, $c=3$, $d=6$이 되어 원래의 네 자리 숫자는 2436이 되며, 이 네 자리 수를 모두 더한 값은 15가 되는 것을 알 수 있다.

Answer➔ 7.③ 8.② 9.①

10 서원이는 소금물 A 100g과 소금물 B 300g을 섞어 15%의 소금물을 만들려고 했는데 실수로 두 소금물 A와 B의 양을 반대로 섞어 35%의 소금물을 만들었다. 두 소금물 A, B의 농도는 각각 얼마인가?

① A : 30%, B : 10%

② A : 35%, B : 5%

③ A : 40%, B : 10%

④ A : 45%, B : 5%

⑤ A : 50%, B : 10%

 소금물 A의 농도를 a%, B의 농도를 b%라 할 때,

원래 만들려던 소금물은 $\dfrac{a+3b}{100+300}\times 100 = 15$%이고,

실수로 만든 소금물의 농도는 $\dfrac{3a+b}{300+100}\times 100 = 35$%이다.

두 식을 정리하면 $\begin{cases} a+3b=60 \\ 3a+b=140 \end{cases}$ 이다.

∴ $a=45$%, $b=5$%

11 지난 주 S사의 신입사원 채용이 완료되었다. 신입사원 120명이 새롭게 채용되었고, 지원자의 남녀 성비는 5:4, 합격자의 남녀 성비는 7:5, 불합격자의 남녀 성비는 1:1이었다. 신입사원 채용 지원자의 총 수는 몇 명인가?

① 175명

② 180명

③ 185명

④ 190명

⑤ 195명

 합격자 120명 중, 남녀 비율이 7 : 5이므로 남자는 $120\times\dfrac{7}{12}$ 명이 되고, 여자는 $120\times\dfrac{5}{12}$ 가 된다. 따라서 남자 합격자는 70명, 여자 합격자는 50명이 된다. 지원자의 남녀 성비가 5 : 4이므로 남자를 $5x$, 여자를 $4x$로 치환할 수 있다. 이 경우, 지원자에서 합격자를 빼면 불합격자가 되므로 $5x-70$과 $4x-50$이 1 : 1이 된다. 따라서 $5x-70 = 4x-50$이 되어, $x = 20$이 된다. 그러므로 총 지원자의 수는 남자 100명($=5\times 20$)과 여자 80명($=4\times 20$)의 합인 180명이 된다.

12 C사의 사내 설문조사 결과, 전 직원의 $\frac{2}{3}$가 과민성대장증상을 보이고 있으며, 이 중 $\frac{1}{4}$이 출근길에 불편을 겪어 아침을 먹지 않는 것으로 조사되었다. 과민성대장증상을 보이는 직원 중 아침 식사를 하는 직원의 수가 144명이라면, C사의 전 직원의 수는 몇 명인가?

① 280명

② 282명

③ 285명

④ 288명

⑤ 290명

 전 직원의 수를 x라 하면, 과민성대장증상을 보이는 직원의 수는 $\frac{2}{3}x$가 된다. 이 중 아침 식사를 하는 직원의 수 $\frac{2}{3}x \times \frac{3}{4} = 144$에서 전 직원 수 x를 구하면 288명이 된다.

13 갑, 을, 병, 정, 무, 기 6명의 채용 시험 결과를 참고로 평균 점수를 구하여 편차를 계산하였더니 결과가 다음과 같다. 이에 대한 분산과 표준편차를 합한 값은 얼마인가?

직원	갑	을	병	정	무	기
편차	3	−1	( )	2	0	−3

① 3

② 4

③ 5

④ 6

⑤ 7

 편차는 변량에서 평균을 뺀 값이므로 편차의 총합은 항상 0이 된다는 사실을 이용하여 계산할 수 있다. 따라서 편차를 모두 더하면 3−1+( )+2+0−3=0이 되므로 '병'의 편차는 −1 임을 알 수 있다.
분산은 편차를 제곱한 값들의 합을 변량의 개수로 나눈 값이므로 (9+1+1+4+0+9)÷6=4가 되어 분산은 4이다. 분산의 양의 제곱근이 표준편차가 되므로 표준편차는 2가 되는 것을 알 수 있다. 따라서 분산과 표준편차를 합한 값은 6이 된다.

Answer 10.④ 11.② 12.④ 13.④

14 가로의 길이가 48m이고, 세로의 길이가 60m인 직사각형 모양의 꽃밭의 둘레를 따라서 일정한 간격으로 말뚝을 박아 울타리를 만들려고 한다. 말뚝사이의 간격은 10m를 넘지 않게 하고 울타리의 네 귀퉁이에는 반드시 말뚝을 박으려고 할 때 필요한 말뚝의 최소 개수는?

① 32 　　　　　　　　　　　　　② 34
③ 36 　　　　　　　　　　　　　④ 38
⑤ 40

 48과 60의 최대공약수는 12이다. 하지만, 말뚝 사이의 간격이 10m 이하여야 하므로 48과 60의 공약수를 구하면 1, 2, 3, 4, 6, 12이다. 10 이하이지만 가장 큰 공약수는 6이므로 말뚝을 6m 간격으로 배치한다.
말뚝의 개수를 구하면 $2 \times \{(48 \div 6) + (60 \div 6)\} = 36$이다.

15 A기업에서는 매년 3월에 정기 승진 시험이 있다. 시험을 치른 사람이 남자사원, 여자사원을 합하여 총 100명이고 시험의 평균이 남자사원은 72점, 여자사원은 76점이며 남녀 전체평균은 73점일 때 시험을 치른 여자사원의 수는?

① 25명 　　　　　　　　　　　　② 30명
③ 35명 　　　　　　　　　　　　④ 40명
⑤ 45명

 시험을 치른 여자사원의 수를 x라 하고 (여자사원의 총점) + (남자사원의 총점) = (전체 사원의 총점)이므로
$76x + 72(100 - x) = 73 \times 100$
식을 간단히 하면 $4x = 100$, $x = 25$
∴ 여자사원은 25명이다.

16 다음은 X공기업의 팀별 성과급 지급 기준이다. Y팀의 성과평가결과가 아래와 같다면 지급되는 성과급의 1년 총액은?

〈성과급 지급 방법〉

㉮ 성과급 지급은 성과평가 결과와 연계함

㉯ 성과평가는 유용성, 안전성, 서비스 만족도의 총합으로 평가함. 단, 유용성, 안전성, 서비스 만족도의 가중치를 각각 0.4, 0.4, 0.2로 부여함

㉰ 성과평가 결과를 활용한 성과급 지급 기준

성과평가 점수	성과평가 등급	분기별 성과급 지급액	비고
9.0 이상	A	100만 원	성과평가 등급이
8.0 이상 9.0 미만	B	90만 원 (10만 원 차감)	A이면 직전분기
7.0 이상 8.0 미만	C	80만 원 (20만 원 차감)	차감액의 50%를
7.0 미만	D	40만 원 (60만 원 차감)	가산하여 지급

구분	1/4 분기	2/4 분기	3/4 분기	4/4 분기
유용성	8	8	10	8
안전성	8	6	8	8
서비스 만족도	6	8	10	8

① 350만 원
② 360만 원
③ 370만 원
④ 380만 원
⑤ 390만 원

(Tip) 먼저 아래 표를 항목별로 가중치를 부여하여 계산하면,

구분	1/4 분기	2/4 분기	3/4 분기	4/4 분기
유용성	$8 \times \frac{4}{10} = 3.2$	$8 \times \frac{4}{10} = 3.2$	$10 \times \frac{4}{10} = 4.0$	$8 \times \frac{4}{10} = 3.2$
안전성	$8 \times \frac{4}{10} = 3.2$	$6 \times \frac{4}{10} = 2.4$	$8 \times \frac{4}{10} = 3.2$	$8 \times \frac{4}{10} = 3.2$
서비스 만족도	$6 \times \frac{2}{10} = 1.2$	$8 \times \frac{2}{10} = 1.6$	$10 \times \frac{2}{10} = 2.0$	$8 \times \frac{2}{10} = 1.6$
합계	7.6	7.2	9.2	8
성과평가 등급	C	C	A	B
성과급 지급액	80만 원	80만 원	110만 원	90만 원

성과평가 등급이 A이면 직전분기 차감액의 50%를 가산하여 지급한다고 하였으므로, 3/4분기의 성과급은 직전분기 차감액 20만 원의 50%인 10만 원을 가산하여 지급한다.

$\therefore 80 + 80 + 110 + 90 = 360$(만 원)

Answer 14.③ 15.① 16.②

17 ○○공사는 직원들의 창의력을 증진시키기 위하여 '창의 테마파크'를 운영하고자 한다. 다음의 프로그램들을 대상으로 전문가와 사원들이 평가를 실시하여 가장 높은 점수를 받은 프로그램을 최종 선정하여 운영한다고 할 때, '창의 테마파크'에서 운영할 프로그램은?

분야	프로그램명	전문가 점수	사원 점수
미술	내 손으로 만드는 화폐	26	32
인문	세상을 바꾼 생각들	31	18
무용	스스로 창작	37	25
인문	역사랑 놀자	36	28
음악	연주하는 사무실	34	34
연극	연출노트	32	30
미술	예술캠프	40	25

※ 전문가와 사원은 후보로 선정된 프로그램을 각각 40점 만점제로 우선 평가하였다.
※ 전문가 점수와 사원 점수의 반영 비율을 3 : 2로 적용하여 합산한 후, 하나밖에 없는 분야에 속한 프로그램에는 취득점수의 30%를 가산점으로 부여한다.

① 연주하는 사무실
② 스스로 창작
③ 연출노트
④ 예술캠프
⑤ 역사랑 놀자

 각각의 프로그램이 받을 점수를 계산하면 다음과 같다.

분야	프로그램명	점수
미술	내 손으로 만드는 화폐	$\{(26 \times 3) + (32 \times 2)\} = 142$
인문	세상을 바꾼 생각들	$\{(31 \times 3) + (18 \times 2)\} = 129$
무용	스스로 창작	$\{(37 \times 3) + (25 \times 2)\} +$ 가산점 $30\% = 209.3$
인문	역사랑 놀자	$\{(36 \times 3) + (28 \times 2)\} = 164$
음악	연주하는 사무실	$\{(34 \times 3) + (34 \times 2)\} +$ 가산점 $30\% = 221$
연극	연출노트	$\{(32 \times 3) + (30 \times 2)\} +$ 가산점 $30\% = 202.8$
미술	예술캠프	$\{(40 \times 3) + (25 \times 2)\} = 170$

따라서 가장 높은 점수를 받은 연주하는 사무실이 최종 선정된다.

18 다음은 A카페의 커피 판매정보에 대한 자료이다. 한 잔만을 더 판매하고 영업을 종료한다고 할 때, 총이익이 정확히 64,000원이 되기 위해서 판매해야 하는 메뉴는?

(단위 : 원, 잔)

메뉴 \ 구분	판매가격 (1잔)	현재까지 판매량	한 잔당 재료				
			원두 (200)	우유 (300)	바닐라 (100)	초코 (150)	캐러멜 (250)
아메리카노	3,000	5	○	×	×	×	×
카페라떼	3,500	3	○	○	×	×	×
바닐라라떼	4,000	3	○	○	○	×	×
카페모카	4,000	2	○	○	×	○	×
카라멜라떼	4,300	6	○	○	○	×	○

※ 메뉴별 이익＝(메뉴별 판매가격－메뉴별 재료비) × 메뉴별 판매량
※ 총이익은 메뉴별 이익의 합이며, 다른 비용은 고려하지 않음.
※ A카페는 5가지 메뉴만을 판매하며, 메뉴별 1잔 판매가격과 재료비는 변동 없음.
※ ○ : 해당 재료 한 번 사용, × : 해당 재료 사용하지 않음.

① 아메리카노　　　　　　　　　② 카페라떼
③ 바닐라라떼　　　　　　　　　④ 카페모카
⑤ 카라멜라떼

 메뉴별 이익을 계산해보면 다음과 같으므로, 현재 총이익은 60,600원이다. 한 잔만 더 판매하고 영업을 종료했을 때 총이익이 64,000원이 되려면 한 잔의 이익이 3,400원이어야 하므로 바닐라라테를 판매해야 한다.

구분	메뉴별 이익	1잔당 이익
아메리카노	(3,000－200) × 5＝14,000원	2,800원
카페라떼	{3,500－(200＋300)} × 3＝9,000원	3,000원
바닐라라떼	{4,000－(200＋300＋100)} × 3＝10,200원	3,400원
카페모카	{4,000－(200＋300＋150)} × 2＝6,700원	3,350원
카라멜라떼	{4,300－(200＋300＋100＋250)} × 6＝20,700원	3,450원

19 다음 〈표〉는 콩 교역에 관한 자료이다. 이 자료에 대한 설명으로 옳지 않은 것은?

(단위 : 만 톤)

순위	수출국	수출량	수입국	수입량
1	미국	3,102	중국	1,819
2	브라질	1,989	네덜란드	544
3	아르헨티나	871	일본	517
4	파라과이	173	독일	452
5	네덜란드	156	멕시코	418
6	캐나다	87	스페인	310
7	중국	27	대만	169
8	인도	24	벨기에	152
9	우루과이	18	한국	151
10	볼리비아	12	이탈리아	144

① 이탈리아 수입량은 볼리비아 수출량의 12배이다.
② 수출량과 수입량 모두 상위 10위에 들어있는 국가는 네덜란드뿐이다.
③ 캐나다의 콩 수출량은 중국, 인도, 우루과이, 볼리비아 수출량을 합친 것보다 많다.
④ 수출국 1위와 10위의 수출량은 약 250배 이상 차이난다.
⑤ 파라과이 수출량은 브라질 수출량의 10%도 되지 않는다.

(Tip) ② 수출량과 수입량 모두 상위 10위에 들어있는 국가는 네덜란드와 중국이다.

20 다음은 3개 회사의 '갑' 제품에 대한 국내 시장 점유율 현황을 나타낸 자료이다. 다음 자료에 대한 설명 중 적절하지 않은 것은 어느 것인가?

(단위: %)

구분	2018	2019	2020	2021	2022
A사	17.4	18.3	19.5	21.6	24.7
B사	12.0	11.7	11.4	11.1	10.5
C사	9.0	9.9	8.7	8.1	7.8

① 2018년부터 2022년까지 3개 회사의 점유율 증감 추이는 모두 다르다.

② 3개 회사를 제외한 나머지 회사의 '갑' 제품 점유율은 2018년 이후 매년 감소하였다.

③ 2018년 대비 2022년의 점유율 감소율은 C사가 B사보다 더 크다.

④ 3개 회사의 '갑' 제품 국내 시장 점유율이 가장 큰 해는 2022년이다.

⑤ 3개 회사의 2022년의 시장 점유율은 전년 대비 5% 이상 증가하였다.

 ② A, B, C 3개 회사의 '갑' 제품 점유율 총합은 2018년부터 순서대로 38.4%, 39.9%, 39.6%, 40.8%, 43.0%이다. 2020년도에는 전년도에 비해 3개 회사의 점유율이 감소하였으므로, 반대로 3개 회사를 제외한 나머지 회사의 점유율은 증가하였음을 알 수 있다. 따라서 나머지 회사의 점유율이 2018년 이후 매년 감소했다고 할 수 없다.

① A사는 지속 증가, B사는 지속 감소, C사는 증가 후 감소하는 추이를 보인다.

③ C사는 $\frac{7.8-9.0}{9.0} \times 100 ≒ -13.3\%$이며, B사는 $\frac{10.5-12.0}{12.0} \times 100 ≒ -12.5\%$로 C사의 감소율이 B사보다 더 크다.

④ 매년 증가하여 2022년에 3개 회사의 점유율은 43%로 가장 큰 해가 된다.

⑤ 2021년은 점유율의 합이 40.8%이며, 2022년에는 43%이므로 점유율의 증가율은 $\frac{43.0-40.8}{40.8} \times 100 ≒ 5.4\%$에 이른다.

Answer ☞ 19.② 20.②

21 다음 도표와 〈보기〉의 설명을 참고할 때, 빈 칸 ⊙~㉢에 들어갈 알맞은 병명을 순서대로 나열한 것은 어느 것인가?

〈주요 사망원인별 사망자 수〉

(단위 : 인구 10만 명당 사망자 수)

	2015	2016	2017	2018	2019	2020	2021	2022
⊙	134.0	144.4	142.8	146.5	149.0	150.9	150.8	153.0
ⓛ	41.1	46.9	49.8	52.5	50.1	52.3	55.6	58.2
ⓒ	61.3	53.2	50.7	51.1	50.3	48.2	48.0	45.8
ⓔ	23.7	20.7	21.5	23.0	21.5	20.7	20.7	19.2

〈보기〉

1. 암과 심장질환에 의한 사망자 수는 2015년 대비 2022년에 증가하였다.
2. 당뇨병에 의한 사망자 수는 매년 가장 적었다.
3. 2015년 대비 2022년의 사망자 증감률은 심장질환이 암보다 더 크다.

① 당뇨병 – 심장질환 – 뇌혈관 질환 – 암
② 암 – 뇌혈관 질환 – 심장 질환 – 당뇨병
③ 암 – 심장질환 – 당뇨병 – 뇌혈관 질환
④ 심장질환 – 암 – 뇌혈관 질환 – 당뇨병
⑤ 암 – 심장질환 – 뇌혈관 질환 – 당뇨병

 〈보기〉 1에 의해 ⊙과 ⓛ 중 하나는 암이고, 다른 하나는 심장질환임을 알 수 있다.

〈보기〉 2에 의해 ⓔ이 당뇨병이 되며, 따라서 남는 하나인 ⓒ은 보기에 제시된 뇌혈관 질환이 된다.

〈보기〉 3에 의하면 2015년 대비 2022년의 사망자 증감률은 심장질환이 암보다 더 크다고 하였다. ⊙의 증감률은 $\frac{153.0-134.0}{134.0} \times 100 ≒ 14.2(\%)$이며, ⓛ의 증감률은 $\frac{58.2-41.1}{41.1} \times 100 ≒ 41.6$

(%)으로, 'ⓐ<ⓛ'이 되어 ⓛ이 심장질환, ⊙이 암이 된다. 따라서 ⊙~ⓔ에 들어갈 병명을 순서대로 나열하면, '암 – 심장질환 – 뇌혈관 질환 – 당뇨병'이 된다.

22 다음은 A사의 전년대비 이익증가율을 나타낸 그래프이다. 다음 자료를 보고 올바른 판단을 한 것은 어느 것인가?

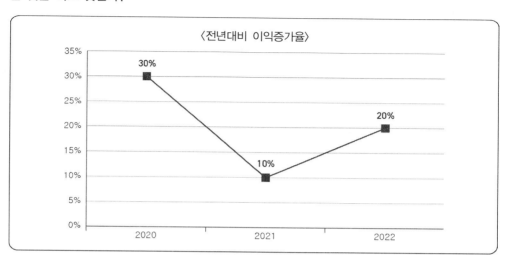

① 2022년의 이익은 2019년에 비해 60% 증가하였다.

② 전년대비 이익증가액이 가장 큰 해는 2022년이다.

③ 2021년의 이익은 2019년보다 더 적다.

④ 2020년 대비 2022년의 이익은 30%보다 적게 증가하였다.

⑤ 2020년의 전년대비 이익증가액은 2021년의 전년대비 이익증가액보다 더 크다.

 ⑤ 2019년의 이익에 임의의 수치를 대입하여 도표를 만들어 보면 선택지의 내용들을 확인할 수 있다. 2019년의 이익 금액을 100으로 가정한 연도별 이익 금액은 다음과 같다.

	2019	2020	2021	2022
이익 금액	100	130	143	171.6
이익증가율	–	30%	10%	20%

따라서 2020년의 전년대비 이익증가액(130 − 100 = 30)은 2021년의 전년대비 이익증가액(143 − 130 = 13)보다 더 큰 것을 알 수 있다.

① $\frac{171.6-100}{100} \times 100 = 71.6(\%)$이므로 2022년도 이익이 2019년에 비해 71.6% 증가했음을 알 수 있다.

② 전년대비 이익증가액을 연도별로 구해보면, 2020년에는 30, 2021년에는 13, 2022년에는 28.6이다. 따라서 2020년이 가장 크다.

③ 매년 증가하였으므로 증가율이 작아질 수 있을 뿐 이익 자체는 더 크다.

④ $\frac{171.6-130}{130} \times 100 = 32(\%)$이므로 2020년 대비 2022년 이익은 30%보다 큰 비율로 증가했다.

Answer ⟿ 21.⑤   22.⑤

23 A, B, C 직업을 가진 부모 세대 각각 200명, 300명, 400명을 대상으로 자녀도 동일 직업을 갖는지 여부를 물은 설문조사 결과가 다음과 같았다. 다음 조사 결과를 올바르게 해석한 설명을 〈보기〉에서 모두 고른 것은 어느 것인가?

〈세대 간의 직업 이전 비율〉

(단위 : %)

자녀 직업 부모 직업	A	B	C	기타
A	35	20	40	5
B	25	25	35	15
C	25	40	25	10

* 한 가구 내에서 부모의 직업은 따로 구분하지 않으며, 모든 자녀의 수는 부모 당 1명이라고 가정한다.

〈보기〉

㈎ 부모와 동일한 직업을 갖는 자녀의 수는 C직업이 A직업보다 많다.
㈏ 부모의 직업과 다른 직업을 갖는 자녀의 비중은 B와 C직업이 동일하다.
㈐ 응답자의 자녀 중 A직업을 가진 사람은 B직업을 가진 사람보다 더 많다.
㈑ 기타 직업을 가진 자녀의 수는 B직업을 가진 부모가 가장 많다.

① ㈏, ㈐, ㈑

② ㈎, ㈏, ㈑

③ ㈎, ㈐, ㈑

④ ㈎, ㈏, ㈐

⑤ ㈎, ㈏, ㈐, ㈑

㈎ 직업의 경우는 200명 중 35%이므로 $200 \times 0.35 = 70$명, C직업의 경우는 400명 중 25%이므로 $400 \times 0.25 = 100$명이 부모와 동일한 직업을 갖는 자녀의 수가 된다.

㈏ B와 C직업 모두 75%($= 100 - 25$)로 동일함을 알 수 있다.

㈐ A직업을 가진 자녀는 $(200 \times 0.35) + (300 \times 0.25) + (400 \times 0.25) = 245$명이며, B직업을 가진 자녀는 $(200 \times 0.2) + (300 \times 0.25) + (400 \times 0.4) = 275$명이다.

㈑ 기타 직업을 가진 자녀의 수는 각각 $200 \times 0.05 = 10$명, $300 \times 0.15 = 45$명, $400 \times 0.1 = 40$명으로 B직업을 가진 부모가 가장 많다.

24 다음은 매장별 에어컨 판매 조건과 판매가격 표이다. 이 표에 대한 설명으로 옳지 않은 것은?

매장	판매 조건	한 대당 판매 가격
A	10대 구매하면, 1대 무료로 추가 증정	1대당 100만 원
B	9대당 1대 50% 할인	1대당 100만 원
C	20대 구매하면, 1대 무료로 추가 증정	1대당 99만 원

① 50대를 구매하는 경우 C매장에서는 2대를 추가로 받을 수 있다.

② A매장에서는 3,000만 원에 33대를 구매할 수 있다.

③ 10대를 구매하는 경우 B매장이 C매장보다 저렴하다.

④ C매장에서는 42대를 3,960만 원에 구매할 수 있다.

⑤ 20대를 구매하려고 할 때 가장 저렴하게 구매할 수 있는 매장은 C매장이다.

 ⑤ A매장은 1,900만 원에 20대를 구매할 수 있다. B매장은 20대를 구매하면 2대를 50% 할인 받을 수 있어 1,900만 원에 구매할 수 있다. C매장은 20대를 구매하면 1대를 추가로 증정 받아 1,980만 원에 구매할 수 있다. 그러므로 저렴하게 구입할 수 있는 매장은 A매장과 B매장이다.

① C매장에서는 50대를 구매하면, 총 가격이 4,950만 원이며 2대를 추가로 받을 수 있다.

② A매장에서는 30대를 구매하면 3대를 추가로 증정하므로, 3,000만 원에 33대를 구매할 수 있다.

③ B매장에서는 10대를 구매하면 1대를 50% 할인 받아 950만 원이고, C매장에서는 모두 정가로 구매하여 990만 원이다.

④ C매장에서는 40대를 구매하면 2대를 추가로 증정 받아 3,960만 원에 구매할 수 있다.

25 다음 자료를 통해 알 수 있는 사항을 올바르게 설명하지 못한 것은 어느 것인가?

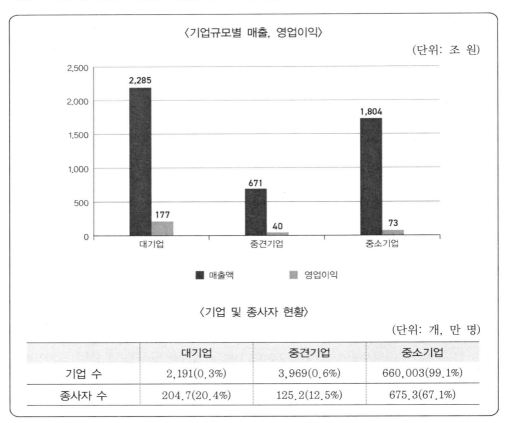

〈기업규모별 매출, 영업이익〉

(단위: 조 원)

〈기업 및 종사자 현황〉

(단위: 개, 만 명)

	대기업	중견기업	중소기업
기업 수	2,191(0.3%)	3,969(0.6%)	660,003(99.1%)
종사자 수	204.7(20.4%)	125.2(12.5%)	675.3(67.1%)

① 1개 기업당 매출액과 영업이익 실적은 대기업에 속한 기업이 가장 우수하다.
② 기업군 전체의 매출액 대비 영업이익은 대기업, 중견기업, 중소기업 순으로 높다.
③ 1개 기업 당 종사자 수는 대기업이 중견기업의 3배에 육박한다.
④ 전체 기업 수의 약 1%에 해당하는 기업이 전체 영업이익의 70% 이상을 차지한다고 할 수 있다.
⑤ 전체 기업 수의 약 99%에 해당하는 기업이 전체 매출액의 40% 이상을 차지한다고 할 수 있다.

(Tip) 전체 기업 수의 약 99%에 해당하는 기업은 중소기업이며, 중소기업의 매출액은 1,804조 원으로 전체 매출액의 약 37.9%($=\frac{1,804}{2,285+671+1,804}\times100$)를 차지하여 40%를 넘지 않는다.

① 대기업이 매출액, 영업이익 모두 가장 높은 동시에, 기업군에 속한 기업 수가 가장 적으므로 1개 기업당 매출액과 영업이익 실적이 가장 높게 나타난다.

② 매출액 대비 영업이익은 $\dfrac{영업이익}{매출액} \times 100$이 될 것이므로 대기업이 $\dfrac{177}{2,285} \times 100 ≒ 7.7\%$로 가

  장 높고, 그 다음이 중견기업($\dfrac{40}{671} \times 100 ≒ 6.0\%$), 마지막이 중소기업($\dfrac{73}{1,804} \times 100 ≒ 4.0\%$)

  이 된다.

③ 대기업은 $2,047,000 \div 2,191 =$약 934명이며, 중견기업은 $1,252,000 \div 3,969 =$약 315명이

  므로 3배에 육박한다고 말할 수 있다.

④ 전체 기업 수의 약 1%의 기업은 대기업과 중견기업이며, 이 두 기업집단의 영업이익은

  $\dfrac{177+40}{177+40+73} \times 100 ≒ 74.8\%$에 해당한다.

┃ 26~27 ┃ 다음 자료를 보고 이어지는 물음에 답하시오.

〈연도별 대기오염물질 배출량 현황〉

(단위 : 톤)

구분	황산화물	일산화탄소	질소산화물	미세먼지	유기화합물질
2018	401,741	766,269	1,061,210	116,808	866,358
2019	433,959	718,345	1,040,214	131,176	873,108
2020	417,645	703,586	1,075,207	119,980	911,322
2021	404,660	696,682	1,090,614	111,563	913,573
2022	343,161	594,454	1,135,743	97,918	905,803

26 다음 중 각 대기오염물질의 연도별 증감 추이가 같은 것끼리 짝지어진 것은?

① 일산화탄소, 유기화합물질　　　② 황산화물, 질소산화물

③ 미세먼지, 유기화합물질　　　　④ 황산화물, 미세먼지

⑤ 일산화탄소, 질소산화물

 각 대기오염물질의 연도별 증감 추이는 다음과 같다.

• 황산화물 : 증가 → 감소 → 감소 → 감소

• 일산화탄소 : 감소 → 감소 → 감소 → 감소

• 질소산화물 : 감소 → 증가 → 증가 → 증가

• 미세먼지 : 증가 → 감소 → 감소 → 감소

• 유기화합물질 : 증가 → 증가 → 증가 → 감소

따라서 연도별 증감 추이가 같은 대기오염물질은 황산화물과 미세먼지이다.

27 다음 중 2018년 대비 2022년의 총 대기오염물질 배출량의 증감률로 올바른 것은?

① 약 4.2%　　　　　　　　　② 약 3.9%

③ 약 2.8%　　　　　　　　　④ 약 -3.9%

⑤ 약 -4.2%

 A에서 B로 변동된 수치의 증감률은 (B-A) ÷ A × 100의 산식에 의해 구할 수 있다. 따라서 2018년과 2022년의 총 대기오염물질 배출량을 계산해 보면 2018년이 3,212,386톤, 2022년이 3,077,079톤이므로 계산식에 의해 (3,077,079-3,212,386) ÷ 3,212,386 × 100 =약 -4.2%가 됨을 알 수 있다.

28 다음 자료에 대한 설명으로 올바른 것은?

〈한우 연도별 등급 비율〉

(단위 : %, 두)

연도	육질 등급					합계	한우등급 판정두수
	1++	1+	1	2	3		
2016	7.5	19.5	27.0	25.2	19.9	99.1	588,003
2017	8.6	20.5	27.6	24.7	17.9	99.3	643,930
2018	9.7	22.7	30.7	25.2	11.0	99.3	602,016
2019	9.2	22.6	30.6	25.5	11.6	99.5	718,256
2020	9.3	20.2	28.6	27.3	14.1	99.5	842,771
2021	9.2	21.0	31.0	27.1	11.2	99.5	959,751
2022	9.3	22.6	32.8	25.4	8.8	98.9	839,161

① 1++ 등급으로 판정된 한우의 두수는 2018년이 2019년보다 더 많다.

② 1등급 이상이 60%를 넘은 해는 모두 3개년이다.

③ 3등급 판정을 받은 한우의 두수는 2018년이 가장 적다.

④ 전년보다 1++ 등급의 비율이 더 많아진 해에는 3등급의 비율이 매번 더 적어졌다.

⑤ 1++ 등급의 비율이 가장 낮은 해는 3등급의 비율이 가장 높은 해이며, 반대로 1++ 등급의 비율이 가장 높은 해는 3등급의 비율이 가장 낮다.

 ③ 3등급 판정을 받은 한우의 비율은 2022년이 가장 낮지만, 비율을 통해 한우등급 판정두수를 계산해 보면 2018년의 두수가 602,016×0.11=약 66,222두로, 2022년의 839,161× 0.088=약 73,846두보다 더 적음을 알 수 있다.

① 1++ 등급으로 판정된 한우의 수는 2018년이 602,016×0.097=약 58,396두이며, 2019년이 718,256×0.092=약 66,080두이다.

② 1등급 이상이 60%를 넘은 해는 2018, 2019, 2021, 2022년으로 4개년이다.

④ 2019년에서 2020년으로 넘어가면서 1++등급은 0.1%p 비율이 더 많아졌으며, 3등급의 비율도 2.5%p 더 많아졌다.

⑤ 1++ 등급의 비율이 가장 낮은 2016년에는 3등급의 비율이 가장 높았지만, 반대로 1++ 등급의 비율이 가장 높은 2018년에는 3등급의 비율도 11%로 2022년보다 더 높아 가장 낮지 않았다.

Answer ↪ 26.④ 27.⑤ 28.③

〈국민해외관광객〉

(단위 : 백만 명)

구분	국민해외관광객
2017년	13.7
2018년	14.8
2019년	16.1
2020년	19.3
2021년	22.4
2022년	26.5

〈한국관광수지〉

(단위 : 백만 달러, 달러)

구분	관광수입	1인당 관광수입($)	관광지출
2017년	13,357	1,199	16,495
2018년	14,525	1,193	17,341
2019년	17,712	1,247	19,470
2020년	15,092	1,141	21,528
2021년	17,200	998	23,689
2022년	13,324	999	27,073

※ 1인당 관광수입＝관광수입 ÷ 방한외래관광객

※ 1인당 관광지출＝관광지출 ÷ 국민해외관광객

※ 관광수지＝관광수입－관광지출

29 다음 중 2017년의 1인당 관광 지출로 알맞은 것은? (소수점 이하 버림으로 처리함)

① 1,155달러

② 1,180달러

③ 1,204달러

④ 1,288달러

⑤ 1,358달러

 '1인당 관광지출＝관광지출 ÷ 국민해외관광객'이므로 2017년은 수치를 공식에 대입하여 계산한다. 따라서 2017년의 1인당 관광 지출은 16,495 ÷ 13.7＝1,204달러(←1,204.01)가 된다.

30 다음 중 연간 관광수지가 가장 높은 해와 가장 낮은 해의 관광수지 차액은 얼마인가?

① 11,991백만 달러

② 12,004백만 달러

③ 12,350백만 달러

④ 12,998백만 달러

⑤ 13,045백만 달러

 '관광수지＝관광수입 – 관광지출'이므로 연도별 관광수지를 구해 보면 다음과 같다.
- 2017년 : 13,357−16,495＝−3,138백만 달러
- 2018년 : 14,525−17,341＝−2,816백만 달러
- 2019년 : 17,712−19,470＝−1,758백만 달러
- 2020년 : 15,092−21,528＝−6,436백만 달러
- 2021년 : 17,200−23,689＝−6,489백만 달러
- 2022년 : 13,324−27,073＝−13,749백만 달러

관광수지가 가장 좋은 해는 관광수지 적자가 가장 적은 2019년으로 −1,758백만 달러이며, 가장 나쁜 해는 관광수지 적자가 가장 큰 2022년으로 −13,749백만 달러이다. 따라서 두 해의 관광수지 차액은 −1,758−(−13,749)＝11,991백만 달러가 된다.

Answer↱ 29.③ 30.①

03 자원관리능력

1 자원과 자원관리

(1) 자원

① **자원의 종류** … 시간, 돈, 물적자원, 인적자원

② **자원의 낭비요인** … 비계획적 행동, 편리성 추구, 자원에 대한 인식 부재, 노하우 부족

(2) 자원관리 기본 과정

① 필요한 자원의 종류와 양 확인

② 이용 가능한 자원 수집하기

③ 자원 활용 계획 세우기

④ 계획대로 수행하기

예제 1

당신은 A출판사 교육훈련 담당자이다. 조직의 효율성을 높이기 위해 전사적인 시간관리에 대한 교육을 실시하기로 하였지만 바쁜 일정 상 직원들을 집합교육에 동원할 수 있는 시간은 제한적이다. 다음 중 귀하가 최우선의 교육 대상으로 삼아야 하는 것은 어느 부분인가?

구분	긴급한 일	긴급하지 않은 일
중요한 일	제1사분면	제2사분면
중요하지 않은 일	제3사분면	제4사분면

[출제의도]
주어진 일들을 중요도와 긴급도에 따른 시간관리 매트릭스에서 우선순위를 구분할 수 있는가를 측정하는 문항이다.

[해설]
교육훈련에서 최우선 교육대상으로 삼아야 하는 것은 긴급하지 않지만 중요한 일이다. 이를 긴급하지 않다고 해서 뒤로 미루다보면 급박하게 처리해야하는 업무가 증가하여 효율적인 시간관리가 어려워진다.

① 중요하고 긴급한 일로 위기사항이나 급박한 문제, 기간이 정해진 프로젝트 등이 해당되는 제1사분면

② 긴급하지는 않지만 중요한 일로 인간관계구축이나 새로운 기회의 발굴, 중장기 계획 등이 포함되는 제2사분면

③ 긴급하지만 중요하지 않은 일로 잠깐의 급한 질문, 일부 보고서, 눈 앞의 급박한 사항이 해당되는 제3사분면

④ 중요하지 않고 긴급하지 않은 일로 하찮은 일이나 시간낭비거리, 즐거운 활동 등이 포함되는 제4사분면

구분	긴급한 일	긴급하지 않은 일
중요한 일	위기사항, 급박한 문제, 기간이 정해진 프로젝트	인간관계구축, 새로운 기회의 발굴, 중장기계획
중요하지 않은 일	잠깐의 급한 질문, 일부 보고서, 눈앞의 급박한 사항	하찮은 일, 우편물, 전화, 시간낭비거리, 즐거운 활동

답 ②

---

2 자원관리능력을 구성하는 하위능력

(1) 시간관리능력

① 시간의 특성

　㉠ 시간은 매일 주어지는 기적이다.

　㉡ 시간은 똑같은 속도로 흐른다.

　㉢ 시간의 흐름은 멈추게 할 수 없다.

　㉣ 시간은 꾸거나 저축할 수 없다.

　㉤ 시간은 사용하기에 따라 가치가 달라진다.

② 시간관리의 효과

　㉠ 생산성 향상

　㉡ 가격 인상

　㉢ 위험 감소

　㉣ 시장 점유율 증가

③ 시간계획
　　㉠ 개념 : 시간 자원을 최대한 활용하기 위하여 가장 많이 반복되는 일에 가장 많은 시간을 분배하고, 최단시간에 최선의 목표를 달성하는 것을 의미한다.
　　㉡ 60 : 40의 Rule

계획된 행동 (60%)	계획 외의 행동 (20%)	자발적 행동 (20%)
총 시간		

예제 2

유아용품 홍보팀의 사원 은이씨는 일산 킨텍스에서 열리는 유아용품박람회에 참여하고자 한다. 당일 회의 후 출발해야 하며 회의 종료 시간은 오후 3시이다.

장소	일시
일산 킨텍스 제2전시장	2016. 1. 20(금) PM 15:00~19:00 * 입장가능시간은 종료 2시간 전까지

오시는 길
지하철 : 4호선 대화역(도보 30분 거리)
버스 : 8109번, 8407번(도보 5분 거리)

• 회사에서 버스정류장 및 지하철역까지 소요시간

출발지	도착지	소요시간	
회사	×× 정류장	도보	15분
		택시	5분
	지하철역	도보	30분
		택시	10분

• 일산 킨텍스 가는 길

교통편	출발지	도착지	소요시간
지하철	강남역	대화역	1시간 25분
버스	×× 정류장	일산 킨텍스 정류장	1시간 45분

위의 제시 상황을 보고 은이씨가 선택할 교통편으로 가장 적절한 것은?

① 도보 – 지하철
② 도보 – 버스
③ 택시 – 지하철
④ 택시 – 버스

[출제의도]
주어진 여러 시간정보를 수집하여 실제 업무 상황에서 시간자원을 어떻게 활용할 것인지 계획하고 할당하는 능력을 측정하는 문항이다.
[해설]
④ 택시로 버스정류장까지 이동해서 버스를 타고 가게 되면 택시(5분), 버스(1시간 45분), 도보(5분)으로 1시간 55분이 걸린다.
① 도보–지하철 : 도보(30분), 지하철(1시간 25분), 도보(30분)이므로 총 2시간 25분이 걸린다.
② 도보–버스 : 도보(15분), 버스(1시간 45분), 도보(5분)이므로 총 2시간 5분이 걸린다.
③ 택시–지하철 : 택시(10분), 지하철(1시간 25분), 도보(30분)이므로 총 2시간 5분이 걸린다.

답 ④

(2) 예산관리능력

① 예산과 예산관리

　㉠ 예산 : 필요한 비용을 미리 헤아려 계산하는 것이나 그 비용

　㉡ 예산관리 : 활동이나 사업에 소요되는 비용을 산정하고, 예산을 편성하는 것뿐만 아니라 예산을 통제하는 것 모두를 포함한다.

② 예산의 구성요소

비용	직접비용	재료비, 원료와 장비, 시설비, 여행(출장) 및 잡비, 인건비 등
	간접비용	보험료, 건물관리비, 광고비, 통신비, 사무비품비, 각종 공과금 등

③ 예산수립 과정 … 필요한 과업 및 활동 구명 → 우선순위 결정 → 예산 배정

예제 3

당신은 가을 체육대회에서 총무를 맡으라는 지시를 받았다. 다음과 같은 계획에 따라 예산을 진행하였으나 확보된 예산이 생각보다 적게 되어 불가피하게 비용항목을 줄여야 한다. 다음 중 귀하가 비용 항목을 없애기에 가장 적절한 것은 무엇인가?

〈○○산업공단 춘계 1차 워크숍〉

1. 해당부서 : 인사관리팀, 영업팀, 재무팀
2. 일　　정 : 2016년 4월 21일~23일(2박 3일)
3. 장　　소 : 강원도 속초 ○○연수원
4. 행사내용 : 바다열차탑승, 체육대회, 친교의 밤 행사, 기타

① 숙박비　　　　　　　　　　② 식비
③ 교통비　　　　　　　　　　④ 기념품비

[출제의도]
업무에 소요되는 예산 중 꼭 필요한 것과 예산을 감축해야할 때 삭제 또는 감축이 가능한 것을 구분해내는 능력을 묻는 문항이다.
[해설]
한정된 예산을 가지고 과업을 수행할 때에는 중요도를 기준으로 예산을 사용한다. 위와 같이 불가피하게 비용 항목을 줄여야 한다면 기본적인 항목인 숙박비, 식비, 교통비는 유지되어야 하기에 항목을 없애기 가장 적절한 정답은 ④번이된다.

답 ④

(3) 물적관리능력

① 물적자원의 종류
    ㉠ **자연자원** : 자연상태 그대로의 자원 ex) 석탄, 석유 등
    ㉡ **인공자원** : 인위적으로 가공한 자원 ex) 시설, 장비 등

② **물적자원관리** … 물적자원을 효과적으로 관리할 경우 경쟁력 향상이 향상되어 과제 및 사업의 성공으로 이어지며, 관리가 부족할 경우 경제적 손실로 인해 과제 및 사업의 실패 가능성이 커진다.

③ **물적자원 활용의 방해요인**
    ㉠ 보관 장소의 파악 문제
    ㉡ 훼손
    ㉢ 분실

④ **물적자원관리 과정**

과정	내용
사용 물품과 보관 물품의 구분	• 반복 작업 방지 • 물품활용의 편리성
동일 및 유사 물품으로의 분류	• 동일성의 원칙 • 유사성의 원칙
물품 특성에 맞는 보관 장소 선정	• 물품의 형상 • 물품의 소재

예제 4

S호텔의 외식사업부 소속인 K씨는 예약일정 관리를 담당하고 있다. 아래의 예약일정과 정보를 보고 K씨의 판단으로 옳지 않은 것은?

〈S호텔 일식 뷔페 1월 ROOM 예약 일정〉

* 예약 : ROOM 이름(시작시간)

SUN	MON	TUE	WED	THU	FRI	SAT
					1	2
					백합(16)	장미(11) 백합(15)
3	4	5	6	7	8	9
라일락(15)	백향목(10) 백합(15)	장미(10) 백향목(17)	백합(11) 라일락(18)	백향목(15)	백향목(15)	장미(10) 라일락(15)

ROOM 구분	수용가능인원	최소투입인력	연회장 이용시간
백합	20	3	2시간
장미	30	5	3시간
라일락	25	4	2시간
백향목	40	8	3시간

- 오후 9시에 모든 업무를 종료함
- 한 타임 끝난 후 1시간씩 세팅 및 정리
- 동 시간 대 서빙 투입인력은 총 10명을 넘을 수 없음

안녕하세요, 1월 첫째 주 또는 둘째 주에 신년회 행사를 위해 ROOM을 예약하려고 하는데요, 저희 동호회의 총 인원은 27명이고 오후 8시쯤 마무리하려고 합니다. 신정과 주말, 월요일은 피하고 싶습니다. 예약이 가능할까요?

---

① 인원을 고려했을 때 장미ROOM과 백향목ROOM이 적합하겠군.
② 만약 2명이 안 온다면 예약 가능한 ROOM이 늘어나겠구나.
③ 조건을 고려했을 때 예약 가능한 ROOM은 5일 장미ROOM뿐이겠구나.
④ 오후 5시부터 8시까지 가능한 ROOM을 찾아야해.

(4) 인적자원관리능력

① **인맥** … 가족, 친구, 직장동료 등 자신과 직접적인 관계에 있는 사람들인 핵심인맥과 핵심 인맥들로부터 알게 된 파생인맥이 존재한다.

② **인적자원의 특성** … 능동성, 개발가능성, 전략적 자원

③ **인력배치의 원칙**

　㉠ **적재적소주의** : 팀의 효율성을 높이기 위해 팀원의 능력이나 성격 등과 가장 적합한 위 치에 배치하여 팀원 개개인의 능력을 최대로 발휘해 줄 것을 기대하는 것

　㉡ **능력주의** : 개인에게 능력을 발휘할 수 있는 기회와 장소를 부여하고 그 성과를 바르게 평가하며 평가된 능력과 실적에 대해 그에 상응하는 보상을 주는 원칙

　㉢ **균형주의** : 모든 팀원에 대한 적재적소를 고려

④ **인력배치의 유형**

　㉠ **양적 배치** : 부문의 작업량과 조업도, 여유 또는 부족 인원을 감안하여 소요인원을 결정 하여 배치하는 것

　㉡ **질적 배치** : 적재적소의 배치

　㉢ **적성 배치** : 팀원의 적성 및 흥미에 따라 배치하는 것

예제 5

최근 조직개편 및 연봉협상 과정에서 직원들의 불만이 높아지고 있다. 온 갖 루머가 난무한 가운데 인사팀원인 당신에게 사내 게시판의 직원 불만사 항에 대한 진위여부를 파악하고 대안을 세우라는 팀장의 지시를 받았다. 다음 중 당신이 조치를 취해야 하는 직원은 누구인가?

① 사원 A는 팀장으로부터 업무 성과가 탁월하다는 평가를 받았는데도 조직개편 으로 인한 부서 통합으로 인해 승진을 못한 것이 불만이다.

② 사원 B는 회사가 예년에 비해 높은 영업 이익을 얻었는데도 불구하고 연봉 인상에 인색한 것이 불만이다.

③ 사원 C는 회사가 급여 정책을 변경해서 고정급 비율을 낮추고 기본급과 인센 티브를 지급하는 제도로 바꾼 것이 불만이다.

④ 사원 D는 입사 동기인 동료가 자신보다 업무 실적이 좋지 않고 불성실한 근 무태도를 가지고 있는데, 팀장과의 친분으로 인해 자신보다 높은 평가를 받 은 것이 불만이다.

[출제의도]
주어진 직원들의 정보를 통해 시급 하게 진위여부를 가리고 조치하여 인력배치를 해야 하는 사항을 확인 하는 문제이다.

[해설]
사원 A, B, C는 각각 조직 정책에 대한 불만이기에 논의를 통해 조직 적으로 대처하는 것이 옳지만, 사 원 D는 팀장의 독단적인 전횡에 대한 불만이기 때문에 조사하여 시 급히 조치할 필요가 있다. 따라서 가장 적절한 답은 ④번이 된다.

답 ④

03 출제예상문제

1 다음 중, 조직에서 인적자원이 예산이나 물적자원보다 중요한 이유로 적절하지 않은 것은 어느 것인가?

① 예산이나 물적자원을 활용하는 것이 바로 사람이기 때문이다.

② 인적자원은 수동적인 예산이나 물적자원에 비해 능동적이다.

③ 인적자원은 개발될 수 있는 많은 잠재능력과 자질을 보유하고 있다.

④ 조직의 영리 추구에 부합하는 이득은 인적자원에서 나온다.

⑤ 인적자원의 행동동기와 만족감은 경영관리에 의해 조건화되어 있다.

 조직의 영리 추구에 부합하는 이득은 인적자원뿐 아니라 시간, 돈, 물적자원과의 적절한 조화를 통해서 창출된다. 그러나 인적자원은 능동성, 개발가능성, 전략적 차원이라는 특성에서 예산이나 물적자원보다 중요성이 크다고 할 수 있다.

2 S사의 재고 물품 보관 창고에는 효율적인 물품 관리에 대한 기준이 마련되어 있다. 다음 중 이 기준에 포함될 내용으로 가장 적절하지 않은 것은 어느 것인가?

① 물품의 입고일을 기준으로 오래된 것은 안쪽에, 새로 입고된 물품은 출입구 쪽에 보관해야 한다.

② 동일한 물품은 한 곳에, 유사한 물품은 인접한 장소에 보관하고 동일성이 떨어지는 물품일수록 보관 장소도 멀리 배치한다.

③ 당장 사용해야 할 물품과 한동안 사용하지 않을 것으로 예상되는 물품을 구분하여 각기 다른 장소에 보관한다.

④ 물품의 재질을 파악하여 동일 재질의 물품을 한 곳에, 다른 재질의 물품을 다른 곳에 각각 보관한다.

⑤ 물품의 크기 및 형태를 감안하여 최적화된 공간 활용이 될 수 있도록 배치한다.

Answer 1.④ 2.①

물품 보관 시에는 사용 물품과 보관 물품의 구분, 동일 및 유사 물품으로의 분류, 물품 특성에 맞는 보관 장소 선정 등의 원칙을 따라야 한다. 보관의 가장 중요한 포인트는 '물품의 손쉽고 효과적인 사용'이 되어야 하므로, 단순히 입고일을 기준으로 물품을 보관하는 것은 특별히 필요한 경우가 아니라면 바람직한 물품 관리 기준이 될 수 없다.

3 다음 ㉠ ~ ◎ 중, 시간계획을 함에 있어 명심하여야 할 사항으로 적절하지 않은 설명을 모두 고른 것은 어느 것인가?

㉠ 자신에게 주어진 시간 중 적어도 60%는 계획된 행동을 해야 한다.
㉡ 계획은 다소 어렵더라도 의지를 담은 목표치를 반영한다.
㉢ 예정 행동만을 계획하는 것이 아니라 기대되는 성과나 행동의 목표도 기록한다.
㉣ 여러 일 중에서 어느 일이 가장 우선적으로 처리해야 할 것인가를 결정한다.
㉤ 유연하고 융통성 있는 시간계획을 정하기보다 가급적 변경 없이 계획대로 밀고 나갈 수 있어야 한다.
㉥ 예상 못한 방문객 접대, 전화 등의 사건으로 예정된 시간이 부족할 경우를 대비하여 여유시간을 확보한다.
㉦ 반드시 해야 할 일을 끝내지 못했을 경우, 다음 계획에 영향이 없도록 가급적 빨리 잊는다.
◎ 자기 외의 다른 사람(비서, 부하, 상사)의 시간 계획을 감안하여 계획을 수립한다.

① ㉠, ㉡, ㉦
② ㉢, ㉤, ㉥
③ ㉡, ㉤, ㉦
④ ㉡, ㉢, ㉤
⑤ ㉣, ㉥, ◎

 시간 관리를 효율적으로 하기 위하여 ㉡, ㉤, ㉦은 다음과 같이 수정되어야 한다.
㉡ 시간 배정을 계획하는 일이므로 무리한 계획을 세우지 말고, 실현 가능한 것만을 계획하여야 한다.
㉤ 시간계획은 유연하게 해야 한다. 시간계획은 그 자체가 중요한 것이 아니고, 목표달성을 위해 필요한 것이다.
㉦ 꼭 해야만 할 일을 끝내지 못했을 경우에는 차기 계획에 반영하여 끝내도록 하는 계획을 세우는 것이 바람직하다.

4 다음 ㉠ ~ ㉣에 제시된 자원관리의 기본 과정들을 순서에 맞게 재배열한 것은 어느 것인가?

> ㉠ 확보된 자원을 활용하여 계획에 맞는 업무를 수행해 나가야 한다. 물론 계획에 얽매일 필요는 없지만 최대한 계획대로 수행하는 것이 바람직하다. 불가피하게 수정해야 하는 경우는 전체 계획에 미칠 수 있는 영향을 고려하여야 할 것이다.
>
> ㉡ 자원을 실제 필요한 업무에 할당하여 계획을 세워야 한다. 여기에서 중요한 것은 업무나 활동의 우선순위를 고려하는 것이다. 최종적인 목적을 이루는 데 가장 핵심이 되는 것에 우선순위를 두고 계획을 세울 필요가 있다. 만약, 확보한 자원이 실제 활동 추진에 비해 부족할 경우 우선순위가 높은 것에 중심을 두고 계획하는 것이 바람직하다.
>
> ㉢ 실제 상황에서 그 자원을 확보하여야 한다. 수집 시 가능하다면 필요한 양보다 좀 더 여유 있게 확보할 필요가 있다. 실제 준비나 활동을 하는 데 있어서 계획과 차이를 보이는 경우가 빈번하기 때문에 여유 있게 확보하는 것이 안전할 것이다.
>
> ㉣ 업무를 추진하는 데 있어서 어떤 자원이 필요하며, 또 얼마만큼 필요한지를 파악하는 단계이다. 자원의 종류는 크게 시간, 예산, 물적자원, 인적자원으로 나눌 수 있지만 실제 업무 수행에서는 이보다 더 구체적으로 나눌 필요가 있다. 구체적으로 어떤 활동을 할 것이며, 이 활동에 어느 정도의 시간, 돈, 물적·인적자원이 필요한지를 파악한다.

① ㉢ - ㉣ - ㉡ - ㉠

② ㉣ - ㉢ - ㉠ - ㉡

③ ㉠ - ㉢ - ㉡ - ㉣

④ ㉣ - ㉡ - ㉢ - ㉠

⑤ ㉣ - ㉢ - ㉡ - ㉠

 자원을 활용하기 위해서는 가장 먼저 나에게 필요한 자원은 무엇이고 얼마나 필요한지를 명확히 설정하는 일이다. 무턱대고 많은 자원을 수집하는 것은 효율적인 자원 활용을 위해 바람직하지 않다. 나에게 필요한 자원을 파악했으면 다음으로 그러한 자원을 수집하고 확보해야 할 것이다. 확보된 자원을 유용하게 사용할 수 있는 활용 계획을 세우고 수립된 계획에 따라 자원을 활용하는 것이 적절한 자원관리 과정이 된다. 따라서 이를 정리하면, 다음 순서와 같다.
1) 어떤 자원이 얼마나 필요한지를 확인하기
2) 이용 가능한 자원을 수집(확보)하기
3) 자원 활용 계획 세우기
4) 계획에 따라 수행하기

Answer ⟶ 3.③ 4.⑤

5 다음에서 의미하는 가치들 중, 직무상 필요한 가장 핵심적인 네 가지 자원에 해당하지 않는 설명은 어느 것인가?

① 민간 기업이나 공공단체 및 기타 조직체는 물론이고 개인의 수입·지출에 관한 것도 포함하는 가치

② 인간이 약한 신체적 특성을 보완하기 위하여 활용하는, 정상적인 인간의 활동에 수반되는 많은 자원들

③ 기업이 나아가야 할 방향과 목적 등 기업 전체가 공유하는 비전, 가치관, 사훈, 기본 방침 등으로 표현되는 것

④ 매일 주어지며 똑같은 속도로 흐르지만 멈추거나 빌리거나 저축할 수 없는 것

⑤ 산업이 발달함에 따라 생산 현장이 첨단화, 자동화되었지만 여전히 기본적인 생산요소를 효율적으로 결합시켜 가치를 창조하는 자원

> (Tip) ③은 기업 경영의 목적이다. 기업 경영에 필수적인 네 가지 자원으로는 시간(④), 예산(①), 인적자원(⑤), 물적자원(②)이 있으며 물적자원은 다시 인공자원과 천연자원으로 나눌 수 있다.

6 다음 중, 자연자원과 인공자원으로 구분되는 물적 자원 관리의 중요성을 제대로 인식한 것으로 볼 수 없는 설명은 어느 것인가?

① 자재 관리의 허술함으로 인한 분실 및 훼손 방지를 위해 창고 점검에 대하여 자재팀에 특별 지시를 내린다.

② 긴급 상황을 고려하여 기본 장비는 항상 여분의 것이 있도록 관리하여 대형 사고를 미연에 방지한다.

③ 특별한 사유가 있는 자원이 아닌 경우, 일부 재고를 부담하여 고객의 수요에 반응할 수 있도록 한다.

④ 재난 상황 발생 시 복구 작업용으로 일부 핵심 장비에 대해서는 특별 관리를 실시한다.

⑤ 희소가치가 있는 시설 및 장비의 경우 사용 순위를 뒤로 미루어 자원의 가치를 높이려 노력한다.

> (Tip) ⑤ 긴급 상황이나 재난 상황에서 물적 자원의 관리 소홀이나 부족 등은 더욱 큰 손실을 야기할 수 있으며, 꼭 필요한 상황에서 확보를 위한 많은 시간을 낭비하여 필요한 활동을 하지 못하는 상황이 벌어질 수 있다. 따라서 개인 및 조직에 필요한 물적 자원을 확보하고 적절히 관리하는 것은 매우 중요하다고 할 수 있다. 물적 자원의 희소가치를 높이는 것은 효율적인 사용을 위한 관리 차원에서의 바람직한 설명과는 거리가 멀다.

7 인적자원 관리의 특징에 관한 다음 ㉠~㉢의 설명 중 그 성격이 같은 것끼리 알맞게 구분한 것은 어느 것인가?

> ㉠ 개인에게 능력을 발휘할 수 있는 기회와 장소를 부여하고, 그 성과를 바르게 평가하고, 평가된 능력과 실적에 대해 그에 상응하는 보상을 주어야 한다.
> ㉡ 팀 전체의 능력향상, 의식개혁, 사기앙양 등을 도모하는 의미에서 전체와 개체가 균형을 이루어야 한다.
> ㉢ 많은 사람들이 번거롭다는 이유로 자신의 인맥관리에 소홀히 하는 경우가 많지만 인맥관리는 자신의 성공을 위한 첫걸음이라는 생각을 가져야 한다.
> ㉣ 효율성을 높이기 위해 팀원의 능력이나 성격 등과 가장 적합한 위치에 배치하여 팀원 개개인의 능력을 최대로 발휘해 줄 것을 기대한다.

① [㉠, ㉡] — [㉢, ㉣]　　　　　② [㉠] — [㉡, ㉢, ㉣]

③ [㉠, ㉣] — [㉡, ㉢]　　　　　④ [㉠, ㉡, ㉣] — [㉢]

⑤ [㉠, ㉡, ㉢] — [㉣]

 ㉠, ㉡, ㉣은 조직 차원에서의 인적자원관리의 특징이고, ㉢은 개인 차원에서의 인적자원관리능력의 특징으로 구분할 수 있다. 한편, 조직의 인력배치의 3대 원칙에는 적재적소주의(㉣), 능력주의(㉠), 균형주의(㉡)가 있다.

8 다음은 자원관리 기본 과정이다. 순서대로 나열한 것은?

> ㉠ 계획대로 수행하기
> ㉡ 이용 가능한 자원 수집하기
> ㉢ 필요한 자원의 종류와 양 확인하기
> ㉣ 자원 활용 계획 세우기

① ㉡ – ㉢ – ㉣ – ㉠　　　　　② ㉡ – ㉣ – ㉢ – ㉠

③ ㉢ – ㉡ – ㉣ – ㉠　　　　　④ ㉢ – ㉣ – ㉡ – ㉠

⑤ ㉣ – ㉡ – ㉢ – ㉠

 자원관리 기본 과정
필요한 자원의 종류와 양 확인하기 → 이용 가능한 자원 수집하기 → 자원 활용 계획 세우기 → 계획대로 수행하기

Answer 5.③　6.⑤　7.④　8.③

9 다음 중 SMART법칙에 따라 목표를 설정한 사람으로 적절하게 묶인 것은?

> • 민수 : 나는 올해 꼭 취업할꺼야.
> • 나라 : 나는 8월까지 볼링 점수 200점에 도달하겠어.
> • 정수 : 나는 오늘 10시까지 단어 100개를 외울거야.
> • 주찬 : 나는 이번 달 안에 NCS강의 20강을 모두 들을거야.
> • 명기 : 나는 이번 여름 방학에 영어 회화를 도전할거야.

① 명기, 정수　　　　　　　　② 나라, 정수
③ 민수, 명기　　　　　　　　④ 주찬, 민수
⑤ 나라, 명기

　　　　SMART법칙에 따라 목표를 설정한 사람은 나라, 정수, 주찬이다.
　　　※ SMART법칙 … 목표를 어떻게 설정하고 그 목표를 성공적으로 달성하기 위해 꼭 필요한
　　　　　필수 요건들을 S.M.A.R.T. 5개 철자에 따라 제시한 것이다.
　　　　　㉠ Specific(구체적으로) : 목표를 구체적으로 작성한다.
　　　　　㉡ Measurable(측정 가능하도록) : 수치화, 객관화시켜서 측정 가능한 척도를 세운다.
　　　　　㉢ Action-oriented(행동 지향적으로) : 사고 및 생각에 그치는 것이 아니라 행동을 중심
　　　　　　으로 목표를 세운다.
　　　　　㉣ Realistic(현실성 있게) : 실현 가능한 목표를 세운다.
　　　　　㉤ Time limited(시간적 제약이 있게) : 목표를 설정함에 있어 제한 시간을 둔다.

10 회계팀에서 업무를 시작하게 된 A씨는 각종 내역의 비용이 어느 항목으로 분류되어야 하는
지 정리 작업을 하고 있다. 다음 중 A씨가 나머지와 다른 비용으로 분류해야 하는 것은 어
느 것인가?

① 구매부 자재 대금으로 지불한 U$7,000
② 상반기 건물 임대료 및 관리비
③ 임직원 급여
④ 계약 체결을 위한 영업부 직원 출장비
⑤ 컴프레서 구매 대금 1,200만 원

　　　(Tip)　②는 간접비용, 나머지(①③④⑤)는 직접비용의 지출 항목으로 분류해야 한다.
　　　　　직접비용과 간접비용으로 분류되는 지출 항목은 다음과 같은 것들이 있다.
　　　　　• 직접비용 : 재료비, 원료와 장비, 시설비, 출장 및 잡비, 인건비
　　　　　• 간접비용 : 보험료, 건물관리비, 광고비, 통신비, 사무비품비, 각종 공과금

11 다음 중 같은 성질을 가진 비용끼리 올바르게 묶은 것은?

> ⊙ 재료비 ⓛ 시설비
> ⓒ 사무실 관리비 ㉢ 인건비
> ⓜ 광고비 ㉢ 비품비

① ⊙, ⓛ, ㉢ ② ⓛ, ⓒ, ㉢

③ ⓒ, ㉢, ⓜ ④ ㉢, ⓜ, ㉢

⑤ ㉢, ⓜ, ㉢

  ⊙ⓛ㉢는 직접비용, ⓒⓜ㉢는 간접비용에 해당한다.

※ 직접비용과 간접비용

ⓒ 직접비용 : 제품 생산 또는 서비스를 창출하기 위해 직접 소비된 것으로 여겨지는 비용으로 재료비, 원료와 장비, 시설비, 인건비 등이 있다.

ⓒ 간접비용 : 제품을 생산하거나 서비스를 창출하기 위해 소비된 비용 중에서 직접비용을 제외한 비용으로 제품 생산에 직접 관련되지 않은 비용을 말한다. 간접비용의 경우 과제에 따라 매우 다양하며 보험료, 건물관리비, 광고비, 통신비, 사무비품비, 각종 공과금 등이 있다.

12 다음 중 예산과정의 순서로 옳은 것은?

① 편성 – 집행 – 심의 – 결산 – 의결 – 회계검사

② 편성 – 의결 – 집행 – 심의 – 결산 – 회계검사

③ 편성 – 심의 – 의결 – 집행 – 결산 – 회계검사

④ 편성 – 결산 – 심의 – 집행 – 의결 – 회계검사

⑤ 편성 – 심의 – 집행 – 의결 – 결산 – 회계검사

  예산과정은 '예산의 편성 – 예산의 심의 및 의결 – 예산의 집행 – 결산 및 회계검사'의 순으로 이루어진다.

13 다음은 (주)서원기업의 재고 관리 사례이다. 금요일까지 부품 재고 수량이 남지 않게 완성품을 만들 수 있도록 월요일에 주문할 A~C 부품 개수로 옳은 것은? (단, 주어진 조건 이외에는 고려하지 않는다)

〈부품 재고 수량과 완성품 1개당 소요량〉

부품명	부품 재고 수량	완성품 1개당 소요량
A	500	10
B	120	3
C	250	5

〈완성품 납품 수량〉

항목 \ 요일	월	화	수	목	금
완성품 납품 개수	없음	30	20	30	20

〈조건〉

1. 부품 주문은 월요일에 한 번 신청하며 화요일 작업 시작 전 입고된다.
2. 완성품은 부품 A, B, C를 모두 조립해야 한다.

	A	B	C
①	100	100	100
②	100	180	200
③	500	100	100
④	500	180	250
⑤	500	200	250

 완성품 납품 개수는 30+20+30+20으로 총 100개이다. 완성품 1개당 부품 A는 10개가 필요하므로 총 1,000개가 필요하고, B는 300개, C는 500개가 필요하다. 이때 각 부품의 재고 수량에서 부품 A는 500개를 가지고 있으므로 필요한 1,000개에서 가지고 있는 500개를 빼면 500개의 부품을 주문해야 한다. 부품 B는 120개를 가지고 있으므로 필요한 300개에서 가지고 있는 120개를 빼면 180개를 주문해야 하며, 부품 C는 250개를 가지고 있으므로 필요한 500개에서 가지고 있는 250개를 빼면 250개를 주문해야 한다.

14 인사부에서 근무하는 H씨는 다음 〈상황〉과 〈조건〉에 근거하여 부서 배정을 하려고 한다. 〈상황〉과 〈조건〉을 모두 만족하는 부서 배정은 어느 것인가?

〈상황〉

총무부, 영업부, 홍보부에는 각각 3명, 2명, 4명의 인원을 배정하여야 한다. 이번에 선발한 인원으로는 5급이 A, B, C가 있으며, 6급이 D, E, F가 있고 7급이 G, H, I가 있다.

〈조건〉

조건1 : 총무부에는 5급이 2명 배정되어야 한다.
조건2 : B와 C는 서로 다른 부서에 배정되어야 한다.
조건3 : 홍보부에는 7급이 2명 배정되어야 한다.
조건4 : A와 I는 같은 부서에 배정되어야 한다.

	총무부	영업부	홍보부
①	A, C, I	D, E	B, F, G, H
②	A, B, E	D, G	C, F, H, I
③	A, B, I	C, D, G	E, F, H
④	B, C, H	D, E	A, F, G, I
⑤	A, C, I	F, G	B, D, E, H

 ② A와 I가 같은 부서에 배정되어야 한다는 조건4를 만족하지 못한다.
③ 홍보부에 4명이 배정되어야 한다는 〈상황〉에 부합하지 못한다.
④ B와 C가 서로 다른 부서에 배정되어야 한다는 조건2를 만족하지 못한다.
⑤ 홍보부에는 7급이 2명 배정되어야 한다는 조건 3을 만족시키지 못한다.

Answer→ 13.④ 14.①

15 '갑'시에 위치한 B공사 권 대리는 다음과 같은 일정으로 출장을 계획하고 있다. 출장비 지급 내역에 따라 권 대리가 받을 수 있는 출장비의 총액은 얼마인가?

〈지역별 출장비 지급 내역〉

출장 지역	일비	식비
'갑'시	15,000원	15,000원
'갑'시 외 지역	23,000원	17,000원

* 거래처 차량으로 이동할 경우, 일비 5,000원 차감

* 오후 일정 시작일 경우, 식비 7,000원 차감

〈출장 일정〉

출장 일자	지역	출장 시간	이동계획
화요일	'갑'시	09:00~18:00	거래처 배차
수요일	'갑'시 외 지역	10:30~16:00	대중교통
금요일	'갑'시	14:00~19:00	거래처 배차

① 75,000원
② 78,000원
③ 83,000원
④ 85,000원
⑤ 88,000원

 일자별 출장비 지급액을 살펴보면 다음과 같다. 화요일 일정에는 거래처 차량이 지원되므로 5,000원이 차감되며, 금요일 일정에는 거래처 차량 지원과 오후 일정으로 인해 5,000+7,000=12,000원이 차감된다.

출장 일자	지역	출장 시간	이동계획	출장비
화요일	'갑'시	09:00~18:00	거래처 배차	30,000-5,000=25,000원
수요일	'갑'시 외 지역	10:30~16:00	대중교통	40,000원
금요일	'갑'시	14:00~19:00	거래처 배차	30,000-5,000-7,000=18,000원

따라서 출장비 총액은 25,000+40,000+18,000=83,000원이 된다.

16 N사 기획팀에서는 해외 거래처와의 중요한 계약을 성사시키기 위해 이를 담당할 사내 TF팀 인원을 보강하고자 한다. 다음 상황을 참고할 때, 반드시 선발해야 할 2명의 직원은 누구인가?

기획팀은 TF팀에 추가로 필요한 직원 2명을 보강해야 한다. 계약실무, 협상, 시장조사, 현장교육 등 4가지 업무는 새롭게 선발될 2명의 직원이 분담하여 모두 수행해야 한다. 4가지 업무를 수행하기 위해 필수적으로 갖추어야 할 자질은 다음과 같다.

업무	필요 자질
계약실무	스페인어, 국제 감각
협상	스페인어, 설득력
시장조사	설득력, 비판적 사고
현장교육	국제 감각, 의사 전달력

* 기획팀에서 1차로 선발한 직원은 오 대리, 최 사원, 남 대리, 조 사원 4명이며, 이들은 모두 3가지씩의 '필요 자질'을 갖추고 있다.
* 의사 전달력은 남 대리를 제외한 나머지 3명이 모두 갖추고 있다.
* 조 사원이 시장조사 업무를 제외한 모든 업무를 수행하려면, 스페인어 자질만 추가로 갖추면 된다.
* 오 대리는 계약실무 업무를 수행할 수 있고, 최 사원과 남 대리는 시장조사 업무를 수행할 수 있다.
* 국제 감각을 갖춘 직원은 2명이다.

① 오 대리, 최 사원
② 오 대리, 남 대리
③ 최 사원, 조 사원
④ 최 사원, 조 사원
⑤ 남 대리, 조 사원

 주어진 설명에 의해 4명의 자질과 가능 업무를 표로 정리하면 다음과 같다.

	오 대리	최 사원	남 대리	조 사원
스페인어	○	×	○	×
국제 감각	○	×	×	○
설득력	×	○	○	×
비판적 사고	×	○	○	×
의사 전달력	○	○	×	○

위 표를 바탕으로 4명의 직원이 수행할 수 있는 업무를 정리하면 다음과 같다.
• 오 대리 : 계약실무, 현장교육
• 최 사원 : 시장조사
• 남 대리 : 협상, 시장조사
• 조 사원 : 현장교육
따라서 필요한 4가지 업무를 모두 수행하기 위해서는 오 대리와 남 대리 2명이 최종 선발되어야만 함을 알 수 있다.

┃17~18┃ 다음은 G사 영업본부 직원들의 담당 업무와 다음 달 주요 업무 일정표이다. 다음을 참고로 이어지는 물음에 답하시오.

〈다음 달 주요 업무 일정〉

일	월	화	수	목	금	토
		1 사업계획 초안 작성(2)	2	3	4 사옥 이동계획 수립(2)	5
6	7	8 인트라넷 요청사항 정리(2)	9 전 직원 월간 회의	10	11 TF팀 회의(1)	12
13	14 법무실무 담당자 회의(3)	15	16	17 신제품 진행 과정 보고(1)	18	19
20	21 매출부진 원인 분석(2)	22	23 홍보자료 작성(3)	24 인사고과(2)	25	26
27	28 매출 집계(2)	29 부서경비 정리(2)	30	31		

* ( )안의 숫자는 해당 업무 소요 일수

〈담당자별 업무〉

담당자	담당업무
갑	부서 인사고과, 사옥 이동 관련 이사 계획 수립, 내년도 사업계획 초안 작성
을	매출부진 원인 분석, 신제품 개발 진행과정 보고
병	자원개발 프로젝트 TF팀 회의 참석, 부서 법무실무 교육 담당자 회의
정	사내 인트라넷 구축 관련 요청사항 정리, 대외 홍보자료 작성
무	월말 부서 경비집행 내역 정리 및 보고, 매출 집계 및 전산 입력

17 위의 일정과 담당 업무를 참고할 때, 다음 달 월차 휴가를 사용하기에 적절한 날짜를 선택한 직원이 아닌 것은 어느 것인가?

① 갑 - 23일
② 을 - 8일
③ 병 - 4일
④ 정 - 25일
⑤ 무 - 24일

 정은 홍보자료 작성 업무가 23일에 예정되어 있으며 3일 간의 시간이 걸리는 업무이므로 25일에 월차 휴가를 사용하는 것은 바람직하지 않다.

18 갑작스런 해외 거래처의 일정 변경으로 인해 다음 달 넷째 주에 영업본부에서 2명이 일주일 간 해외 출장을 가야 한다. 위에 제시된 5명의 직원 중 담당 업무에 지장이 없는 2명을 뽑아 출장을 보내야 할 경우, 출장자로 적절한 직원은 누구인가?

① 갑, 병
② 을, 정
③ 정, 무
④ 을, 병
⑤ 병, 무

 넷째 주에는 을의 매출부진 원인 분석 업무, 정의 홍보자료 작성 업무, 갑의 부서 인사고과 업무가 예정되어 있다. 따라서 출장자로 가장 적합한 두 명의 직원은 병과 무가 된다.

Answer → 17.④ 18.⑤

| 19~20 | 다음은 '대한 국제 회의장'의 예약 관련 자료이다. 이를 보고 이어지는 물음에 답하시오.

〈대한 국제 회의장 예약 현황〉

행사구분	행사주체	행사일	시작시간	진행시간	예약인원	행사장
학술대회	A대학	3/10	10:00	2H	250명	전시홀
공연	B동아리	2/5	17:00	3H	330명	그랜드볼룸
학술대회	C연구소	4/10	10:30	6H	180명	전시홀
국제회의	D국 무역관	2/13	15:00	4H	100명	컨퍼런스홀
국제회의	E제품 바이어	3/7	14:00	3H	150명	그랜드볼룸
공연	F사 동호회	2/20	15:00	4H	280명	전시홀
학술대회	G학회	4/3	10:00	5H	160명	컨퍼런스홀
국제회의	H기업	2/19	11:00	3H	120명	그랜드볼룸

〈행사장별 행사 비용〉

	행사 비용
전시홀	350,000원(기본 2H), 1시간 당 5만 원 추가, 200명 이상일 경우 기본요금의 15% 추가
그랜드볼룸	450,000원(기본 2H), 1시간 당 5만 원 추가, 250명 이상일 경우 기본요금의 20% 추가
컨퍼런스홀	300,000원(기본 2H), 1시간 당 3만 원 추가, 150명 이상일 경우 기본요금의 10% 추가

19 다음 중 대한 국제 회의장이 2월 중 얻게 되는 기본요금과 시간 추가 비용의 수익금은 모두 얼마인가? (인원 추가 비용 제외)

① 172만 원

② 175만 원

③ 177만 원

④ 180만 원

⑤ 181만 원

 2월 행사는 4번이 예약되어 있으며, 행사주제별로 기본 사용료를 계산해 보면 다음과 같다.
- B동아리 : 450,000원 + 50,000원 = 500,000원
- D국 무역관 : 300,000원 + 60,000원 = 360,000원
- F사 동호회 : 350,000원 + 100,000원 = 450,000원
- H기업 : 450,000원 + 50,000원 = 500,000원

따라서 이를 모두 더하면 1,810,000원이 되는 것을 알 수 있다.

20 다음 중 인원 추가 비용이 가장 큰 시기부터 순서대로 올바르게 나열된 것은 어느 것인가?

① 4월, 2월, 3월

② 3월, 4월, 2월

③ 3월, 2월, 4월

④ 2월, 3월, 4월

⑤ 2월, 4월, 3월

 월별 인원 추가 비용은 다음과 같이 구분하여 계산할 수 있다.

2월	3월	4월
• B동아리 : 450,000원×0.2 =90,000원	• A대학 : 350,000원×0.15 =52,500원	• C연구소 : 인원 미초과
• D국 무역관 : 인원 미초과	• E제품 바이어 : 인원 미초과	• G학회 : 300,000원×0.1 =30,000원
• F사 동호회 : 350,000원×0.15 =52,500원		
• H기업 : 인원 미초과		

따라서 각 시기별 인원 추가 비용은 2월 142,500원, 3월 52,500원, 4월 30,000원이 되어 2월, 3월, 4월 순으로 많게 된다.

Answer→ 19.⑤ 20.④

21 다음 글과 〈조건〉을 근거로 판단할 때, 중국으로 출장 가는 사람으로 짝지어진 것은?

C회사에서는 업무상 외국 출장이 잦은 편이다. 인사부 A씨는 매달 출장 갈 직원들을 정하는 업무를 맡고 있다. 이번 달에는 총 4국가로 출장을 가야 하며 인원은 다음과 같다.

미국	영국	중국	일본
1명	4명	3명	4명

출장을 갈 직원은 이 과장, 김 과장, 신 과장, 류 과장, 임 과장, 장 과장, 최 과장이 있으며, 개인별 출장 가능한 국가는 다음과 같다.

국가＼직원	이 과장	김 과장	신 과장	류 과장	임 과장	장 과장	최 과장
미국	○	×	○	×	×	×	×
영국	○	×	○	○	○	×	×
중국	×	○	○	○	○	×	○
일본	×	×	○	×	○	○	○

※ ○ : 출장 가능, × : 출장 불가능
※ 어떤 출장도 일정이 겹치진 않는다.

〈조건〉

• 한 사람이 두 국가까지만 출장 갈 수 있다.
• 모든 사람은 한 국가 이상 출장을 가야 한다.

① 김 과장, 최 과장, 류 과장　　　② 김 과장, 신 과장, 류 과장
③ 신 과장, 류 과장, 임 과장　　　④ 김 과장, 임 과장, 최 과장
⑤ 신 과장, 류 과장, 최 과장

 모든 사람이 한 국가 이상 출장을 가야 한다고 했으므로 김 과장은 꼭 중국을 가야 하며, 장 과장은 일본을 가야 한다. 또한 영국으로 4명이 출장을 가야 되고, 출장 가능 직원도 4명이므로 이 과장, 신 과장, 류 과장, 임 과장이 영국으로 가야 한다. 4개 국가 출장에 필요한 직원은 12명인데 김 과장과 장 과장이 1개 국가밖에 가지 못하므로 나머지 5명이 2개국가씩 출장을 가야 한다는 것에 주의한다.

출장지	출장 가는 직원
미국(1명)	이 과장
영국(4명)	류 과장, 이 과장, 신 과장, 임 과장
중국(3명)	김 과장, 최 과장, 류 과장
일본(4명)	장 과장, 최 과장, 신 과장, 임 과장

22 김 과장은 다음 달로 예정되어 있는 해외 출장 일정을 확정하려 한다. 다음 상황의 조건을 만족할 경우 김 과장의 출장 일정에 대한 설명으로 올바른 것은 어느 것인가?

> 김 과장은 다음 달 3박 4일간의 일본 출장이 계획되어 있다. 회사에서는 출발일과 복귀일에 업무 손실을 최소화할 수 있도록 가급적 평일에 복귀하도록 권장하고 있고, 출장 기간에 토요일과 일요일이 모두 포함되는 일정은 지양하도록 요구한다. 이번 출장에서는 매우 중요한 계약 건이 이루어져야 하기 때문에 김 과장은 출장 복귀 바로 다음 날 출장 결과 보고를 하고자 한다. 다음 달의 첫째 날은 금요일이며 마지막 주 수요일과 13일은 김 과장이 빠질 수 없는 회사 업무 일정이 잡혀 있다.

① 금요일에 출장을 떠나는 일정도 가능하다.
② 김 과장은 월요일이나 화요일에 출장 결과 보고를 할 수 있다.
③ 김 과장이 출발일로 잡을 수 있는 날짜는 모두 4개이다.
④ 김 과장은 마지막 주에 출장을 가게 될 수도 있다.
⑤ 김 과장이 17일에 출발한다면 금요일에 출장 결과 보고를 하게 된다.

(Tip) 다음 달의 첫째 날이 금요일이므로 아래와 같은 달력을 그려 볼 수 있다.

일	월	화	수	목	금	토
					1	2
3	4	5	6	7	8	9
10	11	12	13	14	15	16
17	18	19	20	21	22	23
24	25	26	27	28	29	30

3박 4일 일정이므로 평일에 복귀해야 하며 주말이 모두 포함되는 일정을 피하기 위해서는 출발일이 일, 월, 화요일이어야 한다. 또한 출장 결과 보고를 위해서는 금요일에 복귀하게 되는 화요일 출발 일정도 불가능하다. 따라서 일요일과 월요일에만 출발이 가능하다. 그런데 27일과 13일이 출장 일정에 포함될 수 없으므로 10, 11, 24, 25일은 제외된다. 따라서 3, 4, 17, 18일에 출발하는 4가지 일정이 가능하다. 일요일에 출발한다면, 복귀 다음 날인 목요일에, 월요일에 출발한다면 금요일에 출장 결과 보고를 하게 된다.

Answer 21.① 22.③

|23~24| 다음 예제를 보고 물음에 답하시오.

〈프로젝트의 단위활동〉

활동	직전 선행활동	활동시간(일)
A	–	3
B	–	5
C	A	3
D	B	2
E	C, D	4

〈프로젝트의 PERT 네트워크〉

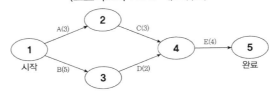

이 프로젝트의 단위활동과 PERT 네트워크를 보면
• A와 B활동은 직전 선행활동이 없으므로 동시에 시작할 수 있다.
• A활동 이후에 C활동을 하고, B활동 이후에 D활동을 하며, C와 D활동이 끝난 후 E활동을 하므로 한 눈에 볼 수 있는 표로 나타내면 다음과 같다.

A(3일)		C(3일)		E(4일)	
B(5일)			D(2일)		

∴ 이 프로젝트를 끝내는 데는 최소한 11일이 걸린다.

23 R회사에 근무하는 J대리는 Z프로젝트의 진행을 맡고 있다. J대리는 이 프로젝트를 효율적으로 끝내기 위해 위의 예제를 참고하여 일의 흐름도를 다음과 같이 작성하였다. 이 프로젝트를 끝내는 데 최소한 며칠이 걸리겠는가?

〈Z프로젝트의 단위활동〉

활동	직전 선행활동	활동시간(일)
A	–	7
B	–	5
C	A	4
D	B	2
E	B	4
F	C, D	3
G	C, D, E	2
H	F, G	2

〈Z프로젝트의 PERT 네트워크〉

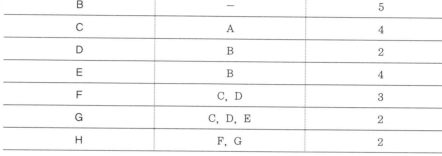

① 15일   ② 16일

③ 17일   ④ 18일

⑤ 20일

Tip

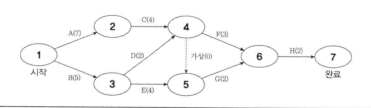

Answer→ 23.②

24 위의 문제에서 A활동을 7일에서 3일로 단축시킨다면 전체 일정은 며칠이 단축되겠는가?

① 1일　　　　　　　　　　　② 2일

③ 3일　　　　　　　　　　　④ 4일

⑤ 5일

A(3일)		C(4일)		F(3일)		H(2일)
B(5일)			D(2일)			H(2일)
B(5일)			E(4일)		G(2일)	H(2일)

총 13일이 소요되므로 전체일정은 3일이 단축된다.

25 O회사에 근무하고 있는 채 과장은 거래 업체를 선정하고자 한다. 업체별 현황과 평가기준이 다음과 같을 때, 선정되는 업체는?

〈업체별 현황〉

업체명	시장매력도	정보화수준	접근가능성
	시장규모(억 원)	정보화순위	수출액(백만 원)
A업체	550	106	9,103
B업체	333	62	2,459
C업체	315	91	2,597
D업체	1,706	95	2,777
E업체	480	73	3,888

〈평가기준〉

• 업체별 종합점수는 시장매력도(30점 만점), 정보화수준(30점 만점), 접근가능성(40점 만점)의 합계(100점 만점)로 구하며, 종합점수가 가장 높은 업체가 선정된다.
• 시장매력도 점수는 시장매력도가 가장 높은 업체에 30점, 가장 낮은 업체에 0점, 그 밖의 모든 업체에 15점을 부여한다. 시장규모가 클수록 시장매력도가 높다.
• 정보화수준 점수는 정보화순위가 가장 높은 업체에 30점, 가장 낮은 업체에 0점, 그 밖의 모든 업체에 15점을 부여한다.
• 접근가능성 점수는 접근가능성이 가장 높은 업체에 40점, 가장 낮은 업체에 0점, 그 밖의 모든 업체에 20점을 부여한다. 수출액이 클수록 접근가능성이 높다.

① A   ② B

③ C   ④ D

⑤ E

 업체별 평가기준에 따른 점수는 다음과 같으며, D업체가 65점으로 선정된다.

	시장매력도	정보화수준	접근가능성	합계
A	15	0	40	55
B	15	30	0	45
C	0	15	20	35
D	30	15	20	65
E	15	15	20	50

Answer ↪ 24.③   25.④

26 우리는 주어진 자원을 효과적으로 활용하는 것보다 의미 없이 낭비하게 되는 일을 주변에서 훨씬 더 많이 겪게 된다. 다음 중 이러한 자원들을 낭비하게 하는 요인으로 가장 적절하지 않은 것은?

① 타인의 의견을 제대로 경청하여 좋은 것을 받아들이려는 열린 마음이 부족하다.

② 자원을 효과적으로 관리하고 싶어도 어떤 좋은 방법이 있는지 제대로 알지 못한다.

③ 무엇이 자원인지 인식하지 못하거나 알아도 왜 중요한지를 잘 이해하지 못한다.

④ 편하고 쉬운 일만을 우선적으로 찾아 하게 되는 습성이 있다.

⑤ 목표치가 분명하지 않아 모든 행동에 계획성이 없다.

 자원을 낭비하는 요인으로는 비계획적 행동, 편리성 추구, 자원에 대한 인식 부재, 노하우 부족 등을 꼽을 수 있다. 우리가 가진 자원은 스스로가 관리하고 지키며 효과적으로 사용할 방안을 찾아야 한다.
① 타인의 말을 잘 경청하려 하지 않는 자세는 자원을 낭비하게 되는 직접적인 요인이 된다고 보기 어렵다.

27 홍보팀장은 다음 달 예산안을 정리하며 예산 업무 담당자에게 간접비용이 전체 직접비용의 30%를 넘지 않게 유지되도록 관리하라는 지시를 내렸다. 홍보팀의 다음과 같은 예산안에서 빈칸 A와 B에 들어갈 수 있는 금액으로 적당한 것은 어느 것인가?

〈예산안〉
- 원재료비 : 1억 3천만 원
- 보험료 : 2천 5백만 원
- 장비 및 시설비 : 2억 5천만 원
- 시설 관리비 : 2천 9백만 원
- 출장비 : (A)
- 광고료 : (B)
- 인건비 : 2천 2백만 원
- 통신비 : 6백만 원

① A : 6백만 원, B : 7천만 원

② A : 8백만 원, B : 6천만 원

③ A : 1천만 원, B : 7천만 원

④ A : 5백만 원, B : 7천만 원

⑤ A : 5백만 원, B : 8천만 원

주어진 비용 항목 중 원재료비, 장비 및 시설비, 출장비, 인건비는 직접비용, 나머지는 간접비용이다.
- 직접비용 총액 : 4억 2백만 원 + A
- 간접비용 총액 : 6천만 원 + B

간접비용이 전체 직접비용의 30%를 넘지 않게 유지하여야 하므로,

(4억 2백만 원 + A) × 0.3 ≧ 6천만 원 + B

따라서 보기 중 ②와 같이 출장비에 8백만 원, 광고료에 6천만 원이 책정될 경우에만, 직접비용 총계는 4억 1천만 원, 간접비용 총계는 1억 2천만 원이므로 팀장의 지시사항을 준수할 수 있다.

---

28 A사는 다음과 같이 직원들의 부서 이동을 단행하였다. 다음 부서 이동 현황에 대한 올바른 설명은?

이동 전 \ 이동 후	영업팀	생산팀	관리팀
영업팀	25	7	11
생산팀	9	16	5
관리팀	10	12	15

① 이동 전과 후의 인원수의 변화가 가장 큰 부서는 생산팀이다.
② 이동 전과 후의 부서별 인원수가 많은 순위는 동일하다.
③ 이동 후에 인원수가 감소한 부서는 1개 팀이다.
④ 가장 많은 인원이 이동해 온 부서는 관리팀이다.
⑤ 잔류 인원보다 이동해 온 인원이 더 많은 부서는 1개 팀이다.

 ③ 이동 후 인원수가 감소한 부서는 37명→31명으로 바뀐 관리팀뿐이다.
　① 영업팀은 1명 증가, 생산팀은 5명 증가, 관리팀은 6명 감소로 관리팀의 인원수 변화가 가장 크다.
　② 이동 전에는 영업팀 > 관리팀 > 생산팀 순으로 인원수가 많았으나, 이동 후에는 영업팀 > 생산팀 > 관리팀 순으로 바뀌었다.
　④ 가장 많은 인원이 이동해 온 부서는 영업팀(9+10=19)과 생산팀(7+12=19)이며, 관리팀으로 이동해 온 인원은 11+5=16명이다.
　⑤ 잔류 인원보다 이동해 온 인원이 더 많은 부서는 영업팀 25 > 19, 생산팀 16 < 19, 관리팀 15 < 16으로 생산팀과 관리팀 2개 부서이다.

Answer↪ 26.① 27.② 28.③

29 대한은행이 출시한 다음 적금 상품에 대한 설명으로 올바르지 않은 것은?

1. 상품특징
   ■ 영업점 창구에서 가입 시보다 높은 금리(+0.3%p)가 제공되는 비대면 채널 전용상품
2. 거래조건

구분	내용
가입자격	개인(1인 1계좌)
가입금액	초입금 5만 원 이상, 매회 1만 원 이상(계좌별), 매월 2천만 원 이내(1인당), 총 불입액 2억 원 이내(1인당)에서 자유적립(단, 계약기간 3/4 경과 후 월 적립 가능 금액은 이전 월 평균 적립금액의 1/2 이내)
가입기간	1년 이상 3년 이내 월 단위

적용금리	가입기간	1년 이상	2년	3년
	기본금리(연%)	2.18	2.29	2.41

구분	내용
우대금리	■ 가입일 해당월로부터 만기일 전월말까지 대한카드 이용실적이 100만 원 이상인 경우 : 0.2%p ■ 예금가입고객이 타인에게 이 상품을 추천하고 타인이 이 상품에 가입한 경우 : 추천 및 피추천계좌 각 0.1%p(최대 0.3%p)
예금자 보호	이 예금은 예금자보호법에 따라 예금보험공사가 보호하되, 보호한도는 본 은행에 있는 귀하의 모든 예금보호대상 금융상품의 원금과 소정의 이자를 합하여 1인당 최고 5천만 원이며, 5천만 원을 초과하는 나머지 금액은 보호하지 않습니다.

① 은행원의 도움을 직접 받아야 하는 어르신들이라도 창구를 직접 찾아가서 가입할 수 있는 상품이 아니다.

② 1년 계약을 한 가입자가 9개월이 지난 후 불입 총액이 90만 원이었다면, 10개월째부터는 월 5만 원이 적립 한도금액이 된다.

③ 가입기간이 길수록 우대금리가 적용되는 상품이다.

④ 상품의 특징을 활용하여 적용받을 수 있는 가장 높은 금리는 연리 2.71%이다.

⑤ 유사 시, 가입 상품에 불입한 금액의 일부를 잃게 될 수도 있다.

금리를 높일 수 있는 방법은 가입기간을 길게 하며, 해당 우대금리를 모두 적용받는 것이다. 따라서 3년 기간으로 계약하여 2.41%와 두 가지 우대금리 조건을 모두 충족할 경우 각각 0.2%p와 0.3%p(3명의 추천까지 적용되는 것으로 이해할 수 있다.)를 합한 0.5%p가 적용되어 총 2.91%의 연리가 적용될 수 있다.

① 비대면전용 상품이므로 은행 방문 가입은 불가능하다.

② 9개월은 계약기간의 3/4에 해당하는 기간이며 월 평균 적립금액이 10만 원이므로 이후부터는 1/2인 5만 원의 월 적립금액이 허용된다.

③ 가입기간별 우대금리가 다르게 책정되어 있음을 알 수 있다.

⑤ 예금자보호법에 따라 원금과 이자가 5천만 원이 넘을 경우, 유사 시 일부 금액을 받지 못할 수도

30 연초에 동일한 투자비용이 소요되는 투자계획 A와 B가 있다. A는 금년 말에 10억 원, 내년 말에 20억 원의 수익을 내고, B는 내년 말에만 31억 원의 수익을 낸다. 수익성 측면에서 A와 B를 동일하게 만드는 이자율 수준은 얼마인가?

① 1%
② 5%
③ 10%
④ 15%
⑤ 20%

 투자계획 A와 B의 차이는 금년 말에는 A만 10억 원의 수익을 내고, 내년 말에는 B가 A보다 11억 원의 수익을 더 낸다는 점이다. 두 투자 계획의 수익성 측면에서 차이가 없으려면 금년 말의 10억 원과 내년 말의 11억 원이 동일한 가치를 가져야 하므로 이자율은 10%이어야 한다.

04 기술능력

1 기술과 기술능력

(1) 기술과 과학

① 노하우(know-how)와 노와이(know-why)
　　㉠ 노하우 : 특허권을 수반하지 않는 과학자, 엔지니어 등이 가지고 있는 체화된 기술로 경험적이고 반복적인 행위에 의해 얻어진다.
　　㉡ 노와이 : 기술이 성립하고 작용하는가에 관한 원리적 측면에 중심을 둔 개념으로 이론적인 지식으로서 과학적인 탐구에 의해 얻어진다.

② 기술의 특징
　　㉠ 하드웨어나 인간에 의해 만들어진 비자연적인 대상, 혹은 그 이상을 의미한다.
　　㉡ 기술은 노하우(know-how)를 포함한다.
　　㉢ 기술은 하드웨어를 생산하는 과정이다.
　　㉣ 기술은 인간의 능력을 확장시키기 위한 하드웨어와 그것의 활용을 뜻한다.
　　㉤ 기술은 정의 가능한 문제를 해결하기 위해 순서화되고 이해 가능한 노력이다.

③ 기술과 과학 : 기술은 과학과 같이 추상적 이론보다는 실용성, 효용, 디자인을 강조하고 과학은 그 반대로 추상적 이론, 지식을 위한 지식, 본질에 대한 이해를 강조한다.

(2) 기술능력

① 기술능력과 기술교양 : 기술능력은 기술교양의 개념을 보다 구체화시킨 개념으로, 기술교양은 모든 사람들이 광범위한 관점에서 기술의 특성, 기술적 행동, 기술의 힘, 기술의 결과에 대해 어느 정도의 지식을 가지는 것을 의미한다.

② 기술능력이 뛰어난 사람의 특징
　　㉠ 실질적 해결을 필요로 하는 문제를 인식한다.
　　㉡ 인식된 문제를 위한 다양한 해결책을 개발하고 평가한다.
　　㉢ 실제적 문제를 해결하기 위해 지식이나 기타 자원을 선택·최적화시키며 적용한다.
　　㉣ 주어진 한계 속에서 제한된 자원을 가지고 일한다.
　　㉤ 기술적 해결에 대한 효용성을 평가한다.
　　㉥ 여러 상황 속에서 기술의 체계와 도구를 사용하고 배울 수 있다.

Y그룹 기술연구소에 근무하는 정호는 연구 역량 강화를 위한 업계 워크숍에 참석해 기술 능력이 뛰어난 사람의 특징에 대해 기조 발표를 하려고 한다. 다음 중 정호가 발표에 포함시킬 내용으로 옳지 않은 것은?

① 기술의 체계와 같은 무형의 기술에 대한 능력과는 무관하다.
② 주어진 한계 속에서 제한된 자원을 가지고 일한다.
③ 기술적 해결에 대한 효용성을 평가한다.
④ 실질적 해결을 필요로 하는 문제를 인식한다.

[출제의도]
기술능력이 뛰어난 사람의 특징에 대해 묻는 문제로 문제의 길이가 길 경우 그 속에 포함된 핵심 어구를 찾는다면 쉽게 풀 수 있는 문제다.
[해설]
① 여러 상황 속에서 기술의 체계와 도구를 사용하고 배울 수 있다.

답 ①

③ 새로운 기술능력 습득방법
    ㉠ 전문 연수원을 통한 기술과정 연수
    ㉡ E-learning을 활용한 기술교육
    ㉢ 상급학교 진학을 통한 기술교육
    ㉣ OJT를 활용한 기술교육

(3) 분야별 유망 기술 전망

① **전기전자정보공학분야** : 지능형 로봇 분야

② **기계공학분야** : 하이브리드 자동차 기술

③ **건설환경공학분야** : 지속가능한 건축 시스템 기술

④ **화학생명공학분야** : 재생에너지 기술

(4) 지속가능한 기술

① **지속가능한 발전** : 지금 우리의 현재 욕구를 충족시키면서 동시에 후속 세대의 욕구 충족을 침해하지 않는 발전

② **지속가능한 기술**
    ㉠ 이용 가능한 자원과 에너지를 고려하는 기술
    ㉡ 자원이 사용되고 그것이 재생산되는 비율의 조화를 추구하는 기술
    ㉢ 자원의 질을 생각하는 기술
    ㉣ 자원이 생산적인 방식으로 사용되는가에 주의를 기울이는 기술

(5) 산업재해

① 산업재해란 산업 활동 중의 사고로 인해 사망하거나 부상을 당하고, 또는 유해 물질에 의한 중독 등으로 직업성 질환에 걸리거나 신체적 장애를 가져오는 것을 말한다.

② 산업 재해의 기본적 원인

 ㉠ 교육적 원인 : 안전 지식의 불충분, 안전 수칙의 오해, 경험이나 훈련의 불충분과 작업관리자의 작업 방법의 교육 불충분, 유해 위험 작업 교육 불충분 등

 ㉡ 기술적 원인 : 건물·기계 장치의 설계 불량, 구조물의 불안정, 재료의 부적합, 생산 공정의 부적당, 점검·정비·보존의 불량 등

 ㉢ 작업 관리상 원인 : 안전 관리 조직의 결함, 안전 수칙 미제정, 작업 준비 불충분, 인원 배치 및 작업 지시 부적당 등

예제 2

다음은 철재가 알아낸 산업재해 원인과 관련된 자료이다. 다음 자료에 해당하는 산업재해의 기본적인 원인은 무엇인가?

〈2015년 산업재해 현황분석 자료에 따른 사망자의 수〉

(단위 : 명)

사망원인	사망자 수
안전 지식의 불충분	120
안전 수칙의 오해	56
경험이나 훈련의 불충분	73
작업관리자의 작업방법 교육 불충분	28
유해 위험 작업 교육 불충분	91
기타	4

출처 : 고용노동부 2015 산업재해 현황분석

① 정책적 원인   ② 작업 관리상 원인
③ 기술적 원인   ④ 교육적 원인

답 ④

---

③ 산업 재해의 직접적 원인

 ㉠ 불안전한 행동 : 위험 장소 접근, 안전장치 기능 제거, 보호 장비의 미착용 및 잘못 사용, 운전 중인 기계의 속도 조작, 기계·기구의 잘못된 사용, 위험물 취급 부주의, 불안전한 상태 방치, 불안전한 자세와 동장, 감독 및 연락 잘못 등

 ㉡ 불안전한 상태 : 시설물 자체 결함, 전기 기설물의 누전, 구조물의 불안정, 소방기구의 미확보, 안전 보호 장치 결함, 복장·보호구의 결함, 시설물의 배치 및 장소 불량, 작업 환경 결함, 생산 공정의 결함, 경계 표시 설비의 결함 등

④ 산업 재해의 예방 대책

　　㉠ 안전 관리 조직 : 경영자는 사업장의 안전 목표를 설정하고, 안전 관리 책임자를 선정해
　　　야 하며, 안전 관리 책임자는 안전 계획을 수립하고, 이를 시행·후원·감독해야 한다.

　　㉡ 사실의 발견 : 사고 조사, 안전 점검, 현장 분석, 작업자의 제안 및 여론 조사, 관찰 및
　　　보고서 연구, 면담 등을 통하여 사실을 발견한다.

　　㉢ 원인 분석 : 재해의 발생 장소, 재해 형태, 재해 정도, 관련 인원, 직원 감독의 적절성,
　　　공구 및 장비의 상태 등을 정확히 분석한다.

　　㉣ 시정책의 선정 : 원인 분석을 토대로 적절한 시정책, 즉 기술적 개선, 인사 조정 및 교
　　　체, 교육, 설득, 호소, 공학적 조치 등을 선정한다.

　　㉤ 시정책 적용 및 뒤처리 : 안전에 대한 교육 및 훈련 실시, 안전시설과 장비의 결함 개선,
　　　안전 감독 실시 등의 선정된 시정책을 적용한다.

2 기술능력을 구성하는 하위능력

(1) 기술이해능력

① 기술시스템

　　㉠ 개념 : 기술시스템은 인공물의 집합체만이 아니라 회사, 투자회사, 법적 제도, 정치, 과
　　　학, 자연자원을 모두 포함하는 것이기 때문에, 기술적인 것(the technical)과 사회적인
　　　것(the social)이 결합해서 공존한다.

　　㉡ 기술시스템의 발전 단계 : 발명·개발·혁신의 단계→기술 이전의 단계→기술 경쟁의
　　　단계→기술 공고화 단계

② 기술혁신

　　㉠ 기술혁신의 특성

　　　• 기술혁신은 그 과정 자체가 매우 불확실하고 장기간의 시간을 필요로 한다.

　　　• 기술혁신은 지식 집약적인 활동이다.

　　　• 혁신 과정의 불확실성과 모호함은 기업 내에서 많은 논쟁과 갈등을 유발할 수 있다.

　　　• 기술혁신은 조직의 경계를 넘나드는 특성을 갖고 있다.

ⓛ 기술혁신의 과정과 역할

기술혁신 과정	혁신 활동	필요한 자질과 능력
아이디어 창안	• 아이디어를 창출하고 가능성을 검증 • 일을 수행하는 새로운 방법 고안 • 혁신적인 진보를 위한 탐색	• 각 분야의 전문지식 • 추상화와 개념화 능력 • 새로운 분야의 일을 즐김
챔피언	• 아이디어의 전파 • 혁신을 위한 자원 확보 • 아이디어 실현을 위한 헌신	• 정력적이고 위험을 감수함 • 아이디어의 응용에 관심
프로젝트 관리	• 리더십 발휘 • 프로젝트의 기획 및 조직 • 프로젝트의 효과적인 진행 감독	• 의사결정 능력 • 업무 수행 방법에 대한 지식
정보 수문장	• 조직외부의 정보를 내부 구성원들에게 전달 • 조직 내 정보원 기능	• 높은 수준의 기술적 역량 • 원만한 대인 관계 능력
후원	• 혁신에 대한 격려와 안내 • 불필요한 제약에서 프로젝트 보호 • 혁신에 대한 자원 획득을 지원	• 조직의 주요 의사결정에 대한 영향력

(2) 기술선택능력

① 기술선택 : 기업이 어떤 기술을 외부로부터 도입하거나 자체 개발하여 활용할 것인가를 결정하는 것이다.

ㄱ 기술선택을 위한 의사결정
- 상향식 기술선택 : 기업 전체 차원에서 필요한 기술에 대한 체계적인 분석이나 검토 없이 연구자나 엔지니어들이 자율적으로 기술을 선택하는 것
- 하향식 기술선택 : 기술경영진과 기술기획담당자들에 의한 체계적인 분석을 통해 기업이 획득해야 하는 대상기술과 목표기술수준을 결정하는 것

ㄴ 기술선택을 위한 절차

```
        외부환경분석
            ↓
중장기 사업목표 설정 → 사업 전략 수립 → 요구기술 분석 → 기술전략 수립 → 핵심기술 선택
            ↓
        내부 역량 분석
```

- 외부환경분석 : 수요변화 및 경쟁자 변화, 기술 변화 등 분석
- 중장기 사업목표 설정 : 기업의 장기비전, 중장기 매출목표 및 이익목표 설정
- 내부 역량 분석 : 기술능력, 생산능력, 마케팅/영업능력, 재무능력 등 분석
- 사업 전략 수립 : 사업 영역결정, 경쟁 우위 확보 방안 수립
- 요구기술 분석 : 제품 설계/디자인 기술, 제품 생산공정, 원재료/부품 제조기술 분석
- 기술전략 수립 : 기술획득 방법 결정

ⓒ 기술선택을 위한 우선순위 결정

- 제품의 성능이나 원가에 미치는 영향력이 큰 기술
- 기술을 활용한 제품의 매출과 이익 창출 잠재력이 큰 기술
- 쉽게 구할 수 없는 기술
- 기업 간에 모방이 어려운 기술
- 기업이 생산하는 제품 및 서비스에 보다 광범위하게 활용할 수 있는 기술
- 최신 기술로 진부화될 가능성이 적은 기술

예제 3

주현은 건설회사에 근무하면서 프로젝트 관리를 한다. 얼마 전 대규모 프로젝트에 참가한 한 하청업체가 중간 보고회를 열고 다음과 같이 자신들이 이번 프로젝트의 성공적 마무리를 위해 노력하고 있음을 설명하고 있다. 다음 중 총괄 책임자로서 주현이 하청업체의 올바른 추진 방향으로 인정해줘야 하는 부분으로 바르게 묶인 것은?

> ㉠ 정부 및 환경단체가 요구하는 성과평가의 실천 방안을 연구하여 반영하고 있습니다.
> ㉡ 이번 프로젝트 성공을 위해 기술적 효용과 함께 환경적 효용도 추구하고 있습니다.
> ㉢ 오염 예방을 위한 청정 생산기술을 진단하고 컨설팅하면서 협력회사와 연대하고 있습니다.
> ㉣ 환경영향평가에 대해서는 철저한 사후평가 방식으로 진행하고 있습니다.

① ㉠㉡㉢
② ㉠㉡㉣
③ ㉠㉢㉣
④ ㉡㉢㉣

[출제의도]
실제 현장에서 사용하는 기술들에 대해 바람직한 평가요소는 무엇인지 묻는 문제다.
[해설]
㉣ 환경영향평가에 대해서는 철저한 사전평가 방식으로 진행해야 한다.

답 ①

---

② 벤치마킹

ⓒ 벤치마킹의 종류

기준	종류
비교대상에 따른 분류	• 내부 벤치마킹 : 같은 기업 내의 다른 지역, 타 부서, 국가 간의 유사한 활동을 비교대상으로 함 • 경쟁적 벤치마킹 : 동일 업종에서 고객을 직접적으로 공유하는 경쟁기업을 대상으로 함 • 비경쟁적 벤치마킹 : 제품, 서비스 및 프로세스의 단위 분야에 있어 가장 우수한 실무를 보이는 비경쟁적 기업 내의 유사 분야를 대상으로 함 • 글로벌 벤치마킹 : 프로세스에 있어 최고로 우수한 성과를 보유한 동일업종의 비경쟁적 기업을 대상으로 함
수행방식에 따른 분류	• 직접적 벤치마킹 : 벤치마킹 대상을 직접 방문하여 수행하는 방법 • 간접적 벤치마킹 : 인터넷 및 문서형태의 자료를 통해서 수행하는 방법

ⓛ 벤치마킹의 주요 단계
- 범위결정 : 벤치마킹이 필요한 상세 분야를 정의하고 목표와 범위를 결정하며 벤치마킹을 수행할 인력들을 결정
- 측정범위 결정 : 상세분야에 대한 측정항목을 결정하고, 측정항목이 벤치마킹의 목표를 달성하는 데 적정한가를 검토
- 대상 결정 : 비교분석의 대상이 되는 기업/기관들을 결정하고, 대상 후보별 벤치마킹 수행의 타당성을 검토하여 최종적인 대상 및 대상별 수행방식을 결정
- 벤치마킹 : 직접 또는 간접적인 벤치마킹을 진행
- 성과차이 분석 : 벤치마킹 결과를 바탕으로 성과차이를 측정항목별로 분석
- 개선계획 수립 : 성과차이에 대한 원인 분석을 진행하고 개선을 위한 성과목표를 결정하며, 성과목표를 달성하기 위한 개선계획을 수립
- 변화 관리 : 개선목표 달성을 위한 변화사항을 지속적으로 관리하고, 개선 후 변화사항과 예상했던 변화 사항을 비교

③ 매뉴얼 : 매뉴얼의 사전적 의미는 어떤 기계의 조작 방법을 설명해 놓은 사용 지침서이다.
  ⓝ 매뉴얼의 종류
- 제품 매뉴얼 : 사용자를 위해 제품의 특징이나 기능 설명, 사용방법과 고장 조치방법, 유지 보수 및 A/S, 폐기까지 제품에 관련된 모든 서비스에 대해 소비자가 알아야 할 모든 정보를 제공하는 것
- 업무 매뉴얼 : 어떤 일의 진행 방식, 지켜야할 규칙, 관리상의 절차 등을 일관성 있게 여러 사람이 보고 따라할 수 있도록 표준화하여 설명하는 지침서
  ⓛ 매뉴얼 작성을 위한 Tip
- 내용이 정확해야 한다.
- 사용자가 알기 쉽게 쉬운 문장으로 쓰여야 한다.
- 사용자의 심리적 배려가 있어야 한다.
- 사용자가 찾고자 하는 정보를 쉽게 찾을 수 있어야 한다.
- 사용하기 쉬어야 한다.

(3) 기술적용능력

① 기술적용
  ⓝ 기술적용 형태
- 선택한 기술을 그대로 적용한다.
- 선택한 기술을 그대로 적용하되, 불필요한 기술은 과감히 버리고 적용한다.
- 선택한 기술을 분석하고 가공하여 활용한다.

ⓛ 기술적용 시 고려 사항

　　　• 기술적용에 따른 비용이 많이 드는가?

　　　• 기술의 수명 주기는 어떻게 되는가?

　　　• 기술의 전략적 중요도는 어떻게 되는가?

　　　• 잠재적으로 응용 가능성이 있는가?

② 기술경영자와 기술관리자

　　㉠ 기술경영자에게 필요한 능력

　　　• 기술을 기업의 전반적인 전략 목표에 통합시키는 능력

　　　• 빠르고 효과적으로 새로운 기술을 습득하고 기존의 기술에서 탈피하는 능력

　　　• 기술을 효과적으로 평가할 수 있는 능력

　　　• 기술 이전을 효과적으로 할 수 있는 능력

　　　• 새로운 제품개발 시간을 단축할 수 있는 능력

　　　• 크고 복잡하고 서로 다른 분야에 걸쳐 있는 프로젝트를 수행할 수 있는 능력

　　　• 조직 내의 기술 이용을 수행할 수 있는 능력

　　　• 기술 전문 인력을 운용할 수 있는 능력

┃ 예제 4

다음은 기술경영자의 어떤 부분을 이야기하고 있는가?

> 어떤 일을 마무리하는 데 있어서 6개월의 시간이 걸린다면 그는 그 일을 한 달 안으로 끝낼 것을 원한다. 그에게 강한 밀어붙임을 경험한 사람들은 그에 대해 비판적인 입장을 취하기도 한다. 그의 직원 중 일부는 그 무게를 이겨내지 못하고, 다른 일부의 직원들은 그것을 스스로 더욱 열심히 할 수 있는 자극제로 사용한다고 말한다.

① 빠르고 효과적으로 새로운 기술을 습득하는 능력

② 기술 이전을 효과적으로 할 수 있는 능력

③ 기술 전문 인력을 운용할 수 있는 능력

④ 조직 내의 기술 이용을 수행할 수 있는 능력

[출제의도]
해당 사례가 기술경영자에게 필요한 능력 중 무엇에 해당하는 내용인지 묻는 문제로 각 능력에 대해 확실하게 이해하고 있어야 한다.
[해설]
③ 기술경영자는 기술 전문 인력을 운용함에 있어 강한 리더십을 발휘하고 직원 스스로 움직일 수 있게 이끌 수 있어야 한다.

답 ③

ⓛ 기술관리자에게 필요한 능력
- 기술을 운용하거나 문제 해결을 할 수 있는 능력
- 기술직과 의사소통을 할 수 있는 능력
- 혁신적인 환경을 조성할 수 있는 능력
- 기술적, 사업적, 인간적인 능력을 통합할 수 있는 능력
- 시스템적인 관점
- 공학적 도구나 지원방식에 대한 이해 능력
- 기술이나 추세에 대한 이해 능력
- 기술팀을 통합할 수 있는 능력

③ 네트워크 혁명
  ㉠ 네트워크 혁명의 3가지 법칙
- 무어의 법칙 : 컴퓨터의 파워가 18개월마다 2배씩 증가한다는 법칙
- 메트칼피의 법칙 : 네트워크의 가치는 사용자 수의 제곱에 비례한다는 법칙
- 카오의 법칙 : 창조성은 네트워크에 접속되어 있는 다양한 지수함수로 비례한다는 법칙
  ㉡ 네트워크 혁명의 역기능 : 디지털 격차(digital divide), 정보화에 따른 실업의 문제, 인터넷 게임과 채팅 중독, 범죄 및 반사회적인 사이트의 활성화, 정보기술을 이용한 감시 등

▌예제 5

직표는 J그룹의 기술연구팀에서 근무하고 있는데 하루는 공정 개선 워크숍이 열려 최근 사내에서 이슈로 떠오른 신 제조공법의 도입과 관련해 토론을 벌이고 있다. 신 제조공법 도입으로 인한 이해득실에 대해 의견이 분분한 가운데 직표가 할 수 있는 발언으로 옳지 않은 것은?

① "기술의 수명 주기뿐만 아니라 기술의 전략적 중요성과 잠재적 응용 가능성 등도 따져봐야 합니다."
② "다른 것은 그냥 넘어가도 되지만 기계 교체로 인한 막대한 비용만큼은 철저히 고려해야 합니다."
③ "신 제조공법 도입이 우리 회사의 어떤 시장 전략과 연관되어 있는지 궁금합니다."
④ "신 제조공법의 수명을 어떻게 예상하고 있는지 알고 싶군요."

[출제의도]
기술적용능력에 대해 포괄적으로 묻는 문제로 신기술 적용 시 중요하게 생각해야 할 요소로는 무엇이 있는지 파악하고 있어야

[해설]
② 기계 교체로 인한 막대한 비용뿐만 아니라 신 기술도입과 관련된 모든 사항에 대해 사전에 철저히 고려해야 한다.

답 ②

출제예상문제

┃1~2┃ 다음 사용설명서를 보고 이어지는 물음에 답하시오.

효율적인 업무를 위해 새롭게 문서 세단기를 구입한 총무팀에서는 제품을 설치하여 사용 중이다. 문서 세단기 옆 벽면에는 다음과 같은 사용설명서가 게시되어 있다.

〈사용 방법〉

1. 전원 코드를 콘센트에 연결해 주세요.
2. 기기의 프런트 도어를 연 후 전원 스위치를 켜 주세요.
3. 프런트 도어를 닫은 후 'OLED 표시부'에 '세단대기'가 표시되면 세단할 문서를 문서투입구에 넣어주세요.(CD 및 카드는 CD 투입구에 넣어주세요)
4. 절전모드 실행 중에는 전원버튼을 눌러 켠 후 문서를 넣어주세요.
5. 'OLED 표시부'에 부하량이 표시되면서 완료되면 '세단완료'가 표시됩니다.

〈사용 시 주의사항〉

1. 투입부에 종이 이외는 투입하지 마세요.
2. 부품에 물기가 묻지 않도록 주의하세요.
3. 넥타이 및 옷소매 등이 투입부에 말려들어가지 않도록 주의하세요.
4. 가스나 기타 인화물질 근처에서는 사용하지 마세요.
5. '파지비움' 표시의 경우 파지함을 비워주세요.
6. 세단량이 많을 경우 고장의 원인이 되므로 적정량을 투입하세요.
7. 세단량이 많을 때의 '모터과열' 표시의 경우 모터 보호를 위해 정상적으로 멈추는 것이니 30분정도 중지 후 다시 사용하세요.

〈고장신고 전 OLED 표시부 확인사항〉

증상	조치
1. 전원버튼을 눌러도 제품이 동작하지 않을 때 2. 전원스위치를 ON시켜도 동작하지 않을 때	◈ 전원코드가 꽂혀있는지 확인합니다. ◈ 프런트 도어를 열고 전원스위치가 ON되어 있는지 확인합니다.
3. 자동 역회전 후 '세단포기'가 표시되면서 제품이 정지했을 때	◈ 투입구에서 문서를 꺼낸 후 적정량만 투입합니다.
4. '모터과열'이 표시되면서 제품이 정지했을 때	◈ 과도한 투입 및 장시간 연속동작 시 모터가 과열되어 제품이 멈춘 상태이니 전원을 끄고 30분 후 사용합니다.
5. '파지비움'이 표시되면서 제품이 정지했을 때	◈ '프런트 도어'가 표시되면 프런트 도어를 열고 파지함을 비워줍니다. ◈ 파지함을 비워도 '파지비움' 표시가 없어지지 않으면(파지 감지스위치에 이물질이 쌓여있을 수 있습니다) 파지 감지판을 흔들어 이물질을 제거합니다.
6. 문서를 투입하지 않았는데 자동으로 제품이 동작될 경우	◈ 투입구 안쪽으로 문서가 걸려있는 경우이므로 종이 2~3장을 여러 번 접어 안쪽에 걸려있는 문서를 밀어 넣습니다.
7. 전원을 켰을 때 '세단대기'가 표시되지 않고 세팅화면이 표시될 때	◈ 전원버튼을 길게 눌러 세팅모드에서 빠져 나옵니다.

1 다음 중 문서 세단기가 정상 작동하지 않는 원인이 아닌 것은?

① 파지를 비우지 않아 파지함이 꽉 찼을 경우

② 투입구 안쪽에 문서가 걸려있을 경우

③ 절전모드에서 전원버튼을 눌렀을 경우

④ 문서투입구에 CD가 투입될 경우

⑤ 파지 감지스위치에 이물질이 쌓여있을 경우

 절전모드 실행 중에는 전원버튼을 눌러 켠 후 문서를 넣어 사용할 수 있으므로 정상 작동하지 않는 원인이라고 볼 수 없다.

2 다음 OLED 표시부 표시 내용 중 성격이 나머지와 다른 것은?

① 세단포기

② 파지비움

③ 모터과열

④ 프런트 도어

⑤ 세단대기

 '세단대기'는 세단할 문서를 문서투입구에 넣을 준비가 되어 있는 상태를 나타내므로 조치를 취해야 함을 알리는 나머지 OLED 표시부 표시들과는 성격이 다르다.

① 문서가 과도하게 투입된 경우이다.

② 파지함에 파지가 꽉 찼거나 파지 감지스위치에 이물질이 쌓여있는 경우이다.

③ 과도한 투입 및 장시간 연속동작의 경우이다.

④ 프런트 도어를 열고 파지함을 비워야 하는 경우이다.

Answer 1.③ 2.⑤

┃3~4┃ 다음은 어느 디지털 캠코더의 사용설명서이다. 이를 읽고 물음에 답하시오.

고장신고 전 확인사항

캠코더에 문제가 있다고 판단될 시 다음 사항들을 먼저 확인해 보시고 그래도 문제해결이 되지 않을 경우 가까운 A/S센터를 방문해 주세요.

1. 배터리 관련

화면표시	원인	조치 및 확인사항
배터리 용량이 부족합니다.	배터리가 거의 소모되었습니다.	충전된 배터리로 교체하거나 전원공급기를 연결하세요.
정품 배터리가 아닙니다.	배터리의 정품여부를 확인할 수 없습니다.	배터리가 정품인지 확인 후 새 배터리로 교체하세요.

2. 동영상 편집

화면표시	원인	조치 및 확인사항
다른 해상도는 선택할 수 없습니다.	서로 다른 해상도의 동영상은 합쳐지지 않습니다.	서로 다른 해상도의 동영상은 합치기 기능을 사용할 수 없습니다.
메모리 카드 공간이 충분하지 않습니다.	편집 시 사용할 메모리 카드의 공간이 부족합니다.	불필요한 파일을 삭제한 후 편집기능을 실행하세요.
합치기를 위해 2개의 파일만 선택해 주세요.	합치기 기능은 2개의 파일만 가능합니다.	먼저 2개의 파일을 합친 후 나머지 파일을 합쳐주세요. 단, 총 용량이 1.8GB 이상일 경우 합치기는 불가능합니다.
파일의 크기가 1.8GB가 넘습니다.	총 용량이 1.8GB 이상인 파일은 합치기가 불가능합니다.	파일 나누기 기능을 실행하여 불필요한 부분을 제거한 후 합치기를 실행하세요.

3. 촬영관련

화면표시	원인	조치 및 확인사항
쓰기 실패하였습니다.	저장매체에 문제가 있습니다.	• 데이터 복구를 위해 기기를 껐다가 다시 켜세요. • 중요한 파일은 컴퓨터에 복사한 후 저장매체를 포맷하세요.
스마트 오토 기능을 해제해 주세요.	스마트 오토 기능이 실행 중일 때는 일부 기능을 수동으로 설정할 수 없습니다.	스마트 오토 모드를 해제하세요.

3 캠코더를 사용하다가 갑자기 화면에 '메모리 카드 공간이 충분하지 않습니다.'라는 문구가 떴다. 이를 해결하는 방법으로 가장 적절한 것은?

① 스마트 오토 모드를 해제한다.
② 불필요한 파일을 삭제한 후 편집기능을 실행한다.
③ 충전된 배터리로 교체하거나 전원공급기를 연결한다.
④ 중요한 파일은 컴퓨터에 복사한 후 저장매체를 포맷한다.
⑤ 파일 나누기 기능을 실행한다.

 ② 화면에 '메모리 카드 공간이 충분하지 않습니다.'라는 문구가 떴을 때 취해야 할 방법은 불필요한 파일을 삭제한 후 편집기능을 실행하는 것이다.

4 캠코더 화면에 '쓰기 실패하였습니다.'라는 문구가 뜨면 어떻게 대처해야 하는가?

① 파일 나누기 기능을 실행하여 불필요한 부분을 제거한 후 합치기를 실행한다.
② 서로 다른 해상도의 동영상은 합치기 기능을 사용할 수 없다.
③ 배터리가 정품인지 확인 후 새 배터리로 교체한다.
④ 데이터 복구를 위해 기기를 껐다가 다시 켠다.
⑤ 스마트 오토 모드를 해제한다.

 캠코더 화면에 '쓰기 실패하였습니다.'라는 문구가 뜰 경우 대처 방법
• 데이터 복구를 위해 기기를 껐다가 다시 켠다.
• 중요한 파일은 컴퓨터에 복사한 후 저장매체를 포맷한다.

Answer 3.② 4.④

5

〈조건〉

① 레버 3개의 위치에 따라 다음과 같이 오류값을 선택한다. 오류값을 선택할 때에는 음
   영처리가 된 오류값만 선택한다.
  • 레버 3개 중 1개만 위로 올라가 있다. → 오류값 중 가장 큰 수와 가장 작은 수의 차이
  • 레버 3개 중 2개만 위로 올라가 있다. → 오류값 중 가장 큰 수와 가장 작의 수의 합
  • 레버 3개가 모두 위로 올라가 있다 → 오류값들의 평균값(소수 첫째자리에서 반올림)
② 오류값에 따라 다음과 같이 상황을 판단한다.

오류값 허용 범위	상황	상황별 행동
오류값<5	안전	아무 버튼도 누르지 않는다.
5≤오류값<10	경고	파란 버튼을 누른다. 단, 올라간 레버가 2개 이상이면 빨간 버튼도 함께 누른다
10≤오류값<15	위험	빨간 버튼을 모두 누른다.
15≤오류값	차단	전원을 차단한다.

③ 계기판 수치가 5이하면 무조건 안전, 15 이상이면 무조건 경고
④ 음영 처리된 오류값이 2개 이하이면 한 단계 격하, 음영 처리된 오류값이 5개 이상
   이면 한 단계 격상
⑤ 안전단계에서 격하되어도 안전 상태를 유지, 위험단계에서 격상되어도 위험단계를 유지

〈계기판〉

〈오류값〉

0	1	3
5	7	9

〈레버〉

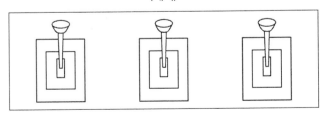

① 아무 버튼도 누르지 않는다.

② 파란 버튼과 빨간 버튼을 모두 누른다.

③ 파란 버튼을 누른다.

④ 빨간 버튼을 누른다.

⑤ 전원을 차단한다.

 레버가 모두 올라가 있으므로 오류값들의 평균을 구한다. $(1+5+7+9)/4=5.5$
반올림을 하므로 6이 되어 경고→파란버튼을 누른다.
그러나 올라간 레버가 2개 이상이므로 빨간 버튼을 함께 누른다.

Answer⌐→ 5.②

6

〈조건〉

① 오류값 중 제일 아래 행에 있는 값들이 음영 처리된 경우, 다음과 같이 행동한다. 단, 다음 3개 중 &와 함께 음영 처리가 되면 &에 관련된 행동을 먼저 취한다.

오류값	행동
&	음영 처리 반전
0	오류값 3, 6은 무조건 음영 처리된 것으로 판단
#	오류값 2, 5는 무조건 음영 처리되지 않은 것으로 판단

② 레버 3개의 위치에 따라 다음과 같이 오류값을 선택한다. 오류값을 선택할 때에는 음영처리가 된 오류값만 선택한다.
- 레버 3개 중 1개만 아래로 내려가 있다..→오류값의 총합
- 레버 3개 중 2개만 아래로 내려가 있다.→오류값 중 가장 큰 수
- 레버 3개가 모두 아래로 내려가 있다→오류값 중 가장 작은 수

③ 오류값에 따라 다음과 같이 상황을 판단한다.

오류값 허용 범위	상황	상황별 행동
오류값<5	안전	아무 버튼도 누르지 않는다.
5≤오류값<10	경고	노란 버튼을 누른다. 단, 내려간 레버가 2개 이상이면 초록 버튼을 누른다.
10≤오류값<15	위험	노란 버튼과 초록 버튼을 모두 누른다.
15≤오류값	차단	전원을 차단한다.

④ 음영 처리된 오류값이 2개 이하이면 무조건 안전, 5개 이상이면 무조건 경고
⑤ 계기판의 바늘 2개가 겹치면 한 단계 격상, 겹치지 않으면 아무 변화 없음
⑥ 계기판이 두 바늘이 가리키는 수치가 하나라도 15 이상이면 한 단계 격상
⑦ 위험단계에서 격상되어도 위험상태를 유지

〈계기판〉

〈오류값〉

1	2	3
4	5	6
&	0	#

〈레버〉

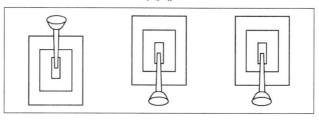

① 초록 버튼을 누른다.

② 노란 버튼과 초록 버튼을 누른다.

③ 노란 버튼을 누른다.

④ 아무 버튼도 누르지 않는다.

⑤ 전원을 차단한다.

 &와 0이 음영 처리가 되어 있는데 <조건>에 따라 음영이 반전되면 2, 5, 6, #에 음영이 처리된다.

#은 2, 5는 무조건 음영 처리 되지 않는 것으로 판단하므로 오류값은 6, #이 된다. 레버 3 개 중 2개만 아래로 내려가 있으면 오류값 중 가장 큰 수를 취하므로 6이 된다. 6이면 경 고에 해당하는데 음영 처리된 오류값이 2개 이하므로 안전이 된다. 그런데 계기판의 두 바 늘이 겹쳐 있으므로 한 단계 격상되어 경고가 되고 노란버튼을 눌러야 하지만, 레버가 2개 이상이므로 초록버튼을 눌러야 한다.

Answer↪ 6.①

|7~8| 다음은 ISBN 코드와 13자리 번호체계를 설명하는 자료이다. 다음을 보고 물음에 답하시오.

국가번호　　　서명식별번호

ISBN 978 – 3 – 16 – 148410 – 0

접두부　　　발행자번호　　　체크기호

〈체크기호 계산법〉

- 1단계 – ISBN 처음 12자리 숫자에 가중치 1과 3을 번갈아 가며 곱한다.
- 2단계 – 각 가중치를 곱한 값들의 합을 계산한다.
- 3단계 – 가중치의 합을 10으로 나눈다.
- 4단계 – 3단계의 나머지 값을 10에서 뺀 값이 체크기호가 된다. 단 나머지가 0인 경우의 체크기호는 0이다.

7 빈칸 'A'에 들어갈 마지막 '체크기호'의 숫자는?

ISBN 938 – 15 – 93347 – 12 – A

① 5 　　　　　　　　　　　② 6
③ 7 　　　　　　　　　　　④ 8
⑤ 9

 • 1단계

9	3	8	1	5	9	3	3	4	7	1	2
×1	×3	×1	×3	×1	×3	×1	×3	×1	×3	×1	×3
=9	=9	=8	=3	=5	=27	=3	=9	=4	=21	=1	=6

- 2단계 → 9+9+8+3+5+27+3+9+4+21+1+6=105
- 3단계 → 105÷10=10…5
- 4단계 → 10-5=5

따라서 체크기호는 5가 된다.

8 빈칸 'B'에 들어갈 수 없는 숫자는?

ISBN 257-31-20028-B-3

① 10

② 23

③ 52

④ 68

⑤ 94

 • 4단계 → 10-3=7
• 3단계 → 10으로 나누었을 때 나머지가 7이 되는 수
• 1단계

2	5	7	3	1	2	0	0	2	8	x	y
×1	×3	×1	×3	×1	×3	×1	×3	×1	×3	×1	×3
=2	=15	=7	=9	=1	=6	=0	=0	=2	=24	=x	=$3y$

• 2단계 → $2+15+7+9+1+6+2+24+x+3y=66+x+3y$

① 10 → $66+1+0=67$ → 10으로 나누었을 때 나머지가 7이 되는 수

② 23 → $66+2+9=77$ → 10으로 나누었을 때 나머지가 7이 되는 수

③ 52 → $66+5+6=77$ → 10으로 나누었을 때 나머지가 7이 되는 수

④ 68 → $66+6+24=96$ → 10으로 나누었을 때 나머지가 6이 되는 수

⑤ 94 → $66+9+12=87$ → 10으로 나누었을 때 나머지가 7이 되는 수

Answer 7.① 8.④

확인사항	조치방법
주행이 이상합니다.	• 센서를 부드러운 천으로 깨끗이 닦아주세요. • 초극세사 걸레를 장착한 경우라면 장착 상태를 확인해 주세요. • 주전원 스위치를 끈 후, 다시 켜주세요.
흡입력이 약해졌습니다.	• 흡입구에 이물질이 있는지 확인하세요. • 먼지통을 비워주세요. • 먼지통 필터를 청소해 주세요.
소음이 심해졌습니다.	• 먼지통이 제대로 장착되었는지 확인하세요. • 먼지통 필터가 제대로 장착되었는지 확인하세요. • 회전솔에 이물질이 끼어있는지 확인하세요. • Wheel에 테이프, 껌 등 이물이 묻었는지 확인하세요.
리모컨으로 작동시킬 수 없습니다.	• 배터리를 교환해 주세요. • 본체와의 거리가 3m 이하인지 확인하세요. • 본체 밑면의 주전원 스위치가 켜져 있는지 확인하세요.
회전솔이 회전하지 않습니다.	• 회전솔을 청소해 주세요. • 회전솔이 제대로 장착이 되었는지 확인하세요.
충전이 되지 않습니다.	• 충전대 주변의 장애물을 치워주세요. • 충전대에 전원이 연결되어 있는지 확인하세요. • 충전 단자를 마른 걸레로 닦아 주세요. • 본체를 충전대에 붙인 상태에서 충전대 뒷면에 있는 리셋버튼을 3초간 눌러주세요.
자동으로 충전대 탐색을 시작합니다. 자동으로 전원이 꺼집니다.	로봇청소기가 충전 중이지 않은 상태로 아무 동작 없이 10분이 경과되면 자동으로 충전대 탐색을 시작합니다. 충전대 탐색에 성공하면 충전을 시작하고 충전대를 찾지 못하면 처음위치로 복귀하여 10분 후에 자동으로 전원이 꺼집니다.

9 로봇청소기 서비스센터에서 근무하고 있는 L씨는 고객으로부터 소음이 심해졌다는 문의전화를 받았다. 이에 대한 조치방법으로 L씨가 잘못 답변한 것은?

① 먼지통 필터가 제대로 장착되었는지 확인하세요.

② 회전솔에 이물질이 끼어있는지 확인하세요.

③ Wheel에 테이프, 껌 등 이물이 묻었는지 확인하세요.

④ 흡입구에 이물질이 있는지 확인하세요.

⑤ 먼지통이 제대로 장착되었는지 확인하세요.

10 로봇청소기가 충전 중이지 않은 상태로 아무 동작 없이 10분이 경과되면 자동으로 충전대 탐색을 시작하는데 충전대를 찾지 못하면 어떻게 되는가?

① 아무 동작 없이 그 자리에 멈춰 선다.

② 처음위치로 복귀하여 10분 후에 자동으로 전원이 꺼진다.

③ 계속 청소를 한다.

④ 계속 충전대를 찾아 돌아다닌다.

⑤ 그 자리에서 바로 전원이 꺼진다.

 로봇청소기가 충전 중이지 않은 상태로 아무 동작 없이 10분이 경과되면 자동으로 충전대 탐색을 시작한다. 충전대 탐색에 성공하면 충전을 시작하고 충전대를 찾지 못하면 처음위 치로 복귀하여 10분 후에 자동으로 전원이 꺼진다.

11 로봇청소기가 갑자기 주행이 이상해졌다. 고객이 시도해보아야 하는 조치방법으로 옳은 것은?

① 충전 단자를 마른 걸레로 닦는다.

② 회전솔을 청소한다.

③ 센서를 부드러운 천으로 깨끗이 닦는다.

④ 먼지통을 비운다.

⑤ 본체 밑면의 주전원 스위치를 켠다.

 ① 충전이 되지 않을 때의 조치방법이다.
② 회전솔이 회전하지 않을 때의 조치방법이다.
④ 흡입력이 약해졌을 때의 조치방법이다.
⑤ 리모컨으로 작동시킬 수 없을 때의 조치방법이다.

Answer 9.④ 10.② 11.③

▮12~14▮ 다음은 그래프 구성 명령어 실행 예시이다. 다음 물음에 답하시오.

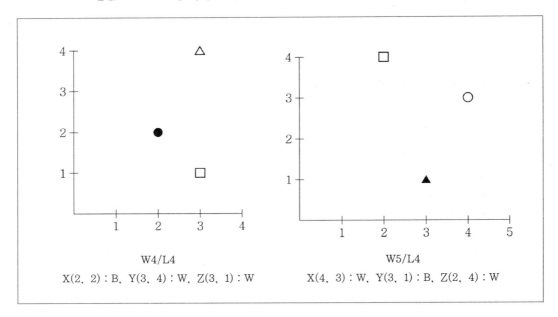

W4/L4

X(2, 2) : B, Y(3, 4) : W, Z(3, 1) : W

W5/L4

X(4, 3) : W, Y(3, 1) : B, Z(2, 4) : W

12 다음 그래프에 알맞은 명령어는 무엇인가?

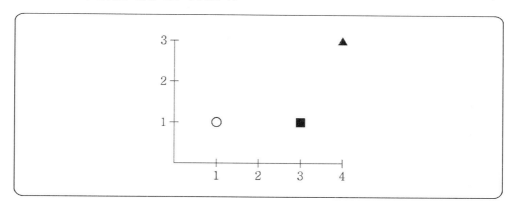

① W4/L3

X(1, 1) : W, Y(3, 4) : B, Z(1, 3) : B

② W4/L3

X(1, 1) : W, Y(4, 3) : B, Z(3, 1) : B

③ W3/L4

X(1, 1) : W, Y(3, 4) : B, Z(1, 3) : B

④ W3/L4

X(1, 1) : W, Y(4, 3) : B, Z(3, 1) : B

⑤ W3/L4

X(1, 1) : W, Y(4, 3) : B, Z(1, 3) : B

 예시의 그래프를 분석하면 W는 가로축(Width), L은 세로축(Length)의 눈금수이다. X, Y, Z는 그래프 내의 도형 ○, △, □를 지칭하며, 괄호 안의 수는 도형의 가로세로 좌표이다. 좌표 뒤의 B, W는 도형의 색깔로 각각 Black(검정색), White(하얀색)를 의미한다.

주어진 그래프의 가로축 눈금은 4, 세로축 눈금은 3이므로 W4/L3이며, 둥근 도형의 좌표는 X(1, 1) : W, 세모 도형의 좌표는 Y(4, 3) : B, 네모 도형의 좌표는 Z(3, 1) : B이다.

∴ W4/L3

X(1, 1) : W, Y(4, 3) : B, Z(3, 1) : B

Answer ↪ 12.②

13 다음 그래프에 알맞은 명령어는 무엇인가?

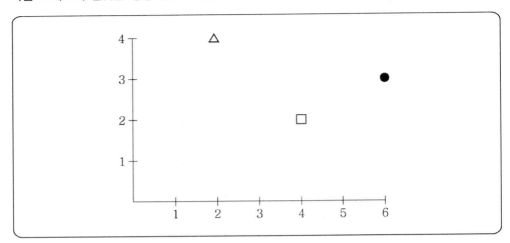

① W6/L4

X(3, 6) : B, Y(4, 2) : W, Z(2, 4) : W

② W6/L4

X(6, 3) : B, Y(2, 4) : W, Z(4, 2) : W

③ W4/L6

X(3, 6) : B, Y(4, 2) : W, Z(2, 4) : W

④ W4/L6

X(6, 3) : B, Y(2, 4) : W, Z(4, 2) : W

⑤ W4/L6

X(6, 3) : B, Y(2, 4) : W, Z(2, 4) : W

 주어진 그래프의 가로축 눈금은 6, 세로축 눈금은 4이므로 W6/L4이며, 둥근 도형의 좌표
는 X(6, 3) : B, 세모 도형의 좌표는 Y(2, 4) : W, 네모 도형의 좌표는 Z(4, 2) : W이다.
∴ W6/L4
X(6, 3) : B, Y(2, 4) : W, Z(4, 2) : W

14 다음 그래프에 알맞은 명령어는 무엇인가?

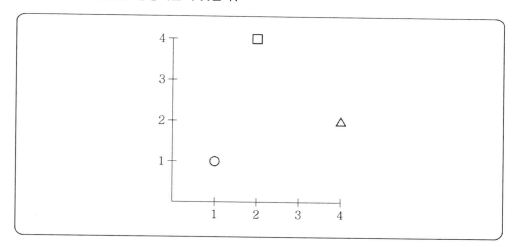

① W4/L4

　　X(1, 1) : W, Y(2, 4) : W, Z(2, 4) : W

② W4/L4

　　X(1, 1) : W, Y(4, 2) : W, Z(2, 4) : W

③ W4/L4

　　X(1, 1) : W, Y(4, 2) : W, Z(4, 2) : B

④ W5/L4

　　X(1, 1) : W, Y(4, 2) : W, Z(4, 2) : W

⑤ W5/L4

　　X(1, 1) : W, Y(2, 4) : W, Z(4, 2) : B

 주어진 그래프의 가로축 눈금은 4, 세로축 눈금은 4이므로 W4/L4이며, 둥근 도형의 좌표는 X(1, 1) : W, 세모 도형의 좌표는 Y(4, 2) : W, 네모 도형의 좌표는 Z(2, 4) : W이다.
∴ W4/L4
X(1, 1) : W, Y(4, 2) : W, Z(2, 4) : W

Answer ↱ 13.② 14.②

다음 표를 참고하여 질문에 답하시오.

스위치	기능
○	1번과 2번 기계를 180도 회전시킨다.
●	1번과 3번 기계를 180도 회전시킨다.
♧	2번과 3번 기계를 180도 회전시킨다.
♣	2번과 4번 기계를 180도 회전시킨다.
◑	1번과 2번 기계의 작동상태를 다른 상태로 바꾼다. (운전→정지, 정지→운전)
◐	3번과 4번 기계의 작동상태를 다른 상태로 바꾼다. (운전→정지, 정지→운전)
♥	모든 기계의 작동상태를 다른 상태로 바꾼다. (운전→정지, 정지→운전)

△ 숫자 = 정지   ▲ 숫자 = 운전

15 처음 상태에서 스위치를 두 번 눌렀더니 다음과 같이 바뀌었다. 어떤 스위치를 눌렀는가?

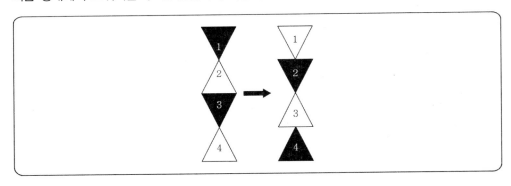

① ○◑

② ♥♧

③ ◑●

④ ○♥

⑤ ♣●

 첫 번째 상태와 나중 상태를 비교해 보았을 때, 기계의 모양이 바뀐 것은 2번과 3번이며, 모든 기계의 작동 상태가 바뀌었다. 모든 기계의 작동 상태를 바꾸고(♥), 2번과 3번을 회전시키면(♧) 된다.

16 처음 상태에서 스위치를 세 번 눌렀더니 다음과 같이 바뀌었다. 어떤 스위치를 눌렀는가?

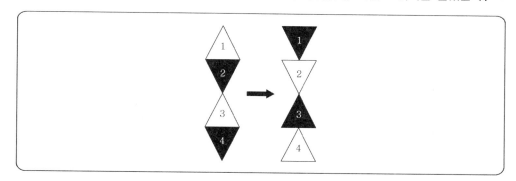

① ○ ● ◑

② ○ ♣ ◐

③ ○ ♣ ♥

④ ○ ♧ ♥

⑤ ◐ ◑ ♥

> (Tip) 첫 번째 상태와 나중 상태를 비교해 보았을 때, 기계의 모양이 바뀐 것은 1번과 4번이며, 모든 기계의 작동 상태가 바뀌어 있다. 1번과 2번 기계를 회전시키고(○), 2번과 4번을 회전시키면 (♣) 2번은 원래의 모양으로 돌아온다. 이 상태에서 모든 기계의 작동 상태를 바꾸면(♥) 된다.

17 처음 상태에서 스위치를 세 번 눌렀더니 다음과 같이 바뀌었다. 어떤 스위치를 눌렀는가?

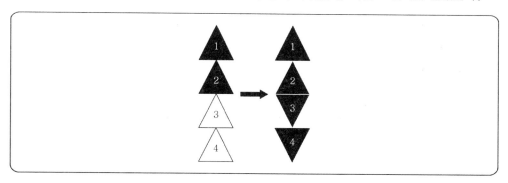

① ● ♣ ◑

② ○ ● ◐

③ ● ◐ ◑

④ ♧ ♣ ◐

⑤ ♧ ♣ ♥

> (Tip) 첫 번째 상태와 나중 상태를 비교해 보았을 때, 기계의 모양이 바뀐 것은 3번과 4번이며 작동 상태가 바뀌어 있는 것도 3번과 4번이다. 2번과 3번을 회전시키고(♧) 2번 4번을 회전시키면 (♣) 2번은 원래의 모양으로 돌아온다. 이 상태에서 3번과 4번의 작동 상태를 바꾸면(◐) 된다.

Answer↱ 15.② 16.③ 17.④

┃18~20┃ 다음 표를 참고하여 질문에 답하시오.

스위치	기능
☆	1번, 2번 기계를 180˚ 회전함
★	1번, 3번 기계를 180˚ 회전함
◇	2번, 3번 기계를 180˚ 회전함
◆	2번, 4번 기계를 180˚ 회전함

18 처음 상태에서 스위치를 두 번 눌렀더니 다음과 같이 바뀌었다. 어떤 스위치를 눌렀는가?

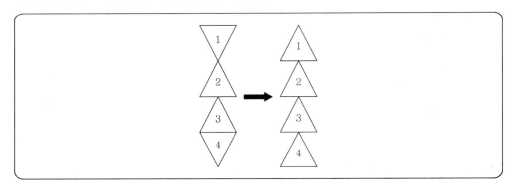

① ◇, ◆   ② ◇, ★

③ ★, ☆   ④ ★, ◆

⑤ ☆, ◆

 처음 상태와 나중 상태를 비교해보았을 때, 기계의 모양이 바뀐 것은 1번과 4번이다.
스위치가 두 번 눌러서 1번과 4번의 모양만 바꾸기 위해서는 1번, 2번 기계를 회전(☆)시키고 다시 2번, 4번 기계를 회전(◆)시키는 스위치를 누르면 된다.

19 처음 상태에서 스위치를 두 번 눌렀더니 다음과 같이 바뀌었다. 어떤 스위치를 눌렀는가?

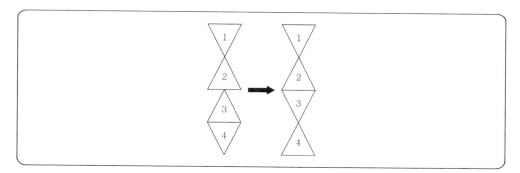

① ☆, ★

② ☆, ◇

③ ◇, ◆

④ ★, ◆

⑤ ★, ◇

(Tip) 처음 상태와 나중 상태를 비교해보았을 때, 기계의 모양이 바뀐 것은 3번과 4번이다.
스위치가 두 번 눌러서 3번과 4번의 모양만 바꾸기 위해서는 2번, 3번 기계를 회전(◇)시키고 다시 2번, 4번 기계를 회전(◆)시키는 스위치를 누르면 된다.

20 처음 상태에서 스위치를 세 번 눌렀더니 다음과 같이 바뀌었다. 어떤 스위치를 눌렀는가?

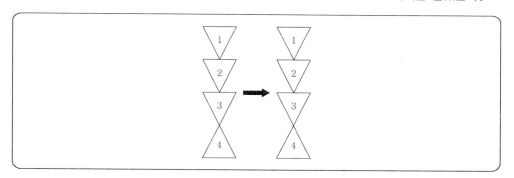

① ★, ◇, ◆

② ☆, ◇, ◆

③ ☆, ★, ◆

④ ☆, ★, ◇

⑤ ★, ◇, ☆

(Tip) 스위치를 세 번 눌러 처음 상태와 나중 상태에서 모양이 변화한 기계가 없으므로 1번, 2번 기계를 회전(☆)하고, 1번, 3번 기계를 회전(★)하면 1번 기계는 원래대로 돌아가서 2번, 3번 기계는 처음 상태에서 회전되어 있는 상태이므로 2번, 3번 기계를 회전(◇)시켜주면 처음과 똑같은 상태가 된다.

 Answer 18.⑤ 19.③ 20.④

21 기술융합이란 4대 핵심기술인 나노기술(NT), 생명공학기술(BT), 정보기술(IT), 인지과학(Cognitive Science)이 상호 의존적으로 결합되는 것을 의미한다. 이러한 4대 핵심기술의 융합이 자동차에 이용된 사례가 아닌 것은?

① 증강현실을 이용한 차량 정보 통합 기술

② 운행 시의 사고요소 감지 기술

③ 자동 속도 제어 기술

④ 무인자동차 기술

⑤ 친환경 하이브리드 자동차 기술

 ⑤ 친환경 하이브리드 자동차는 연료 체계와 전력 계통 기술 발달의 결과이므로, 언급된 4대 핵심기술 융합의 결과로 보기에는 적절하지 않다. 나머지 선택지들에서 언급한 기술은 정보기술과 인지과학이 융합된 사례가 된다. 자동차 산업에는 정보기술과 인지과학의 융합이 주요 분야로 개발되고 있다.

22 급속히 발전하고 있는 기술변화의 모습에 적응하고자 많은 사람들이 기술 습득의 다양한 방법을 선택하고 있다. 다음 중 'OJT를 통한 기술교육'에 대한 올바른 설명을 〈보기〉에서 모두 고른 것은?

〈보기〉
⑺ 학문적이면서도 최신 기술의 흐름을 반영하며 관련 산업체와의 프로젝트 활동이 가능해 실무 중심의 기술교육이 가능하다.
⑷ 피교육자인 종업원이 업무수행의 중단되는 일이 없이 업무수행에 필요한 지식·기술·능력·태도를 교육훈련 받을 수 있다.
⑸ 원하는 시간과 장소에 교육받을 수 있어 시간, 공간적 측면에서 독립적이다.
⑹ 다년간에 걸친 연수 분야의 노하우에 의한 체계적이고 현장과 밀착된 교육이 가능하다.
⑺ 시간의 낭비가 적고 조직의 필요에 합치되는 교육훈련을 할 수 있다.

① ⑺, ⑹
② ⑺, ⑺
③ ⑷, ⑺
④ ⑷, ⑸, ⑹
⑤ ⑸, ⑹, ⑺

OJT(On the Job Training)란 조직 안에서 피교육자인 종업원이 직무에 종사하면서 받게 되는 교육 훈련방법이다. 직장 상사나 선배가 지도·조언을 해주는 형태로 훈련이 행하여 지기 때문에, 교육자와 피교육자 사이에 친밀감을 조성하며 시간의 낭비가 적고 조직의 필요에 합치되는 교육훈련을 할 수 있다는 장점이 있다.

㉮ 상급학교 진학을 통한 기술교육

㉯ OJT를 통한 기술교육

㉰ e-learning을 활용한 기술교육

㉱ 전문 연수원을 통한 기술과정 연수

㉲ OJT를 통한 기술교육

23 다음 글을 통해 알 수 있는 '사회기술 시스템의 발전'의 가장 큰 시사점은 무엇인가?

> • 기술 시스템은 인공물의 집합체만이 아니라 회사, 투자 회사, 법적 제도, 정치, 과학, 자연자원을 모두 포함하는 것이기 때문에, 기술 시스템에는 기술적인 것(the technical)과 사회적인 것(the social)이 결합해서 공존하고 있다. 이러한 의미에서 기술 시스템은 사회기술 시스템(sociotechnical system)이라고 불리기도 한다.
> • 기술 시스템은 경쟁 단계에서 기업가들의 역할이 더 중요하게 부상하며, 시스템이 공고해지면 자문 엔지니어와 금융전문가의 역할이 중요해진다.
> • 기술 시스템의 사회기술적 접근의 일례로, 경비원 대신 폐쇄회로 시스템을 설치하여 관리를 용이하게 한 어느 박물관의 경우, 수천 건에 달하는 침입 중 단지 5%만을 적발한 사례가 있는데 이는 경비원 간 상호작용을 무시한 설계로 소외와 단조로움을 유발한 것이 원인이라는 연구 결과가 있다.

① 사회기술 시스템은 기술만으로 완성되는 것이 아니다.

② 사회기술 시스템은 단계적인 발전을 거친다.

③ 사회기술 시스템은 기술과 사람의 혼합과 조정이 중요하다.

④ 기업가와 자금력은 사회기술 시스템의 핵심 요소이다.

⑤ 사회기술 시스템이 발전해도 과거의 모습은 유지해야 한다.

 인간의 욕구와 창의성을 무시한 기술은 오히려 조직의 유효성과 성과를 떨어뜨리는 결과를 초래할 수 있으며, 기술의 진보는 조직과 근로자에게 관심과 몰입을 유도할 때 효과적인 것이다. 따라서 주어진 글의 가장 큰 시사점은 바로 '기술과 사람의 혼합, 조정을 통한 사회기술 시스템의 발전이 유의미하다는 것'이라고 볼 수 있다.

Answer → 21.⑤ 22.③ 23.③

24 다음은 벤치마킹 프로세스를 도식화한 자료이다. 빈칸 ㈎, ㈏에 들어갈 말이 순서대로 올바르게 짝지어진 것은?

1단계 : 계획 단계	㈏
2단계 : 자료 수집 단계	벤치마킹 프로세스의 자료수집 단계에서는 내부 데이터 수집, 자료 및 문헌조사, 외부 데이터 수집이 포함된다.
3단계 : ㈎ 단계	데이터 분석, 근본 원인 분석, 결과 예측, 동인 판단 등의 업무를 수행하여야 한다. 이 단계의 목적은 벤치마킹 수행을 위해 개선 가능한 프로세스 동인들을 확인하기 위한 것이다.
4단계 : 개선 단계	개선 단계의 궁극적인 목표는 자사의 핵심 프로세스를 개선함으로써 벤치마킹결과를 현실화 시키자는 것이다. 이 단계에서는 벤치마킹 연구를 통해 얻은 정보를 활용함으로써 향상된 프로세스를 조직에 적용시켜 지속적인 향상을 유도하여야 한다.

① 정보화 단계, 벤치마킹의 방식 선정
② 원인 도출 단계, 실행 가능 여부의 면밀한 검토
③ 분석 단계, 벤치마킹 파트너 선정에 필요한 요구조건 작성
④ 비교 단계, 벤치마킹의 필요성 재확인
⑤ 자료 이용 단계, 벤치마킹 대상에 대한 적격성 심사

㈎ 벤치마킹의 4단계 절차는 1단계 계획 단계, 2단계 자료 수집 단계, 3단계 분석 단계, 4단계 개선 단계로 이루어진다.
㈏ 계획 단계에서 기업은 반드시 자사의 핵심 성공요인, 핵심 프로세스, 핵심 역량 등을 파악해야 한다. 또한 벤치마킹 되어야 할 프로세스를 문서화하고 특성을 기술하며, 벤치마킹 파트너 선정에 필요한 요구조건도 작성되어야 한다.

25 기술이란 물리적인 것뿐만 아니라 사회적인 것으로서, 지적인 도구를 특정한 목적에 사용하는 지식체계를 의미한다. 다음 중 이러한 기술에 대한 설명으로 올바르지 않은 것은 어느 것인가?

① 기술 중 know-how는 특허권을 얻은 과학자, 엔지니어 등이 가지고 있는 체화된 기술로 어떻게 기술이 성립하고 작용하는가에 관한 원리적 측면에 중심을 두었다.
② 기술은 원래 know-how 개념이 강했으나 점차 know-why가 결합하게 되었다.
③ 현대적 기술은 주로 과학을 기반으로 하는 기술로 이루어져 있다.
④ 제품이나 용역을 생산하는 원료, 생산공정, 생산방법, 자본재 등에 관한 지식의 종합한 것을 기술이라 한다.
⑤ know-how는 경험적이고 반복적인 행위에 의해 얻어진다.

know-how는 특허권을 수반하지 않는 과학자, 엔지니어 등이 가지고 있는 체화된 기술로 어떻게 기술이 성립하고 작용하는가에 관한 원리적 측면에 중심을 두었다. know-why는 어떻게 기술이 성립하고 작용하는가에 관한 원리적 측면에 중심을 둔 개념이다.

26 벤치마킹에 대한 다음 내용을 참고할 때, 빈 칸에 들어갈 가장 적절한 말은 어느 것인가?

> 벤치마킹은 특정 분야에서 상당한 위치를 차지하는 기업을 표적으로 하여 자사와 성과 차이 등을 비교하고, 그 차이를 극복하기 위하여 표적으로 삼은 기업의 운영프로세스를 습득하고 혁신을 추구하는 기법을 말한다. 즉, 벤치마킹은 (   ) (으)로 볼 수 있다. 이 용어는 토목 분야에서 강물의 높낮이를 측정하기 위해 정한 기준점인 벤치마크(benchmark)에서 따온 것으로, 미국의 〈포춘〉지가 쉽게 아이디어를 얻어 새 상품 개발로 연결시키는 기법이라며 이름 붙인 것이다.
>
> 벤치마킹은 실무의 적용범위가 매우 광범위하기 때문에 그 정의도 매우 다양하다. 벤치마킹은 지속적인 개선을 달성하기 위한 내부 활동 및 기능, 혹은 관리능력을 외부적인 비교 시각을 통해 평가하고 판단한 것이라 정의되기도 하며, 조직의 향상을 위해 최상을 대표하는 것으로 인정된 조직의 제품, 서비스 그리고 작업과정을 검토하는 지속적이고 체계적인 과정이라고 정의되기도 한다.
>
> 또한 일부 학자들은 벤치마킹을 특정 기능을 개선할 목적으로 그 기능과 동일하거나 유사한 기능을 수행하는 다른 기업의 수행방법을 검토하는 실증적이며 예방적인 프로세스라고 정의하였으며, 경영성과를 개선하기 위한 관리기법으로 지속적인 관점에서 유사한 프로세스를 수행하고 있는 각기 다른 조직 또는 동일 조직 내 다른 부서 사이의 업무수행 성과를 비교하는데 이용된다거나 어느 특정분야에서 우수한 상대를 찾아 성과차이를 확인하고, 이를 극복하기 위해 그들의 뛰어난 운영 프로세스를 배우고 부단히 자기혁신을 추구하는 기법으로 정의되기도 한다.

① 특정한 도달 목적을 성취하기 위한 시장점유율
② 한 기업이 목표를 달성하기 위해 정하는 기준
③ 생산성을 극대화할 수 있는 최선의 전략
④ 기업 혁신을 위한 프로세스 도입의 기준
⑤ 동종 업계 내에서 최상의 성과를 거둘 수 있는 전략

 다양하게 정의된 내용을 참고할 때, 결국 벤치마킹은 특정 기업이 도달하고자 하는 내부적인 목표를 달성하기 위하여 개선하고자 하는 기준점이 된다는 공통적인 가치가 내포되어 있다고 볼 수 있다.

Answer 24.③ 25.① 26.②

27 다음 두 개의 표를 보고 우리나라의 기술 현황에 대해서 판단한 의견으로 적절하지 않은 것은 어느 것인가?

〈국별 전체 기술수준 및 변동 추이〉

(단위 : %, 년)

구분	한국		중국		일본		EU		미국	
	2020	2022	2020	2022	2020	2022	2020	2022	2020	2022
기술수준	78.4	78.6	69.7	71.1	93.1	92.7	95.5	94.4	100	100
기술격차	4.4	4.2	5.8	5.2	1.6	1.5	1.1	1.1	0.0	0.0

〈10대 분야별 미국 대비 우리나라 기술 및 기술격차 변동〉

(단위 : %, 년)

10대 분야	기술수준		기술격차	
	2020	2022	2020	2022
전자, 정보, 통신	83.2	84.2	2.7	2.2
의료	77.9	77.5	4.0	3.8
바이오	77.9	77.4	4.5	4.3
기계, 제조, 공정	83.4	81.8	3.3	3.4
에너지, 자원, 극한기술	77.9	78.3	4.6	4.5
항공, 우주	68.8	67.5	9.3	9.7
환경, 지구, 해양	77.9	78.6	5.0	4.5
나노, 소재	75.8	78.6	4.1	3.8
건설, 교통	79.6	79.6	4.3	4.2
재난, 재해, 안전	73.0	73.5	6.0	5.4

*기술수준 80% 이상은 기술 선도 그룹, 80% 이하는 기술 추격 그룹으로 분류함.

① 우리나라는 비교연도에 미국에 비해 기술격차가 0.2년 좁혀졌다.

② 미국은 비교연도 기간 중 전혀 기술수준이 발전하지 못하였다.

③ 기술수준을 선도하는 그룹은 두 개 그룹이다.

④ 비교연도 기간 중 미국과의 기술격차가 벌어진 그룹은 두 개다.

⑤ 비교연도 기간 중 기술수준이 낮아진 경우에는 기술격차가 벌어지기도 좁혀지기도 하였다.

미국은 비교된 국가로 기준 지수가 100인 것이므로 자국의 기술수준이 발전했어도 항상 지수는 100으로 표시된다. 따라서 해당 기간 동안 미국의 기술수준이 발전하지 못하였다고 단정 지을 수는 없다.

③ 전자, 정보, 통신 그룹과 기계, 제조, 공정 그룹은 2020년과 2022년 모두 80% 이상의 기술수준이므로 기술 선도 그룹으로 볼 수 있다.

④ 기계, 제조, 공정은 3.3년에서 3.4년으로, 항공, 우주 그룹은 9.3년에서 9.7년으로 각각 더욱 기술격차가 벌어져 있다.

⑤ 예를 들어 의료 그룹의 경우 기술수준이 낮아졌으나 기술격차가 좁혀졌고, 기계, 제조, 공정 그룹은 기술수준이 낮아지고 기술격차 또한 벌어졌음을 알 수 있다.

28 네트워크 혁명은 디지털 격차(digital divide), 정보화에 따른 실업의 문제, 인터넷 게임과 채팅 중독, 범죄 및 반사회적인 사이트의 활성화, 정보기술을 이용한 감시 등 적지 않은 역기능도 수반한다. 다음 중 이러한 역기능이 발생하는 근본적인 네트워크의 속성으로 가장 적절한 것은?

① 학습을 통한 전문성 배양을 필요로 하며 실생활과의 친밀도가 부족하다.

② 인터넷과 연계하여 원격으로 온라인 침투가 용이하고 누구나 접근 가능한 개방시스템이다.

③ 환경과 인권 문제를 동반한 기술적 가치를 제공하고 있지 못하다.

④ 세계적으로 통일되고 규격화되지 않은 기술 시스템으로 표준화의 한계가 있다.

⑤ 인터넷을 이용하지 않고서는 원활한 네트워크 활용이 어렵다.

 가장 큰 네트워크의 문제점은 인터넷이 사람들을 연결하고 정보의 유통을 용이하게 함으로써 제시된 바와 같은 역기능이 쉽게 결합되고 증폭되었다는 데 있다. 또한 이러한 역기능은 네트워크의 순기능과도 잘 분리가 되지 않기 때문에 해결책을 더욱 어렵게 만들고 있다.

구분	권장 규칙	회피 규칙
문자 구성 및 길이	• 3가지 종류 이상의 문자구성으로 8자리 이상의 길이로 구성된 패스워드 • 2가지 종류 이상의 문자구성으로 10자리 이상의 길이로 구성된 패스워드 ※ 문자 종류는 알파벳 대문자와 소문자, 특수기호, 숫자의 4가지임	• 2가지 종류 이하의 문자구성으로 8자리 이하의 길이로 구성된 패스워드 • 문자구성과 관계없이 7자리 이하 길이로 구성된 패스워드 ※ 문자 종류는 알파벳 대문자와 소문자, 특수기호, 숫자의 4가지임
패턴 조건	• 한글, 영어 등의 사전적 단어를 포함하지 않은 패스워드 • 널리 알려진 단어를 포함하지 않거나 예측이 어렵도록 가공한 패스워드 ※ 널리 알려진 단어인 컴퓨터 용어, 기업 등의 특정명칭을 가공하지 않고 명칭 그대로 사용하는 경우 ※ 속어, 방언, 은어 등을 포함한 경우 • 사용자 ID와 연관성이 있는 단어구성을 포함하지 않은 패스워드 • 제3자가 쉽게 알 수 있는 개인정보를 포함하지 않은 패스워드 ※ 개인정보는 가족, 생일, 주소, 휴대전화번호 등을 포함하는 패스워드	• 한글, 영어 등을 포함한 사전적인 단어로 구성된 패스워드 ※ 스펠링을 거꾸로 구성한 패스워드도 포함 • 널리 알려진 단어로 구성된 패스워드 ※ 컴퓨터 용어, 사이트, 기업 등의 특정 명칭으로 구성된 패스워드도 포함 • 사용자 ID를 이용한 패스워드 ※ 사용자 ID 혹은 사용자 ID를 거꾸로 구성한 패스워드도 포함 • 제3자가 쉽게 알 수 있는 개인정보를 바탕으로 구성된 패스워드 ※ 가족, 생일, 주소, 휴대전화번호 등을 포함하는 패스워드

29 다음 중 위의 안내문을 올바르게 이해하지 못한 설명은 어느 것인가?

① 사용자 또는 사용자 이외의 특정 인물, 유명인, 연예인 등의 이름을 포함하는 패스워드는 회피하여야 한다.

② 일정한 패턴이 반복되는 패스워드가 아니라면 보안 수준이 높다고 할 수 있다.

③ 키보드 상에서 연속한 위치에 존재하는 문자들의 집합은 노출되기 쉬운 패스워드이다.

④ 네트워크를 통해 패스워드를 전송하는 경우 반드시 패스워드를 암호화하거나 암호화된 통신 채널을 이용해야 한다.

⑤ 영어 단어를 한글 모드에서 타이핑하여 입력하게 되면 쉽게 노출되지 않는 패스워드 조합을 구성할 수 있다.

영어 단어를 한글 모드에서 타이핑하여 입력하는 것도 널리 알려진 단어로 구성된 패스워드를 사용한 경우로 볼 수 있다.

② aaa 또는 123 등이 연속되는 경우는 회피하여야 한다.

③ 의미 없는 단어라도 sdfgh 또는 $%^&* 등은 회피하여야 한다.

④ 네트워크를 통해 패스워드를 전송하는 경우 악성 프로그램이나 해킹 등에 의해 패스워드 노출 가능성이 있으므로 반드시 패스워드를 암호화하거나 암호화된 통신 채널을 이용해야 한다.

30 다음 키보드 그림을 참고할 때, 위의 안내문에 따라 만든 가장 적절한 패스워드라고 볼 수 있는 것은 어느 것인가?

① bo3$&K

② S37북?sx@4@

③ @ytisrevinu!

④ 1h3o3u4s8e?

⑤ 77ncs-cookie8

 선택지 ②와 같은 패스워드는 문자, 숫자 등의 혼합사용이나 자릿수 등 쉽게 이해할 수 있는 부분이 없는 경우로 적절한 패스워드로 볼 수 있다.

① 문자 조합에 관계없이 7자리의 패스워드이므로 적절하지 않다.

③ 'university'를 거꾸로 타이핑한 부적절한 패스워드이다.

④ 'house'를 쉽게 알 수 있는 경우이다.

⑤ 'ncs', 'cookie' 등의 특정 명칭으로 구성된 부적절한 패스워드이다.

Answer → 29.⑤ 30.②

05 조직이해능력

1 조직과 개인

(1) 조직

① 조직과 기업
   ㉠ 조직 : 두 사람 이상이 공동의 목표를 달성하기 위해 의식적으로 구성된 상호작용과 조정을 행하는 행동의 집합체
   ㉡ 기업 : 노동, 자본, 물자, 기술 등을 투입하여 제품이나 서비스를 산출하는 기관

② 조직의 유형

기준	구분	예
공식성	공식조직	조직의 규모, 기능, 규정이 조직화된 조직
	비공식조직	인간관계에 따라 형성된 자발적 조직
영리성	영리조직	사기업
	비영리조직	정부조직, 병원, 대학, 시민단체
조직규모	소규모 조직	가족 소유의 상점
	대규모 조직	대기업

(2) 경영

① 경영의 의미 … 경영은 조직의 목적을 달성하기 위한 전략, 관리, 운영활동이다.

② 경영의 구성요소
   ㉠ 경영목적 : 조직의 목적을 달성하기 위한 방법이나 과정
   ㉡ 인적자원 : 조직의 구성원·인적자원의 배치와 활용
   ㉢ 자금 : 경영활동에 요구되는 돈·경영의 방향과 범위 한정
   ㉣ 경영전략 : 변화하는 환경에 적응하기 위한 경영활동 체계화

③ 경영자의 역할

대인적 역할	정보적 역할	의사결정적 역할
• 조직의 대표자 • 조직의 리더 • 상징자, 지도자	• 외부환경 모니터 • 변화전달 • 정보전달자	• 문제 조정 • 대외적 협상 주도 • 분쟁조정자, 자원배분자, 협상가

(3) 조직체제 구성요소

① **조직목표** … 전체 조직의 성과, 자원, 시장, 인력개발, 혁신과 변화, 생산성에 대한 목표

② **조직구조** … 조직 내의 부문 사이에 형성된 관계

③ **조직문화** … 조직구성원들 간에 공유하는 생활양식이나 가치

④ **규칙 및 규정** … 조직의 목표나 전략에 따라 수립되어 조직구성원들이 활동범위를 제약하고 일관성을 부여하는 기능

예제 1

주어진 글의 빈칸에 들어갈 말로 가장 적절한 것은?

조직이 지속되게 되면 조직구성원들 간 생활양식이나 가치를 공유하게 되는데 이를 조직의 (㉠)라고 한다. 이는 조직구성원들의 사고와 행동에 영향을 미치며 일체감과 정체성을 부여하고 조직이 (㉡)으로 유지되게 한다. 최근 이에 대한 중요성이 부각되면서 긍정적인 방향으로 조성하기 위한 경영층의 노력이 이루어지고 있다.

① ㉠ : 목표, ㉡ : 혁신적
② ㉠ : 구조, ㉡ : 단계적
③ ㉠ : 문화, ㉡ : 안정적
④ ㉠ : 규칙, ㉡ : 체계적

[출제의도]
본 문항은 조직체계의 구성요소들의 개념을 묻는 문제이다.
[해설]
조직문화란 조직구성원들 간에 공유하게 되는 생활양식이나 가치를 말한다. 이는 조직구성원들의 사고와 행동에 영향을 미치며 일체감과 정체성을 부여하고 조직이 안정적으로 유지되게 한다.

답 ③

---

(4) 조직변화의 과정

환경변화 인지 → 조직변화 방향 수립 → 조직변화 실행 → 변화결과 평가

(5) 조직과 개인

	지식, 기술, 경험 →	
개인	←	조직
	연봉, 성과급, 인정, 칭찬, 만족감	

2 조직이해능력을 구성하는 하위능력

(1) 경영이해능력

① 경영 … 경영은 조직의 목적을 달성하기 위한 전략, 관리, 운영활동이다.
  ㉠ 경영의 구성요소 : 경영목적, 인적자원, 자금, 전략
  ㉡ 경영의 과정

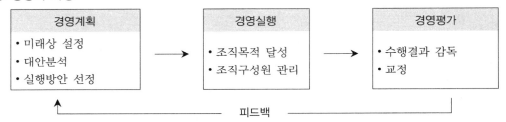

  ㉢ 경영활동 유형
    • 외부경영활동 : 조직외부에서 조직의 효과성을 높이기 위해 이루어지는 활동이다.
    • 내부경영활동 : 조직내부에서 인적, 물적 자원 및 생산기술을 관리하는 것이다.

② 의사결정과정
  ㉠ 의사결정의 과정
    • 확인 단계 : 의사결정이 필요한 문제를 인식한다.
    • 개발 단계 : 확인된 문제에 대하여 해결방안을 모색하는 단계이다.
    • 선택 단계 : 해결방안을 마련하며 실행가능한 해결안을 선택한다.
  ㉡ 집단의사결정의 특징
    • 지식과 정보가 더 많아 효과적인 결정을 할 수 있다.
    • 다양한 견해를 가지고 접근할 수 있다.
    • 결정된 사항에 대하여 의사결정에 참여한 사람들이 해결책을 수월하게 수용하고, 의사
      소통의 기회도 향상된다.

- 의견이 불일치하는 경우 의사결정을 내리는데 시간이 많이 소요된다.
- 특정 구성원에 의해 의사결정이 독점될 가능성이 있다.

③ 경영전략

㉠ 경영전략 추진과정

전략목표설정	환경분석	경영전략 도출	경영전략 실행	평가 및 피드백
• 비전 설정 • 미션 설정	• 내부환경 분석 • 외부환경 분석 (SWOT 등)	• 조직전략 • 사업전략 • 부문전략	• 경영목적 달성	• 경영전략 결과 평가 • 전략목표 및 경영전략 재조명

㉡ 마이클 포터의 본원적 경쟁전략

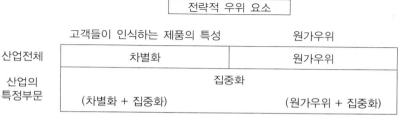

전략적 우위 요소

전략적 목표		고객들이 인식하는 제품의 특성	원가우위
	산업전체	차별화	원가우위
	산업의 특정부문	집중화	
		(차별화 + 집중화)	(원가우위 + 집중화)

예제 2

다음은 경영전략을 세우는 방법 중 하나인 SWOT에 따른 어느 기업의 분석 결과이다. 다음 중 주어진 기업 분석 결과에 대응하는 전략은?

강점(Strength)	• 차별화된 맛과 메뉴 • 폭넓은 네트워크
약점(Weakness)	• 매출의 계절적 변동폭이 큼 • 딱딱한 기업 이미지
기회(Opportunity)	• 소비자의 수요 트랜드 변화 • 가계의 외식 횟수 증가 • 경기회복 가능성
위협(Threat)	• 새로운 경쟁자의 진입 가능성 • 과도한 가계부채

내부환경 외부환경	강점(Strength)	약점(Weakness)
기회 (Opportunity)	① 계절 메뉴 개발을 통한 분기 매출 확보	② 고객의 소비패턴을 반영한 광고를 통한 이미지 쇄신
위협 (Threat)	③ 소비 트렌드 변화를 반영한 시장 세분화 정책	④ 고급화 전략을 통한 매출 확대

답 ②

④ 경영참가제도
  ㉠ 목적
    • 경영의 민주성을 제고할 수 있다.
    • 공동으로 문제를 해결하고 노사 간의 세력 균형을 이룰 수 있다.
    • 경영의 효율성을 제고할 수 있다.
    • 노사 간 상호 신뢰를 증진시킬 수 있다.
  ㉡ 유형
    • 경영참가 : 경영자의 권한인 의사결정과정에 근로자 또는 노동조합이 참여하는 것
    • 이윤참가 : 조직의 경영성과에 대하여 근로자에게 배분하는 것
    • 자본참가 : 근로자가 조직 재산의 소유에 참여하는 것

예제 3

다음은 중국의 H사에서 시행하는 경영참가제도에 대한 기사이다. 밑줄 친이 제도는 무엇인가?

> H사는 '사람' 중심의 수평적 기업문화가 발달했다. H사는 이 제도의 시행을 통해 직원들이 경영에 간접적으로 참여할 수 있게 하였는데 이에 따라 자연스레 기업에 대한 직원들의 책임 의식도 강화됐다. 참여주주는 8만 2471명이다. 모두 H사의 임직원이며, 이 중 창립자인 CEO R은 개인 주주로 총 주식의 1.18%의 지분과 퇴직연금으로 주식총액의 0.21%만을 보유하고 있다.

① 노사협의회제도
② 이윤분배제도
③ 종업원지주제도
④ 노동주제도

---

(2) 체제이해능력

① 조직목표 … 조직이 달성하려는 장래의 상태
  ㉠ 조직목표의 기능
    • 조직이 존재하는 정당성과 합법성 제공
    • 조직이 나아갈 방향 제시
    • 조직구성원 의사결정의 기준
    • 조직구성원 행동수행의 동기유발
    • 수행평가 기준

- 조직설계의 기준
  - ⓛ 조직목표의 특징
    - 공식적 목표와 실제적 목표가 다를 수 있음
    - 다수의 조직목표 추구 가능
    - 조직목표 간 위계적 상호관계가 있음
    - 가변적 속성
    - 조직의 구성요소와 상호관계를 가짐

② 조직구조
  - ㉠ 조직구조의 결정요인 : 전략, 규모, 기술, 환경
  - ⓛ 조직구조의 유형과 특징

유형	특징
기계적 조직	• 구성원들의 업무가 분명하게 규정 • 엄격한 상하 간 위계질서 • 다수의 규칙과 규정 존재
유기적 조직	• 비공식적인 상호의사소통 • 급변하는 환경에 적합한 조직

③ 조직문화
  - ㉠ 조직문화 기능
    - 조직구성원들에게 일체감, 정체성 부여
    - 조직몰입 향상
    - 조직구성원들의 행동지침 : 사회화 및 일탈행동 통제
    - 조직의 안정성 유지
  - ⓛ **조직문화 구성요소(7S)** : 공유가치(Shared Value), 리더십 스타일(Style), 구성원(Staff), 제도 · 절차(System), 구조(Structure), 전략(Strategy), 스킬(Skill)

④ 조직 내 집단
  - ㉠ **공식적 집단** : 조직에서 의식적으로 만든 집단으로 집단의 목표, 임무가 명확하게 규정되어 있다.
    - 예 임시위원회, 작업팀 등
  - ⓛ **비공식적 집단** : 조직구성원들의 요구에 따라 자발적으로 형성된 집단이다.
    - 예 스터디모임, 봉사활동 동아리, 각종 친목회 등

(3) 업무이해능력

① 업무 … 업무는 상품이나 서비스를 창출하기 위한 생산적인 활동이다.

    ㉠ 업무의 종류

부서	업무(예)
총무부	주주총회 및 이사회개최 관련 업무, 의전 및 비서업무, 집기비품 및 소모품의 구입과 관리, 사무실 임차 및 관리, 차량 및 통신시설의 운영, 국내외 출장 업무 협조, 복리후생 업무, 법률자문과 소송관리, 사내외 홍보 광고업무
인사부	조직기구의 개편 및 조정, 업무분장 및 조정, 인력수급계획 및 관리, 직무 및 정원의 조정 종합, 노사관리, 평가관리, 상벌관리, 인사발령, 교육체계 수립 및 관리, 임금제도, 복리후생제도 및 지원업무, 복무관리, 퇴직관리
기획부	경영계획 및 전략 수립, 전사기획업무 종합 및 조정, 중장기 사업계획의 종합 및 조정, 경영정보 조사 및 기획보고, 경영진단업무, 종합예산수립 및 실적관리, 단기사업계획 종합 및 조정, 사업계획, 손익추정, 실적관리 및 분석
회계부	회계제도의 유지 및 관리, 재무상태 및 경영실적 보고, 결산 관련 업무, 재무제표 분석 및 보고, 법인세, 부가가치세, 국세 · 지방세 업무자문 및 지원, 보험가입 및 보상업무, 고정자산 관련 업무
영업부	판매 계획, 판매예산의 편성, 시장조사, 광고 선전, 견적 및 계약, 제조지시서의 발행, 외상매출금의 청구 및 회수, 제품의 재고 조절, 거래처로부터의 불만처리, 제품의 애프터서비스, 판매원가 및 판매가격의 조사 검토

다음은 I기업의 조직도와 팀장님의 지시사항이다. H씨가 팀장님의 심부름을 수행하기 위해 연락해야 할 부서로 옳은 것은?

　　H씨! 내가 지금 너무 바빠서 그러는데 부탁 좀 들어줄래요? 다음 주 중에 사장님 모시고 클라이언트와 만나야 할 일이 있으니까 사장님 일정을 확인해주시구요. 이번 달에 신입사원 교육·훈련계획이 있었던 것 같은데 정확한 시간이랑 날짜를 확인해주세요.

① 총무부, 인사부
② 총무부, 홍보실
③ 기획부, 총무부
④ 영업부, 기획부

[출제의도]
조직도와 부서의 명칭을 보고 개략적인 부서의 소관 업무를 분별할 수 있는지를 묻는 문항이다.
[해설]
사장의 일정에 관한 사항은 비서실에서 관리하나 비서실이 없는 회사의 경우 총무부(또는 팀)에서 비서업무를 담당하기도 한다. 또한 신입사원 관리 및 교육은 인사부에서 관리한다.

답 ①

ⓛ 업무의 특성

• 공통된 조직의 목적 지향
• 요구되는 지식, 기술, 도구의 다양성
• 다른 업무와의 관계, 독립성
• 업무수행의 자율성, 재량권

② 업무수행 계획

㉠ **업무지침 확인** : 조직의 업무지침과 나의 업무지침을 확인한다.

㉡ **활용 자원 확인** : 시간, 예산, 기술, 인간관계

㉢ **업무수행 시트 작성**

• 간트 차트 : 단계별로 업무의 시작과 끝 시간을 바 형식으로 표현
• 워크 플로 시트 : 일의 흐름을 동적으로 보여줌
• 체크리스트 : 수행수준 달성을 자가점검

Point >> 간트 차트와 플로 차트

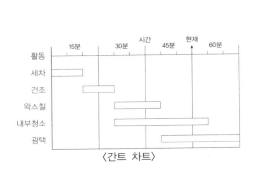

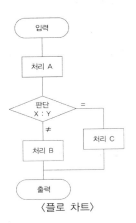

〈간트 차트〉   〈플로 차트〉

예제 5

다음 중 업무수행 시 단계별로 업무를 시작해서 끝나는 데까지 걸리는 시간을 바 형식으로 표시하여 전체 일정 및 단계별로 소요되는 시간과 각 업무활동 사이의 관계를 볼 수 있는 업무수행 시트는?

① 간트 차트
② 워크 플로 차트
③ 체크리스트
④ 퍼트 차트

[출제의도]
업무수행 계획을 수립할 때 간트 차트, 워크 플로 시트, 체크리스트 등의 수단을 이용하면 효과적으로 계획하고 마지막에 급하게 일을 처리하지 않고 주어진 시간 내에 끝마칠 수 있다. 본 문항은 그러한 수단이 되는 차트들의 이해도를 묻는 문항이다.
[해설]
② 일의 절차 처리의 흐름을 표현하기 위해 기호를 써서 도식화한 것
③ 업무를 세부적으로 나누고 각 활동별로 수행수준을 달성했는지를 확인하는 데 효과적
④ 하나의 사업을 수행하는 데 필요한 다수의 세부사업을 단계와 활동으로 세분하여 관련된 계획 공정으로 묶고, 각 활동의 소요시간을 낙관시간, 최가능시간, 비관시간 등 세 가지로 추정하고 이를 평균하여 기대시간을 추정

답 ①

---

③ 업무 방해요소

　　㉠ 다른 사람의 방문, 인터넷, 전화, 메신저 등

　　㉡ 갈등관리

　　㉢ 스트레스

(4) 국제감각

① 세계화와 국제경영

    ㉠ 세계화 : 3Bs(국경 ; Border, 경계 ; Boundary, 장벽 ; Barrier)가 완화되면서 활동범위가 세계로 확대되는 현상이다.

    ㉡ 국제경영 : 다국적 내지 초국적 기업이 등장하여 범지구적 시스템과 네트워크 안에서 기업 활동이 이루어지는 것이다.

② 이문화 커뮤니케이션 … 서로 상이한 문화 간 커뮤니케이션으로 직업인이 자신의 일을 수행하는 가운데 문화배경을 달리하는 사람과 커뮤니케이션을 하는 것이 이에 해당한다. 이문화 커뮤니케이션은 언어적 커뮤니케이션과 비언어적 커뮤니케이션으로 구분된다.

③ 국제 동향 파악 방법

    ㉠ 관련 분야 해외사이트를 방문해 최신 이슈를 확인한다.

    ㉡ 매일 신문의 국제면을 읽는다.

    ㉢ 업무와 관련된 국제잡지를 정기구독 한다.

    ㉣ 고용노동부, 한국산업인력공단, 산업통상자원부, 중소기업청, 상공회의소, 산업별인적자원개발협의체 등의 사이트를 방문해 국제동향을 확인한다.

    ㉤ 국제학술대회에 참석한다.

    ㉥ 업무와 관련된 주요 용어의 외국어를 알아둔다.

    ㉦ 해외서점 사이트를 방문해 최신 서적 목록과 주요 내용을 파악한다.

    ㉧ 외국인 친구를 사귀고 대화를 자주 나눈다.

④ 대표적인 국제매너

    ㉠ 미국인과 인사할 때에는 눈이나 얼굴을 보는 것이 좋으며 오른손으로 상대방의 오른손을 힘주어 잡았다가 놓아야 한다.

    ㉡ 러시아와 라틴아메리카 사람들은 인사할 때에 포옹을 하는 경우가 있는데 이는 친밀함의 표현이므로 자연스럽게 받아주는 것이 좋다.

    ㉢ 명함은 받으면 꾸기거나 계속 만지지 않고 한 번 보고나서 탁자 위에 보이는 채로 대화하거나 명함집에 넣는다.

    ㉣ 미국인들은 시간 엄수를 중요하게 생각하므로 약속시간에 늦지 않도록 주의한다.

    ㉤ 스프를 먹을 때에는 몸쪽에서 바깥쪽으로 숟가락을 사용한다.

    ㉥ 생선요리는 뒤집어 먹지 않는다.

    ㉦ 빵은 스프를 먹고 난 후부터 디저트를 먹을 때까지 먹는다.

1 다음 '갑' 기업과 '을' 기업에 대한 설명 중 적절하지 않은 것은?

> '갑' 기업은 다양한 사외 기관, 단체들과의 상호 교류 등 업무가 잦아 관련 업무를 전담하는 조직이 갖춰져 있다. 전담 조직의 인원이 바뀌는 일은 가끔 있지만, 상설 조직이 있어 매번 발생하는 유사 업무를 효율적으로 수행한다.
> '을' 기업은 사내 당구 동호회가 구성되어 있어 동호회에 가입한 직원들은 정기적으로 당구장을 찾아 쌓인 스트레스를 풀곤 한다. 가입과 탈퇴가 자유로우며 당구를 좋아하는 직원은 누구든 참여가 가능하다. 당구 동호회에 가입한 직원은 직급이 아닌 당구 실력으로만 평가 받으며, 언제 어디서 당구를 즐기든 상사의 지시를 받지 않아도 된다.

① '갑' 기업의 상설 조직은 의도적으로 만들어진 집단이다.
② '갑' 기업 상설 조직의 임무는 보통 명확하지 않고 즉흥적인 성격을 띤다.
③ '을' 기업 당구 동호회는 공식적인 임무 이외에 다양한 요구들에 의해 구성되는 경우가 많다.
④ '갑' 기업 상설 조직의 구성원은 인위적으로 참여한다.
⑤ '을' 기업 당구 동호회의 활동은 자발적이며 행위에 대한 보상은 '즐거움' 또는 '보람'이다.

 '갑' 기업의 상설 조직은 공식적, '을' 기업의 당구 동호회는 비공식적 집단이다. 공식적인 집단은 조직의 공식적인 목표를 추구하기 위해 조직에서 의도적으로 만든 집단이다. 따라서 공식적인 집단의 목표나 임무는 비교적 명확하게 규정되어 있으며, 여기에 참여하는 구성원들도 인위적으로 결정되는 경우가 많다.

2 다음 ㉠~㉤ 중 조직 경영에 필요한 요소에 대한 설명을 모두 고른 것은 어느 것인가?

> ㉠ 조직의 목적 달성을 위해 경영자가 수립하는 것으로 보다 구체적인 방법과 과정이 담겨있다.
> ㉡ 조직에서 일하는 구성원으로, 경영은 이들의 직무수행에 기초하여 이루어지기 때문에 이들의 배치 및 활용이 중요하다.
> ㉢ 생산자가 상품 또는 서비스를 소비자에게 유통시키는 데 관련된 모든 체계적 경영활동이다.
> ㉣ 특정의 경제적 실체에 관해 이해관계에 있는 사람들에게 합리적이고 경제적인 의사결정을 하는 데 있어 유용한 재무적 정보를 제공하기 위한 것으로, 이러한 일련의 과정 또는 체계를 뜻한다.
> ㉤ 경영을 하는 데 사용할 수 있는 돈으로 이것이 충분히 확보되는 정도에 따라 경영의 방향과 범위가 정해지게 된다.
> ㉥ 조직이 변화하는 환경에 적응하기 위하여 경영활동을 체계화하는 것으로 목표달성을 위한 수단이다.

① ㉠, ㉢, ㉤

② ㉡, ㉢, ㉣

③ ㉠, ㉢, ㉣, ㉥

④ ㉠, ㉡, ㉢, ㉣

⑤ ㉠, ㉡, ㉤, ㉥

(Tip) 조직 경영에 필요한 4대 요소는 경영목적, 인적자원, 자금, 경영전략이다.
㉠ 경영목적, ㉡ 인적자원, ㉤ 자금, ㉥ 경영전략
㉢은 마케팅에 관한 설명이며, ㉣은 회계 관리를 설명하고 있다.

Answer 1.② 2.⑤

3 경영전략의 유형으로 흔히 차별화, 원가 우위, 집중화 전략을 꼽을 수 있다. 다음에 제시된 내용들 중, 차별화 전략의 특징으로 볼 수 없는 설명을 모두 고른 것은?

> ㉠ 브랜드 강화를 위한 광고비용이 증가할 수 있다.
> ㉡ 견고한 유통망은 제품 차별화와 관계가 없다.
> ㉢ 차별화로 인한 규모의 경제 활용에 제약이 있을 수 있다.
> ㉣ 신규기업 진입에 대한 효과적인 억제가 어렵다.
> ㉤ 제품에 대한 소비자의 선호체계가 확연히 구분될 경우 효과적인 차별화가 가능하다.

① ㉠, ㉡
② ㉡, ㉣
③ ㉡, ㉢
④ ㉣, ㉤
⑤ ㉢, ㉣

(Tip) ㉡→강력하고 견고한 유통망이 있을 경우, 고객을 세분화하여 제품 차별화 전략을 활용할 수 있다.
㉣→차별화를 이루게 되면 경험과 노하우에 따른 더욱 특화된 제품이나 서비스가 제공되므로 신규기업 진입에 대한 효과적인 억제가 가능하게 된다.
㉠, ㉢→차별화에는 많은 비용이 소요되므로 반드시 비용측면을 고려해야 하며 일정 부분의 경영상 제약이 생길 수 있다.
㉤→지역별, 연령별, 성별 특성 등의 선호체계 구분이 뚜렷할 경우 맞춤형 전략 수립이 용이하다.

4 다음과 같은 팀장의 지시를 받은 오 대리가 업무를 처리하기 위해 들러야 하는 조직의 명칭이 순서대로 올바르게 나열된 것은?

> "오 대리, 갑자기 본부장님의 급한 지시 사항을 처리해야 하는데, 나 좀 도와줄 수 있겠나? 어제 사장님께 보고 드릴 자료를 완성했는데, 자네가 혹시 오류나 수정 사항이 있는지를 좀 확인해 주고 남 비서에게 전달을 좀 해 주게. 그리고 모레 있을 바이어 미팅은 대형 계약 성사를 위해 매우 중요한 일이 될 테니 계약서 초안 검토 작업이 어느 정도 되고 있는지도 한 번 알아봐 주게. 오는 길에 바이어 픽업 관련 배차 현황도 다시 한 번 확인해 주고, 다음 주 선적해야 할 물량 통관 작업에는 문제없는 지 확인해서 박 과장에게 알려줘야 하네. 실수 없도록 잘 좀 부탁하네."

① 총무팀, 회계팀, 인사팀, 법무팀
② 자금팀, 기획팀, 인사팀, 회계팀
③ 기획팀, 총무팀, 홍보팀, 물류팀
④ 기획팀, 비서실, 회계팀, 물류팀
⑤ 비서실, 법무팀, 총무팀, 물류팀

 오 대리가 들러야 하는 조직과 업무 내용은 다음과 같이 정리할 수 있다.
보고 서류 전달 – 비서실
계약서 검토 확인 – 법무팀
배차 현황 확인 – 총무팀
통관 작업 확인 – 물류팀

5 다음과 같은 팀장의 지시 사항을 수행하기 위하여 업무협조를 구해야 할 조직의 명칭이 순서대로 올바르게 나열된 것은 어느 것인가?

> 다들 사장님 보고 자료 때문에 정신이 없는 모양인데 이건 자네가 좀 처리해줘야겠군. 다음 주에 있을 기자단 간담회 자료가 필요한데 옆 부서 박 부장한테 말해 두었으니 오전 중에 좀 가져다주게나. 그리고 내일 사장님께서 보고 직전에 외부에서 오신다던데 어디서 오시는 건지 일정 좀 확인해서 알려주고, 이틀 전 퇴사한 엄 차장 퇴직금 처리가 언제 마무리 될지도 알아봐 주게나. 아, 그리고 말이야, 자네는 아직 사원증이 발급되지 않았나? 확인해 보고 얼른 요청해서 걸고 다니게.

① 기획실, 경영관리실, 총무부, 비서실
② 영업2팀, 홍보실, 회계팀, 물류팀
③ 총무부, 구매부, 비서실, 인사부
④ 경영관리실, 회계팀, 기획실, 총무부
⑤ 홍보실, 비서실, 인사부, 총무부

 일반적으로 기자들을 상대하는 업무는 홍보실, 사장의 동선 및 일정 관리는 비서실, 퇴직 및 퇴직금 관련 업무는 인사부, 사원증 제작은 총무부에서 관장하는 업무로 분류된다.

6 다음은 경영전략의 추진과정을 도식화하여 나타낸 표이다. 표의 빈칸 (가)~(다)에 대한 설명으로 적절하지 않은 것은?

| 전략목표 설정 | → | (가) | → | (나) | → | (다) | → | 평가 및 피드백 |

① (가)에서는 SWOT 분석을 통해 기업이 처한 환경을 분석해 본다.
② (나)에서는 조직과 사업부문의 전략을 수립한다.
③ (다)에서는 경영전략을 실행한다.
④ (나)에서는 경영전략을 도출하여 실행에 대한 모든 준비를 갖춘다.
⑤ (다)에서는 경영 목표와 전략을 재조정할 수 있는 기회를 갖는다.

(Tip) (가)는 환경분석 단계로 내부와 외부의 환경을 SWOT 분석을 통하여 파악해 본다.
(나)는 경영전략 도출 단계로 조직, 사업이나 부분 등의 전략을 수립한다.
(다)는 경영전략 실행 단계로 경영목적을 달성하는 단계이다.

7 다음과 같은 전결사항에 관한 사정을 보고 내린 판단으로 적절하지 않은 것은?

> 결재권자가 출장, 휴가 등 사유로 부재중일 경우, 결재권자의 차상급 직위자의 전결 사항으로 하되, 반드시 결재권자의 업무 복귀 후 후결로 보완한다.

업무내용	결재권자			
	팀장	본부장	부사장	사장
월별 실적보고	O	O		
주간 업무보고	O			
팀장급 인수인계			O	
10억 이상 예산집행				O
10억 이하 예산집행			O	
노조관련 협의사항			O	
이사회 위원 위촉				O
임직원 해외 출장		O(직원)		O(임원)
임직원 휴가		O(직원)		O(임원)

① 이 과장의 해외 출장 보고서는 본부장이 결재권자이다.
② 윤 팀장의 권한은 실적·업무보고만 결재까지이다.
③ 부사장이 출장 시 팀장의 업무 인수인계 결재는 부사장 복귀 후 받는다.
④ 김 대리와 최 이사가 휴가를 가기 위해 사장의 결재를 받아야 한다.
⑤ 예산집행 결재는 금액에 따라 결재권자가 달라진다.

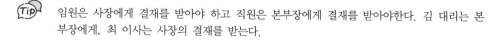 임원은 사장에게 결재를 받아야 하고 직원은 본부장에게 결재를 받아야한다. 김 대리는 본부장에게, 최 이사는 사장의 결재를 받는다.

8 다음과 같은 전결사항에 관한 사내 규정을 보고 내린 판단으로 적절하지 않은 것은?

〈전결규정〉

업무내용	결재권자			
	사장	부사장	본부장	팀장
주간업무보고				○
팀장급 인수인계		○		
백만 불 이상 예산집행	○			
백만 불 이하 예산집행		○		
이사회 위원 위촉	○			
임직원 해외 출장	○(임원)		○(직원)	
임직원 휴가	○(임원)		○(직원)	
노조관련 협의사항		○		

☞ 결재권자가 출장, 휴가 등 사유로 부재중일 경우에는 결재권자의 차상급 직위자의 전결사항으로 하되, 반드시 결재권자의 업무 복귀 후 후결로 보완한다.

① 팀장의 휴가는 본부장의 결재를 얻어야 한다.
② 강 대리는 계약 관련 해외 출장을 위하여 본부장의 결재를 얻어야 한다.
③ 최 이사와 노 과장의 동반 해외 출장 보고서는 본부장이 최종 결재권자이다.
④ 예산집행 결재는 금액에 따라 결재권자가 달라진다.
⑤ 부사장이 출장 시 이루어진 팀장의 업무 인수인계는 부사장 업무 복귀 시 결재를 얻어야 한다.

 ③ 최 이사와 노 과장의 동반 해외 출장 보고서는 최 이사가 임원이므로 사장이 최종 결재권자가 되어야 하는 보고서가 된다.
① 직원의 휴가는 본부장이 최종 결재권자이다.
② 직원의 해외 출장은 본부장이 최종 결재권자이다.
④ 백만 불을 기준으로 결재권자가 달라진다.
⑤ 팀장급의 업무 인수인계는 부사장의 전결 사항이며, 사후 결재가 보완되어야 한다.

〈결재규정〉

- 결재를 받으려는 업무에 대해서는 대표이사를 포함한 이하 직책자의 결재를 받아야 한다.
- '전결'은 회사의 경영·관리 활동에 있어서 대표이사의 결재를 생략하고, 자신의 책임 하에 최종적으로 결정하는 행위를 말한다.
- 전결사항에 대해서도 위임 받은 자를 포함한 이하 직책자의 결재를 받아야 한다.
- 표시내용 : 결재를 올리는 자는 대표이사로부터 전결 사항을 위임 받은 자가 있는 경우 결재란에 전결이라고 표시하고 최종결재란에 위임받은 자를 표시한다. 다만, 결재가 불필요한 직책자의 결재란은 상향대각선으로 표시한다.
- 대표이사의 결재사항 및 대표이사로부터 위임된 전결사항은 아래의 표에 따른다.

구분	내용	금액기준	결재서류	팀장	부장	대표이사
접대비	거래처 식대, 경조사비 등	20만 원 이하	접대비지출품의서 지출결의서	● ■		
		30만 원 이하			● ■	
		30만 원 초과				● ■
교통비	국내 출장비	30만 원 이하	출장계획서 출장비신청서	● ■		
		50만 원 이하		●	■	
		50만 원 초과		●		■
	해외 출장비			●		■
교육비	사내·외 교육		기안서 지출결의서	●		■

※ ● : 기안서, 출장계획서, 접대비지출품의서

※ ■ : 지출결의서, 각종신청서

Answer↱ 8.③

9 영업부 사원 甲씨는 부산출장으로 450,000원을 지출했다. 甲씨가 작성한 결재 양식으로 옳은 것은?

①

출장계획서				
결	담당	팀장	부장	최종결재
재	甲			팀장

②

출장계획서				
결	담당	팀장	부장	최종결재
재	甲	전결		팀장

③

출장비신청서				
결	담당	팀장	부장	최종결재
재	甲			

④

출장비신청서				
결	담당	팀장	부장	최종결재
재	甲			대표이사

⑤

출장비신청서				
결	담당	팀장	부장	최종결재
재	甲	전결		팀장

 국내 출장비 50만 원 이하인 경우 출장계획서는 팀장 전결, 출장비신청서는 부장 전결이므로 사원 甲씨가 작성해야 하는 결재 양식은 다음과 같다.

출장계획서				
결	담당	팀장	부장	최종결재
재	甲	전결		팀장

출장비신청서				
결	담당	팀장	부장	최종결재
재	甲		전결	부장

10 기획팀 사원 乙씨는 같은 팀 사원 丙씨의 부친상 부의금 500,000원을 회사 명의로 지급하기로 했다. 乙씨가 작성한 결재 양식으로 옳은 것은?

①

결	접대비지출품의서			
	담당	팀장	부장	최종결재
재	乙		전결	부장

②

결	접대비지출품의서			
	담당	팀장	부장	최종결재
재	乙	전결	/	팀장

③

결	접대비지출품의서			
	담당	팀장	부장	최종결재
재	乙			대표이사

④

결	지출결의서			
	담당	팀장	부장	최종결재
재	乙		전결	부장

⑤

결	지출결의서			
	담당	팀장	부장	최종결재
재	乙	전결	/	팀장

부의금은 접대비에 해당하는 경조사비이다. 30만 원이 초과되는 접대비는 접대비지출품의서, 지출결의서 모두 대표이사 결재사항이다. 따라서 사원 乙씨가 작성해야 하는 결재 양식은 다음과 같다.

결	접대비지출품의서			
	담당	팀장	부장	최종결재
재	乙			대표이사

결	지출품의서			
	담당	팀장	부장	최종결재
재	乙			대표이사

Answer→ 9.② 10.③

팀	주요 업무	필요 자질
영업관리	영업전략 수립, 단위조직 손익관리, 영업 인력 관리 및 지원	마케팅/유통/회계 지식, 대외 섭외력, 분석력
생산관리	원가/재고/외주 관리, 생산계획 수립	제조공정/회계/통계/제품 지식, 분석력, 계산력
생산기술	공정/시설 관리, 품질 안정화, 생산 검증, 생산력 향상	기계/전기 지식, 창의력, 논리력, 분석력
연구개발	신제품 개발, 제품 개선, 원재료 분석 및 기초 연구	연구 분야 전문 지식, 외국어 능력, 기획력, 시장분석력, 창의/집중력
기획	중장기 경영전략 수립, 경영정보 수집 및 분석, 투자사 관리, 손익 분석	재무/회계/경제/경영 지식, 창의력, 분석력, 전략적 사고
영업(국내/해외)	신시장 및 신규고객 발굴, 네트워크 구축, 거래선 관리	제품 지식, 협상력, 프레젠테이션 능력, 정보력, 도전정신
마케팅	시장조사, 마케팅 전략수립, 성과 관리, 브랜드 관리	마케팅/제품/통계 지식, 분석력, 통찰력, 의사결정력
총무	자산관리, 문서관리, 의전 및 비서, 행사 업무, 환경 등 위생관리	책임감, 협조성, 대외 섭외력, 부동산 및 보험 등 일반 지식
인사/교육	채용, 승진, 평가, 보상, 교육, 인재개발	조직구성 및 노사 이해력, 교육학 지식, 객관성, 사회성
홍보/광고	홍보, 광고, 언론/사내 PR, 커뮤니케이션	창의력, 문장력, 기획력, 매체의 이해

11 위의 업무분장표를 참고할 때, 창의력과 분석력을 겸비한 경영학도인 신입사원이 배치되기에 가장 적합한 팀은?

① 연구개발팀

② 홍보/광고팀

③ 마케팅팀

④ 영업관리팀

⑤ 기획팀

 경영전략을 수립하고 각종 경영정보를 수집/분석하는 업무를 하는 기획팀에서 요구되는 자질은 재무/회계/경제/경영 지식, 창의력, 분석력, 전략적 사고 등이다.

12 다음 중 해당 팀 자체의 업무보다 타 팀 및 전사적인 업무 활동에 도움을 주는 업무가 주된 역할인 팀으로 묶인 것은?

① 총무팀, 마케팅팀

② 생산기술팀, 영업팀

③ 홍보/광고팀, 연구개발팀

④ 인사/교육팀, 생산관리팀

⑤ 홍보/광고팀, 총무팀

 지원본부의 역할은 생산이나 영업 등 자체의 활동보다 출장이나 교육 등 타 팀이나 전사 공통의 업무 활동에 있어 해당 조직 자체적인 역량으로 해결하기 어렵거나 곤란한 업무를 원활히 지원해 주는 일이 주된 업무 내용이 된다.

제시된 팀은 지원본부(기획, 총무, 인사/교육, 홍보/광고), 사업본부(마케팅, 영업, 영업관리), 생산본부(생산관리, 생산기술, 연구개발) 등으로 구분하여 볼 수 있다.

Answer → 11.⑤ 12.⑤

13 조직문화는 과업지향, 관계지향, 위계지향, 혁신지향 문화로 분류된다. 다음 보기 중 과업지향 문화에 해당하는 것은?

> A : 엄격한 통제를 통한 결속과 안정성을 추구한다. 분명한 명령계통으로 조직의 통합을 이루는 일을 제일의 가치로 삼는다.
>
> B : 업무 수행의 효율성을 강조하여 목표 달성과 생산성 향상을 위해 전 조직원이 산출물 극대화를 위해 노력하는 문화가 조성되어 있다.
>
> C : 자율성과 개인의 책임을 강조한다. 고유 업무 뿐 아니라 근태·잔업·퇴근 후 시간 활용에 있어서도 정해진 흐름을 배제하고 개인의 자율과 그에 따른 책임을 강조한다.
>
> D : 구성원들 간의 완만한 관계를 맺고 서로 신뢰하며 팀워크를 강조한다.
>
> E : 직원에게 창의성과 기업가 정신을 강조한다. 또한, 조직의 유연성을 통해 외부 환경에의 적응력에 비중을 둔 조직문화를 가지고 있다.

① A   ② B

③ C   ④ D

⑤ E

과업지향	• 조직의 성과 달성과 과업 수행에 있어 효율성 강조 • 명확한 조직목표의 설정을 강조하며, 합리적 목표 달성을 위한 수단으로서 구성원의 전문능력을 중시하고, 구성원들 간의 경쟁을 주요 자극제로 활용
관계지향	• 조직 내 가족적인 분위기의 창출과 유지에 가장 큰 역점을 둠 • 조직 구성원의 소속감, 상호 신뢰, 인화/단결 및 팀워크, 참여 등이 핵심 가치로 자리 잡음
위계지향	• 조직 내부의 안정적이고 지속적인 통합/조정을 바탕으로 조직효율성 추구 • 분명한 위계질서와 명령계통, 공식적인 절차와 규칙을 중시
혁신지향	• 조직의 유연성 강조와 외부 환경의 적응에 초점을 둠 • 적응과 조직성장을 뒷받침할 수 있는 적절한 자원획득이 중요하고, 구성원들의 창의성 및 기업가정신이 핵심 가치로 강조

14 신입사원 교육을 받으러 온 사원들이 회사의 조직도를 보고 나눈 대화이다. 조직도를 바르게 이해한 사원을 모두 고른 것은?

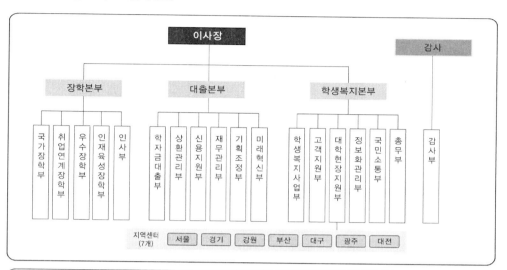

A : 경영지원 업무를 담당하는 부서들이 하나의 본부로 구성되지 않고 각 사업별 본부에 소속되어 있네.
B : 경기지역에서 현장지원을 하게 되면 학생복지에 대한 업무를 맡겠구나.
C : 20부 1실로 이루어져 있네.

① A
② B
③ A, B
④ B, C
⑤ A, B, C

 인사부, 총무부 등 경영지원 업무 담당 부서가 각각 장학본부, 학생복지본부에 소속되어 있음을 알 수 있다. 대학현장지원부의 지역센터는 학생복지본부 소속이다. 3개의 본부, 17개부, 1개 실로 이루어져 있다.

Answer→ 13.② 14.③

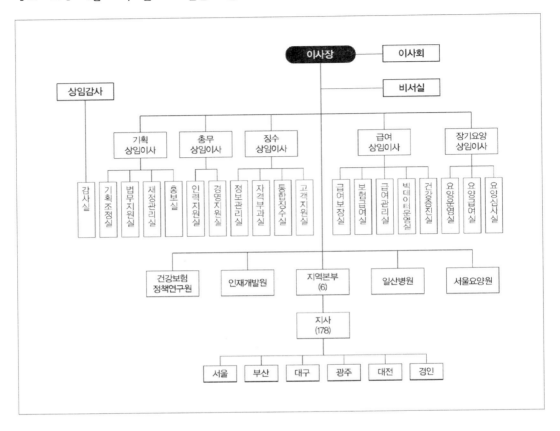

15 위의 조직도에서 알 수 있는 내용이 아닌 것은?

① 지역본부는 총 6개가 있다.

② 급여상임이사는 5개의 실을 이끌고 있다.

③ 감사실은 상임감사에 소속되어 있다.

④ 일산병원은 지역본부에 소속되어 있다.

⑤ 지사는 총 178개가 있다.

Tip ④ 일산병원은 이사장 소속이다.

16 다음 업무를 수행하는 부서는 무엇인가?

> • 직원의 복무 및 상벌에 관한 사항
> • 직원의 채용·전보·승진·퇴직 등 임용관리에 관한 사항
> • 직원의 근무평정 및 인사기록의 유지관리에 관한 사항
> • 인사위원회 운영에 관한 사항
> • 단체교섭 및 노무관리에 관한 사항

① 경영지원실   ② 인력지원실
③ 자격부과실   ④ 고객지원실
⑤ 기획조정실

 직원 임용·유지에 관한 사무는 대부분 인사부에서 담당하게 되며, 위 조직도에서 인사부에 해당되는 부서는 '인력지원실'이다.

17 다음 중 해당 부서의 업무로 옳지 않은 것은?

① 재정관리실 – 일반회계에 관한 사항
② 통합징수실 – 사회보험료 등의 수납 및 수납정산에 관한 사항
③ 고객지원실 – 민원제도 운영·개선에 관한 사항
④ 경영지원실 – 언론 보도내용 분석 및 대응에 관한 사항
⑤ 감사실 – 회사의 감사 업무

 ④는 홍보실의 업무이다.

Answer ➙   15.④   16.②   17.④

18 다음 〈보기〉와 같은 조직문화의 형태와 그 특징에 대한 설명 중 적절한 것만을 모두 고른 것은 어느 것인가?

> 〈보기〉
> ㉠ 위계를 지향하는 조직문화는 조직원 개개인의 능력과 개성을 존중한다.
> ㉡ 과업을 지향하는 조직문화는 업무 수행의 효율성을 강조한다.
> ㉢ 혁신을 지향하는 조직문화는 조직의 유연성과 외부 환경에의 적응에 초점을 둔다.
> ㉣ 관계를 지향하는 조직문화는 구성원들의 상호 신뢰와 인화 단결을 중요시한다.

① ㉠, ㉡   ② ㉡, ㉣
③ ㉢, ㉣   ④ ㉠, ㉡, ㉢
⑤ ㉡, ㉢, ㉣

 위계를 강조하는 조직문화 하에서는 조직 내부의 안정적이고 지속적인 통합, 조정을 바탕으로 일사불란한 조직 운영의 효율성을 추구하게 되는 특징이 있다. 조직원 개개인의 능력과 개성을 존중하는 모습은 혁신과 관계를 지향하는 조직문화에서 찾아볼 수 있는 특징이다.

19 다음 중 SWOT 분석기법에 대한 올바른 설명이 아닌 것은 어느 것인가?

① 외부 환경요인은 좋은 쪽으로 작용하는 것을 기회로, 나쁜 쪽으로 작용하는 것을 약점으로 분류하는 것이다.
② 내부 환경을 분석할 때에는 경쟁자와 비교하여 나의 강점과 약점을 분석해야 한다.
③ 외부의 환경요인을 분석할 때에는, 동일한 data라도 자신에게 긍정적으로 전개되면 기회로, 부정적으로 전개되면 위협으로 분류한다.
④ 내부 환경을 분석할 때에는 보유하고 있거나, 동원 가능하거나, 활용 가능한 자원이 강·약점의 내용이 된다.
⑤ 외부환경을 분석할 경우, 언론매체, 개인 정보망 등을 통하여 입수한 상식적인 세상의 변화 내용을 시작으로 당사자에게 미치는 영향을 순서대로, 점차 구체화해 나가야 한다.

 외부 환경요인은 좋은 쪽으로 작용하는 것을 '기회', 나쁜 쪽으로 작용하는 것을 '위협 요인'으로 분류한다. 약점과 위협요인은 단순히 내·외부의 요인 차이라는 점을 넘어, 약점은 경쟁자와 나와의 관계에 있어서 상대적으로 평가할 수 있는 부정적인 요인인 반면, 대외적 위협요인은 나뿐만 아닌 경쟁자에게도 동일하게 영향을 미치는 부정적인 요인을 의미한다. 예를 들어, 우리 회사의 취약한 구조나 경험 있는 인력의 부족 등은 나에게만 해당되는 약점으로 보아야 하나, 환율 변동에 따른 환차손 증가, 경제 불황 등의 요인은 경쟁자에게도 해당되는 외부의 위협요인으로 볼 수 있다.

20 '조직몰입'에 대한 다음 설명을 참고할 때, 조직몰입의 유형에 대한 설명으로 적절하지 않은 것은 어느 것인가?

> 몰입이라는 용어는 사회학에서 주로 다루어져 왔는데 사전적 의미에서 몰입이란 "감성적 또는 지성적으로 특정의 행위과정에서 빠지는 것" 이므로 몰입은 타인, 집단, 조직과의 관계를 포함하며, 조직몰입은 종업원이 자신이 속한 조직에 대해 얼마만큼의 열정을 가지고 몰두하느냐 하는 정도를 가리키는 개념이다. 즉, 조직에 대한 충성 동일화 및 참여의 견지에서 조직구성원이 가지는 조직에 대한 성향을 의미한다. 또한 조직몰입은 조직의 목표와 가치에 대한 강한 신념과 조직을 위해 상당한 노력을 하고자 하는 의지 및 조직의 구성원으로 남기를 바라는 강한 욕구를 의미하기도 한다. 최근에는 직무만족보다 성과나 이직 등의 조직현상에 대한 설명력이 높다는 관점에서 조직에 대한 조직구성원의 태도를 나타내는 조직몰입은 많은 연구의 관심사가 되고 있다.

① '도덕적 몰입'은 비영리적 조직에서 찾아볼 수 있는 조직몰입 형태이다.
② 조직과 구성원 간의 관계가 타산적이고 합리적일 때의 유형은 '계산적 몰입'에 해당된다.
③ 조직과 구성원 간의 관계가 부정적, 착취적 상태인 몰입의 유형은 '소외적 몰입'에 해당된다.
④ '도덕적 몰입'은 몰입의 정도가 가장 낮다고 할 수 있다.
⑤ '계산적 몰입'은 공인적 조직에서 찾아볼 수 있으며 단순한 참여와 근속만을 의미한다.

• 도덕적 몰입 : 비영리적 조직에서 찾아볼 수 있는 조직몰입 형태로 도덕적이며 규범적 동기에서 조직에 참가하는 것으로 조직몰입의 강도가 제일 높으며 가장 긍정적 조직으로의 지향을 나타낸다.
• 계산적 몰입 : 조직과 구성원 간의 관계가 타산적이고 합리적일 때의 유형으로 몰입의 정도는 중간 정도를 보이게 되며, 몰입 방향은 긍정적 혹은 부정적 방향으로 나타날 수 있다. 이러한 몰입은 공인적 조직에서 찾아볼 수 있으며 단순한 참여와 근속만을 의미한다.
• 소외적 몰입 : 주로 교도소, 포로수용소 등 착취적인 관계에서 볼 수 있는 것으로 조직과 구성원 간의 관계가 부정적 상태인 몰입이다.

21 네트워크 조직구조가 가지는 일반적인 장점에 대한 설명으로 가장 옳지 않은 것은?

① 조직의 유연성과 자율성 강화를 통해 창의력을 발휘할 수 있다.

② 통합과 학습을 통해 경쟁력을 제고할 수 있다.

③ 조직의 네트워크화를 통해 환경 변화에 따른 불확실성을 감소시킬 수 있다.

④ 조직의 정체성과 응집력을 강화시킬 수 있다.

⑤ 독립된 각 사업부서들이 고유 기능을 수행하면서도 상호 협력할 수 있는 체제이다.

 네트워크 조직은 독립된 각 사업 부서들이 자신의 고유 기능을 수행하면서 제품 생산이나 프로젝트의 수행을 위해서 상호 협력적인 네트워크를 지니는 조직으로 ①②③⑤의 장점이 있지만, 조직 간 경계가 애매하여 정체성과 응집력이 약화될 수 있다는 단점이 있다.

22 지식정보화 시대에 필요한 학습조직의 특성에 대한 설명으로 옳은 것만 묶은 것은?

> ㉠ 조직의 기본구성 단위는 팀으로, 수직적 조직구조를 강조한다.
> ㉡ 불확실한 환경에 요구되는 조직의 기억과 학습의 가능성에 주목한다.
> ㉢ 리더에게는 구성원들이 공유할 수 있는 미래비전 창조의 역할이 요구된다.
> ㉣ 체계화된 학습이 강조됨에 따라 조직 구성원의 권한은 약화된다.

① ㉠, ㉡

② ㉠, ㉣

③ ㉡, ㉢

④ ㉡, ㉣

⑤ ㉢, ㉣

 조직의 기본구성 단위는 팀으로, 수평적 조직구조를 강조하며 조직구성원과 관리자 간의 활발한 커뮤니케이션을 장려하고 전체를 중시하기 때문에 조직구성원의 권한이 약화되지 않는다.

23 다음은 조직문화의 구성 요소를 나타낸 7S 모형이다. ⓐ와 ⓑ에 들어갈 요소를 올바르게 짝지은 것은 어느 것인가?

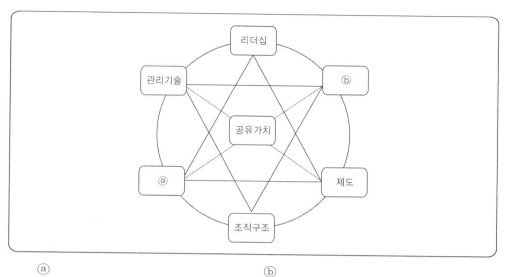

	ⓐ	ⓑ
①	구성원	전략
②	구성원	만족도
③	용이성	단절성
④	전략	응답성
⑤	정체성	협력성

 7S모형은 조직의 현상을 이해하는 데 있어, 조직의 핵심적 구성요소를 파악하고 이를 중심으로 조직을 진단하는 것은 조직의 문제해결을 위한 유용한 접근방법이다.
조직진단 7S 모형은 조직의 핵심적 역량요소를 공유가치(shared value), 전략(strategy), 조직구조(structure), 제도(system), 구성원(staff), 관리기술(skill), 리더십 스타일(style) 등 영문자 'S'로 시작하는 단어 7개로 이루어져 있다.

|24~25| 다음은 H 도시철도의 〈조직도〉 및 〈전결규정〉의 일부를 나타낸 것이다. 각 물음에 답하시오.

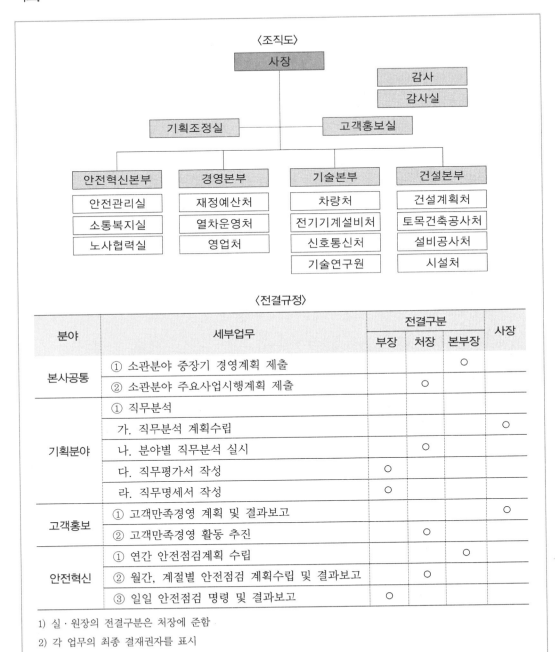

〈조직도〉

사장

감사
감사실

기획조정실 — 고객홍보실

안전혁신본부	경영본부	기술본부	건설본부
안전관리실	재정예산처	차량처	건설계획처
소통복지실	열차운영처	전기기계설비처	토목건축공사처
노사협력실	영업처	신호통신처	설비공사처
		기술연구원	시설처

〈전결규정〉

분야	세부업무	전결구분			사장
		부장	처장	본부장	
본사공통	① 소관분야 중장기 경영계획 제출			○	
	② 소관분야 주요사업시행계획 제출		○		
기획분야	① 직무분석				
	가. 직무분석 계획수립				○
	나. 분야별 직무분석 실시		○		
	다. 직무평가서 작성	○			
	라. 직무명세서 작성	○			
고객홍보	① 고객만족경영 계획 및 결과보고				○
	② 고객만족경영 활동 추진		○		
안전혁신	① 연간 안전점검계획 수립			○	
	② 월간, 계절별 안전점검 계획수립 및 결과보고		○		
	③ 일일 안전점검 명령 및 결과보고	○			

1) 실·원장의 전결구분은 처장에 준함

2) 각 업무의 최종 결재권자를 표시

24 위 조직도를 보고 잘못 이해한 것은?

① 기획 업무와 경영 업무를 관장하는 조직이 따로 구분되어 있다.

② H 도시철도에는 4개의 본부와 10개의 처가 있다.

③ 감사 임원의 임명권은 H 도시철도 사장에게 있지 않을 것이다.

④ 기획조정실, 고객홍보실에는 하부 조직이 구성되어 있지 않다.

⑤ 노사협력에 대한 업무는 경영본부 소관이다.

(Tip) ⑤ '노사협력실'은 '안전혁신본부'에 속해 있다.

25 다음 각 H 도시철도 조직원들의 업무처리 내용 중 적절한 것은?

① 안전관리실 직원 A는 이번 달의 월간 안전점검 계획수립 및 결과 보고서를 작성한 후, 처장님의 결재를 얻었고, 이제 본부장님의 결재를 기다리고 있다.

② 기획조정실 실장 B는 올해 초 마친 H 도시철도 내 직무분석 업무에서 '계획수립' 보고서에 대해서만 결재하면 되었다.

③ H 도시철도 사장 C는 '고객만족경영 결과 보고서'에는 결재했지만, 고객홍보실 주요 사업시행계획에 대해선 고객홍보실장의 보고만 받았다.

④ 안전혁신본부장 D가 결재해야 할 보고서는 '연간 안전점검계획 수립'에 대한 건뿐이다.

⑤ 기획조정실 직원 E는 직무평가서를 작성한 후 실장님의 결재를 얻었다.

(Tip) ③ 본사 공통인 '소관분야 주요사업 시행계획'에 대해서는 고객홍보실장이 최종 결재권자이다.
① '월간 안전점검 계획수립 및 결과보고'의 최종 결재권자는 '처장'이다.
② 실장은 처장에 준한다고 하였으므로, 기획조정실 실장은 '직무분석 계획수립'과 '분야별 직무분석 실시' 건에 대해 결재하여야 한다.
④ 중장기 경영계획 제출에 대해서는 본사 공통이므로 안전혁신본부장은 '안전혁신분야 중장기 경영계획'에 관한 보고서에도 결재해야 한다.
⑤ 직무평가서 작성에 대한 건은 기획조정실 부장이 최종 결재권자이다.

Answer→ 24.⑤ 25.③

26 다음과 같은 '갑'사의 위임전결규칙을 참고할 때, 다음 중 적절한 행위로 볼 수 없는 것은 어느 것인가?

업무내용(소요예산 기준)	전결권자				이사장
	팀원	팀장	국(실)장	이사	
가. 공사 도급					
3억 원 이상					○
1억 원 이상				○	
1억 원 미만			○		
1,000만 원 이하		○			
나. 물품(비품, 사무용품 등) 제조/구매 및 용역					
3억 원 이상					○
1억 원 이상				○	
1억 원 미만			○		
1,000만 원 이하		○			
다. 자산의 임(대)차 계약					
1억 원 이상					○
1억 원 미만				○	
5,000만 원 미만			○		
라. 물품수리					
500만 원 이상			○		
500만 원 미만		○			
마. 기타 사업비 예산집행 기본품의					
1,000만 원 이상			○		
1,000만 원 미만		○			

① 국장이 부재 중일 경우, 소요예산 5,000만 원인 공사 도급 계약은 팀장이 전결권자가 된다.
② 소요예산이 800만 원인 인쇄물의 구매 건은 팀장의 전결 사항이다.
③ 이사장이 부재 중일 경우, 소요예산이 2억 원인 자산 임대차 계약 건은 국장이 전결권자가 된다.
④ 소요예산이 600만 원인 물품수리 건은 이사의 결재가 필요하지 않다.
⑤ 기타 사업비 관련 품의서는 금액에 관계없이 국장이 전결권자가 된다.

차상위자가 전결권자가 되어야 하므로 이사장의 차상위자인 이사가 전결권자가 되어야 한다.
① 차상위자가 전결권을 갖게 되므로 팀장이 전결권자가 되며, 국장이 업무 복귀 시 반드시 사후 결재를 득하여야 한다.

27 '조직몰입'에 대한 다음 설명을 참고할 때, 조직몰입의 유형에 대한 설명으로 적절하지 않은 것은 어느 것인가?

> 몰입이라는 용어는 사회학에서 주로 다루어져 왔는데 사전적 의미에서 몰입이란 "감성적 또는 지성적으로 특정의 행위과정에서 빠지는 것" 이므로 몰입은 타인, 집단, 조직과의 관계를 포함하며, 조직몰입은 종업원이 자신이 속한 조직에 대해 얼마만큼의 열정을 가지고 몰두하느냐 하는 정도를 가리키는 개념이다. 즉, 조직에 대한 충성 동일화 및 참여의 견지에서 조직구성원이 가지는 조직에 대한 성향을 의미한다. 또한 조직몰입은 조직의 목표와 가치에 대한 강한 신념과 조직을 위해 상당한 노력을 하고자 하는 의지 및 조직의 구성원으로 남기를 바라는 강한 욕구를 의미하기도 한다. 최근에는 직무만족보다 성과나 이직 등의 조직현상에 대한 설명력이 높다는 관점에서 조직에 대한 조직구성원의 태도를 나타내는 조직몰입은 많은 연구의 관심사가 되고 있다.

① '도덕적 몰입'은 비영리적 조직에서 찾아볼 수 있는 조직몰입 형태이다.
② 조직과 구성원간의 관계가 타산적이고 합리적일 때의 유형은 '계산적 몰입'에 해당된다.
③ 조직과 구성원간의 관계가 부정적, 착취적 상태인 몰입의 유형은 '소외적 몰입'에 해당된다.
④ '도덕적 몰입'은 몰입의 정도가 가장 낮다고 할 수 있다.
⑤ '계산적 몰입'은 공인적 조직에서 찾아볼 수 있으며 단순한 참여와 근속만을 의미한다.

 도덕적 몰입은 비영리적 조직에서 찾아볼 수 있는 조직몰입 형태로 도덕적이며 규범적 동기에서 조직에 참가하는 것으로 조직몰입의 강도가 제일 높으며 가장 긍정적 조직으로의 지향을 나타낸다. 계산적 몰입은 조직과 구성원간의 관계가 타산적이고 합리적일 때의 유형으로 몰입의 정도는 중간 정도를 보이게 되며, 몰입 방향은 긍정적 혹은 부정적 방향으로 나타날 수 있다. 이러한 몰입은 공인적 조직에서 찾아볼 수 있으며 단순한 참여와 근속만을 의미한다. 소외적 몰입은 주로 교도소, 포로수용소 등 착취적인 관계에서 볼 수 있는 것으로 조직과 구성원간의 관계가 부정적 상태인 몰입이다.

28 다음과 같은 문서 결재 양식을 보고 알 수 있는 사항이 아닌 것은 어느 것인가?

결재	담당	팀장	본부장	부사장	사장
	박 사원 서명	강 팀장 서명	전결		본부장

출장보고서

① 박 사원 출장을 다녀왔으며, 전체 출장 인원수는 알 수 없다.
② 출장자에 강 팀장은 포함되어 있지 않다.
③ 팀장 이하 출장자의 출장보고서 전결권자는 본부장이다.
④ 부사장은 결재할 필요가 없는 문서이다.
⑤ 본부장은 가장 오른쪽 결재란에 서명을 하게 된다.

 일반적인 경우, 팀장과 팀원의 동반 출장 시의 출장보고서는 팀원이 작성하여 담당→팀장의 결재 절차를 거치게 된다. 따라서 제시된 출장보고서는 박 사원 단독 출장의 경우로 볼 수도 있고 박 사원과 강 팀장의 동반 출장의 경우로 볼 수도 있으므로 반드시 출장자에 강 팀장이 포함되어 있지 않다고 말할 수는 없다.

29 다음 설명을 참고할 때, '차별화 전략'의 단점으로 가장 거리가 먼 것은 어느 것인가?

> 조직의 경영전략은 경영자의 경영이념이나 조직의 특성에 따라 다양하다. 이 중 대표적인 경영전략으로 마이클 포터(Michael E. Porter)의 본원적 경쟁전략이 있다. 본원적 경쟁전략은 해당 사업에서 경쟁우위를 확보하기 위한 전략이며 차별화 전략, 집중화 전략, 원가우위 전략이 이에 속한다.
> 차별화 전략은 조직이 생산품이나 서비스를 차별화하여 고객에게 가치가 있고 독특하게 인식되도록 하는 전략이다. 이러한 전략을 활용하기 위해서는 연구개발이나 광고를 통하여 기술, 품질, 서비스, 브랜드 이미지를 개선할 필요가 있다.

① 많은 비용이 수반된다.
② 비차별화 전략에 비해 시장을 세분화해야 하는 어려움이 있다.
③ 다양한 상품 개발에 따라 상품 원가가 높아질 수 있다.
④ 유통경로 관리와 촉진에 추가적인 노력이 필요하다.
⑤ 과도한 가격경쟁력 확보를 추진할 경우 수익구조에 악영향을 끼칠 수 있다.

 가격경쟁력을 확보하고자 하는 것은 원가우위 전략에서 실시하는 세부 전략 내용이다. 원가를 낮춰 더 많은 고객을 확보하는 것이 원가우위 전략의 기본 목표이므로 이러한 전략이 과도할 경우 매출만 신장될 뿐 수익구조가 오히려 악화될 우려가 있다.

한편, 차별화 전략은 여러 세분화된 시장을 표적 시장으로 삼아 이들 각각에 독특한 상품을 제공하고자 하는 전략으로 차별적 마케팅을 추진하기 위하여 많은 비용이 수반된다. 또한, 상품과 시장이 다양해져 그에 따른 관리 비용 역시 많아진다는 것이 가장 큰 단점이라고 할 수 있다.

30 다음은 A사의 임직원 행동지침의 일부이다. 이에 대한 설명으로 올바르지 않은 것은 어느 것인가?

> 제○○조(외국 업체 선정을 위한 기술평가위원회 운영)
> - 외국 업체 선정을 위한 기술평가위원회 운영이 필요한 경우 기술평가위원 위촉 시 부패행위 전력자 및 당사 임직원 행동강령 제5조 제1항 제2호 및 제3호에 따른 이해관계자를 배제해야 하며, 기술평가위원회 활동 중인 위원의 부정행위 적발 시에는 해촉하도록 한다.
> - 외국 업체 선정을 위한 기술평가위원회 위원은 해당 분야 자격증, 학위 소지여부 등에 대한 심사를 엄격히 하여 전문성을 가진 자로 선발한다.
> - 계약관련 외국 업체가 사전로비를 하는 것을 방지하기 위하여 외국 업체 선정을 위한 기술평가위원회 명단을 외부에 공개하는 것을 금지한다.
> - 외국 업체 선정을 위한 기술평가위원회를 운영할 경우 위원의 제척, 기피 및 회피제를 포함하여야 하며, 평가의 공정성 및 책임성 확보를 위해 평가위원으로부터 청렴서약서를 징구한다.
> - 외국 업체 선정을 위한 기술평가위원회를 개최하는 경우 직원은 평가위원의 발언 요지, 결정사항 및 표결내용 등의 회의결과를 기록하고 보관해야 한다.

① 기술평가위원의 발언과 결정사항 등은 번복이나 변경을 방지하고자 기록되어진다.
② 기술평가위원이 누구인지 내부적으로는 공개된다.
③ 이해관계에 의한 불공정 평가는 엄정히 방지된다.
④ 기술평가위원에게 해당 분야의 전문성은 필수조건이다.
⑤ 부패행위의 전력이 있어도 기술위원으로 위촉될 수 없다.

 임직원 행동지침에 나타난 내용을 통하여 조직의 업무를 파악할 줄 알아야 한다.
제시된 임직원 행동지침에서는 기술평가위원 명단의 사전 외부 공개를 금지한다고 되어 있으나 내부적으로도 금지 원칙은 기본적으로 따르는 것이다. 다만, 기술평가위원 선정 자체가 사내의 일이므로 공식 공개가 아니더라도 비공식 루트로 정보 누수가 있을 수도 있다는 의미를 포함한다고 볼 수 있다.

Answer → 28.② 29.⑤ 30.②

PART

III

인성검사

01 인성검사의 개요

1 인성(성격)검사의 개념과 목적

인성(성격)이란 개인을 특징짓는 평범하고 일상적인 사회적 이미지, 즉 지속적이고 일관된 공적 성격(Public – personality)이며, 환경에 대응함으로써 선천적·후천적 요소의 상호작용으로 결정화된 심리적·사회적 특성 및 경향을 의미한다.

인성검사는 직무적성검사를 실시하는 대부분의 기업체에서 병행하여 실시하고 있으며, 인성검사만 독자적으로 실시하는 기업도 있다.

기업체에서는 인성검사를 통하여 각 개인이 어떠한 성격 특성이 발달되어 있고, 어떤 특성이 얼마나 부족한지, 그것이 해당 직무의 특성 및 조직문화와 얼마나 맞는지를 알아보고 이에 적합한 인재를 선발하고자 한다. 또한 개인에게 적합한 직무 배분과 부족한 부분을 교육을 통해 보완하도록 할 수 있다.

인성검사의 측정요소는 검사방법에 따라 차이가 있다. 또한 각 기업체들이 사용하고 있는 인성검사는 기존에 개발된 인성검사방법에 각 기업체의 인재상을 적용하여 자신들에게 적합하게 재개발하여 사용하는 경우가 많다. 그러므로 기업체에서 요구하는 인재상을 파악하여 그에 따른 대비책을 준비하는 것이 바람직하다. 본서에서 제시된 인성검사는 크게 '특성'과 '유형'의 측면에서 측정하게 된다.

2 성격의 특성

(1) 정서적 측면

정서적 측면은 평소 마음의 당연시하는 자세나 정신상태가 얼마나 안정되어 있는지 또는 불안정한지를 측정한다.

정서의 상태는 직무수행이나 대인관계와 관련하여 태도나 행동으로 드러난다. 그러므로 정서적 측면을 측정하는 것에 의해, 장래 조직 내의 인간관계에 어느 정도 잘 적응할 수 있을까(또는 적응하지 못할까)를 예측하는 것이 가능하다.

그렇기 때문에, 정서적 측면의 결과는 채용 시에 상당히 중시된다. 아무리 능력이 좋아도 장기적으로 조직 내의 인간관계에 잘 적응할 수 없다고 판단되는 인재는 기본적으로는 채용되지 않는다.

일반적으로 인성(성격)검사는 채용과는 관계없다고 생각하나 정서적으로 조직에 적응하지 못하는 인재는 채용단계에서 가려내지는 것을 유의하여야 한다.

① 민감성(신경도) … 꼼꼼함, 섬세함, 성실함 등의 요소를 통해 일반적으로 신경질적인지 또는 자신의 존재를 위협받는다는 불안을 갖기 쉬운지를 측정한다.

질문	전혀 그렇지 않다	그렇지 않다	그렇다	매우 그렇다
• 배려적이라고 생각한다. • 어지러진 방에 있으면 불안하다. • 실패 후에는 불안하다. • 세세한 것까지 신경쓴다. • 이유 없이 불안할 때가 있다.				

▶측정결과

㉠ '그렇다'가 많은 경우(상처받기 쉬운 유형) : 사소한 일에 신경 쓰고 다른 사람의 사소한 한마디 말에 상처를 받기 쉽다.
• 면접관의 심리 : '동료들과 잘 지낼 수 있을까?', '실패할 때마다 위축되지 않을까?'
• 면접대책 : 다소 신경질적이라도 능력을 발휘할 수 있다는 평가를 얻도록 한다. 주변과 충분한 의사소통이 가능하고, 결정한 것을 실행할 수 있다는 것을 보여주어야 한다.

㉡ '그렇지 않다'가 많은 경우(정신적으로 안정적인 유형) : 사소한 일에 신경 쓰지 않고 금방 해결하며, 주위 사람의 말에 과민하게 반응하지 않는다.
• 면접관의 심리 : '계약할 때 필요한 유형이고, 사고 발생에도 유연하게 대처할 수 있다.'
• 면접대책 : 일반적으로 '민감성'의 측정치가 낮으면 플러스 평가를 받으므로 더욱 자신감 있는 모습을 보여준다.

② **자책성(과민도)** … 자신을 비난하거나 책망하는 정도를 측정한다.

질문	전혀 그렇지 않다	그렇지 않다	그렇다	매우 그렇다
• 후회하는 일이 많다. • 자신이 하찮은 존재라 생각된다. • 문제가 발생하면 자기의 탓이라고 생각한다. • 무슨 일이든지 끙끙대며 진행하는 경향이 있다. • 온순한 편이다.				

▶측정결과

㉠ '그렇다'가 많은 경우(자책하는 유형) : 비관적이고 후회하는 유형이다.
- 면접관의 심리 : '끙끙대며 괴로워하고, 일을 진행하지 못할 것 같다.'
- 면접대책 : 기분이 저조해도 항상 의욕을 가지고 생활하는 것과 책임감이 강하다는 것을 보여준다.

㉡ '그렇지 않다'가 많은 경우(낙천적인 유형) : 기분이 항상 밝은 편이다.
- 면접관의 심리 : '안정된 대인관계를 맺을 수 있고, 외부의 압력에도 흔들리지 않는다.'
- 면접대책 : 일반적으로 '자책성'의 측정치가 낮아야 좋은 평가를 받는다.

③ **기분성(불안도)** … 기분의 굴곡이나 감정적인 면의 미숙함이 어느 정도인지를 측정하는 것이다.

질문	전혀 그렇지 않다	그렇지 않다	그렇다	매우 그렇다
• 다른 사람의 의견에 자신의 결정이 흔들리는 경우가 많다. • 기분이 쉽게 변한다. • 종종 후회한다. • 다른 사람보다 의지가 약한 편이라고 생각한다. • 금방 싫증을 내는 성격이라는 말을 자주 듣는다.				

▶측정결과

㉠ '그렇다'가 많은 경우(감정의 기복이 많은 유형) : 의지력보다 기분에 따라 행동하기 쉽다.
- 면접관의 심리 : '감정적인 것에 약하며, 상황에 따라 생산성이 떨어지지 않을까?'
- 면접대책 : 주변 사람들과 항상 협조한다는 것을 강조하고 한결같은 상태로 일할 수 있다는 평가를 받도록 한다.

㉡ '그렇지 않다'가 많은 경우(감정의 기복이 적은 유형) : 감정의 기복이 없고, 안정적이다.
- 면접관의 심리 : '안정적으로 업무에 임할 수 있다.'
- 면접대책 : 기분성의 측정치가 낮으면 플러스 평가를 받으므로 자신감을 가지고 면접에 임한다.

④ 독자성(개인도) … 주변에 대한 견해나 관심, 자신의 견해나 생각에 어느 정도의 속박감을 가지고 있는지를 측정한다.

질문	전혀 그렇지 않다	그렇지 않다	그렇다	매우 그렇다
• 창의적 사고방식을 가지고 있다. • 융통성이 없는 편이다. • 혼자 있는 편이 많은 사람과 있는 것보다 편하다. • 개성적이라는 말을 듣는다. • 교제는 번거로운 것이라고 생각하는 경우가 많다.				

▶측정결과

㉠ '그렇다'가 많은 경우 : 자기의 관점을 중요하게 생각하는 유형으로, 주위의 상황보다 자신의 느낌과 생각을 중시한다.
• 면접관의 심리 : '제멋대로 행동하지 않을까?'
• 면접대책 : 주위 사람과 협조하여 일을 진행할 수 있다는 것과 상식에 얽매이지 않는다는 인상을 심어준다.

㉡ '그렇지 않다'가 많은 경우 : 상식적으로 행동하고 주변 사람의 시선에 신경을 쓴다.
• 면접관의 심리 : '다른 직원들과 협조하여 업무를 진행할 수 있겠다.'
• 면접대책 : 협조성이 요구되는 기업체에서는 플러스 평가를 받을 수 있다.

⑤ **자신감**(자존심도) … 자기 자신에 대해 얼마나 긍정적으로 평가하는지를 측정한다.

질문	전혀 그렇지 않다	그렇지 않다	그렇다	매우 그렇다
• 다른 사람보다 능력이 뛰어나다고 생각한다. • 다소 반대의견이 있어도 나만의 생각으로 행동할 수 있다. • 나는 다른 사람보다 기가 센 편이다. • 동료가 나를 모욕해도 무시할 수 있다. • 대개의 일을 목적한 대로 헤쳐나갈 수 있다고 생각한다.				

▶측정결과

㉠ '그렇다'가 많은 경우 : 자기 능력이나 외모 등에 자신감이 있고, 비판당하는 것을 좋아하지 않는다.
  • 면접관의 심리 : '자만하여 지시에 잘 따를 수 있을까?'
  • 면접대책 : 다른 사람의 조언을 잘 받아들이고, 겸허하게 반성하는 면이 있다는 것을 보여주고, 동료들과 잘 지내며 리더의 자질이 있다는 것을 강조한다.
㉡ '그렇지 않다'가 많은 경우 : 자신감이 없고 다른 사람의 비판에 약하다.
  • 면접관의 심리 : '패기가 부족하지 않을까?', '쉽게 좌절하지 않을까?'
  • 면접대책 : 극도의 자신감 부족으로 평가되지는 않는다. 그러나 마음이 약한 면은 있지만 의욕적으로 일을 하겠다는 마음가짐을 보여준다.

⑥ **고양성**(분위기에 들뜨는 정도) … 자유분방함, 명랑함과 같이 감정(기분)의 높고 낮음의 정도를 측정한다.

질문	전혀 그렇지 않다	그렇지 않다	그렇다	매우 그렇다
• 침착하지 못한 편이다. • 다른 사람보다 쉽게 우쭐해진다. • 모든 사람이 아는 유명인사가 되고 싶다. • 모임이나 집단에서 분위기를 이끄는 편이다. • 취미 등이 오랫동안 지속되지 않는 편이다.				

▶측정결과

㉠ '그렇다'가 많은 경우 : 자극이나 변화가 있는 일상을 원하고 기분을 들뜨게 하는 사람과 친밀하게 지내는 경향이 강하다.
- 면접관의 심리 : '일을 진행하는 데 변덕스럽지 않을까?'
- 면접대책 : 밝은 태도는 플러스 평가를 받을 수 있지만, 착실한 업무능력이 요구되는 직종에서는 마이너스 평가가 될 수 있다. 따라서 자기조절이 가능하다는 것을 보여준다.

㉡ '그렇지 않다'가 많은 경우 : 감정이 항상 일정하고, 속을 드러내 보이지 않는다.
- 면접관의 심리 : '안정적인 업무 태도를 기대할 수 있겠다.'
- 면접대책 : '고양성'의 낮음은 대체로 플러스 평가를 받을 수 있다. 그러나 '무엇을 생각하고 있는지 모르겠다' 등의 평을 듣지 않도록 주의한다.

⑦ 허위성(진위성) … 필요 이상으로 자기를 좋게 보이려 하거나 기업체가 원하는 '이상형'에 맞춘 대답을 하고 있는지, 없는지를 측정한다.

질문	전혀 그렇지 않다	그렇지 않다	그렇다	매우 그렇다
• 약속을 깨뜨린 적이 한 번도 없다. • 다른 사람을 부럽다고 생각해 본 적이 없다. • 꾸지람을 들은 적이 없다. • 사람을 미워한 적이 없다. • 화를 낸 적이 한 번도 없다.				

▶측정결과

㉠ '그렇다'가 많은 경우 : 실제의 자기와는 다른, 말하자면 원칙으로 해답할 가능성이 있다.
- 면접관의 심리 : '거짓을 말하고 있다.'
- 면접대책 : 조금이라도 좋게 보이려고 하는 '거짓말쟁이'로 평가될 수 있다. '거짓을 말하고 있다.'는 마음 따위가 전혀 없다 해도 결과적으로는 정직하게 답하지 않는다는 것이 되어 버린다. '허위성' 의 측정 질문은 구분되지 않고 다른 질문 중에 섞여 있다. 그러므로 모든 질문에 솔직하게 답하여야 한다. 또한 자기 자신과 너무 동떨어진 이미지로 답하면 좋은 결과를 얻지 못한다. 그리고 면접에서 '허위성'을 기본으로 한 질문을 받게 되므로 당황하거나 또다른 모순된 답변을 하게 된다. 겉치레를 하거나 무리한 욕심을 부리지 말고 '이런 사회인이 되고 싶다.'는 현재의 자신보다, 조금 성장한 자신을 표현하는 정도가 적당하다.

㉡ '그렇지 않다'가 많은 경우 : 냉정하고 정직하며, 외부의 압력과 스트레스에 강한 유형이다. '대쪽 같음'의 이미지가 굳어지지 않도록 주의한다.

(2) 행동적인 측면

행동적 측면은 인격 중에 특히 행동으로 드러나기 쉬운 측면을 측정한다. 사람의 행동 특징 자체에는 선도 악도 없으나, 일반적으로는 일의 내용에 의해 원하는 행동이 있다. 때문에 행동적 측면은 주로 직종과 깊은 관계가 있는데 자신의 행동 특성을 살려 적합한 직종을 선택한다면 플러스가 될 수 있다.

행동 특성에서 보여 지는 특징은 면접장면에서도 드러나기 쉬운데 본서의 모의 TEST의 결과를 참고하여 자신의 태도, 행동이 면접관의 시선에 어떻게 비치는지를 점검하도록 한다.

① 사회적 내향성 … 대인관계에서 나타나는 행동경향으로 '낯가림'을 측정한다.

질문	선택
A : 파티에서는 사람을 소개받은 편이다. B : 파티에서는 사람을 소개하는 편이다.	
A : 처음 보는 사람과는 어색하게 시간을 보내는 편이다. B : 처음 보는 사람과는 즐거운 시간을 보내는 편이다.	
A : 친구가 적은 편이다. B : 친구가 많은 편이다.	
A : 자신의 의견을 말하는 경우가 적다. B : 자신의 의견을 말하는 경우가 많다.	
A : 사교적인 모임에 참석하는 것을 좋아하지 않는다. B : 사교적인 모임에 항상 참석한다.	

▶측정결과

㉠ 'A'가 많은 경우 : 내성적이고 사람들과 접하는 것에 소극적이다. 자신의 의견을 말하지 않고 조심스러운 편이다.
  • 면접관의 심리 : '소극적인데 동료와 잘 지낼 수 있을까?'
  • 면접대책 : 대인관계를 맺는 것을 싫어하지 않고 의욕적으로 일을 할 수 있다는 것을 보여준다.

㉡ 'B'가 많은 경우 : 사교적이고 자기의 생각을 명확하게 전달할 수 있다.
  • 면접관의 심리 : '사교적이고 활동적인 것은 좋지만, 자기주장이 너무 강하지 않을까?'
  • 면접대책 : 협조성을 보여주고, 자기주장이 너무 강하다는 인상을 주지 않도록 주의한다.

② 내성성(침착도) … 자신의 행동과 일에 대해 침착하게 생각하는 정도를 측정한다.

질문	선택
A : 시간이 걸려도 침착하게 생각하는 경우가 많다. B : 짧은 시간에 결정을 하는 경우가 많다.	
A : 실패의 원인을 찾고 반성하는 편이다. B : 실패를 해도 그다지(별로) 개의치 않는다.	
A : 결론이 도출되어도 몇 번 정도 생각을 바꾼다. B : 결론이 도출되면 신속하게 행동으로 옮긴다.	
A : 여러 가지 생각하는 것이 능숙하다. B : 여러 가지 일을 재빨리 능숙하게 처리하는 데 익숙하다.	
A : 여러 가지 측면에서 사물을 검토한다. B : 행동한 후 생각을 한다.	

▶측정결과

㉠ 'A'가 많은 경우 : 행동하기 보다는 생각하는 것을 좋아하고 신중하게 계획을 세워 실행한다.
 • 면접관의 심리 : '행동으로 실천하지 못하고, 대응이 늦은 경향이 있지 않을까?'
 • 면접대책 : 발로 뛰는 것을 좋아하고, 일을 더디게 한다는 인상을 주지 않도록 한다.

㉡ 'B'가 많은 경우 : 차분하게 생각하는 것보다 우선 행동하는 유형이다.
 • 면접관의 심리 : '생각하는 것을 싫어하고 경솔한 행동을 하지 않을까?'
 • 면접대책 : 계획을 세우고 행동할 수 있는 것을 보여주고 '사려깊다'라는 인상을 남기도록 한다.

③ 신체활동성 … 몸을 움직이는 것을 좋아하는가를 측정한다.

질문	선택
A : 민첩하게 활동하는 편이다. B : 준비행동이 없는 편이다.	
A : 일을 척척 해치우는 편이다. B : 일을 더디게 처리하는 편이다.	
A : 활발하다는 말을 듣는다. B : 얌전하다는 말을 듣는다.	
A : 몸을 움직이는 것을 좋아한다. B : 가만히 있는 것을 좋아한다.	
A : 스포츠를 하는 것을 즐긴다. B : 스포츠를 보는 것을 좋아한다.	

▶측정결과

㉠ 'A'가 많은 경우 : 활동적이고, 몸을 움직이게 하는 것이 컨디션이 좋다.

• 면접관의 심리 : '활동적으로 활동력이 좋아 보인다.'

• 면접대책 : 활동하고 얻은 성과 등과 주어진 상황의 대응능력을 보여준다.

㉡ 'B'가 많은 경우 : 침착한 인상으로, 차분하게 있는 타입이다.

• 면접관의 심리 : '좀처럼 행동하려 하지 않아 보이고, 일을 빠르게 처리할 수 있을까?'

④ 지속성(노력성) … 무슨 일이든 포기하지 않고 끈기 있게 하려는 정도를 측정한다.

질문	선택
A : 일단 시작한 일은 시간이 걸려도 끝까지 마무리한다. B : 일을 하다 어려움에 부딪히면 단념한다.	
A : 끈질긴 편이다. B : 바로 단념하는 편이다.	
A : 인내가 강하다는 말을 듣는다. B : 금방 싫증을 낸다는 말을 듣는다.	
A : 집념이 깊은 편이다. B : 담백한 편이다.	
A : 한 가지 일에 구애되는 것이 좋다고 생각한다. B : 간단하게 체념하는 것이 좋다고 생각한다.	

▶측정결과

㉠ 'A'가 많은 경우 : 시작한 것은 어려움이 있어도 포기하지 않고 인내심이 높다.

• 면접관의 심리 : '한 가지의 일에 너무 구애되고, 업무의 진행이 원활할까?'

• 면접대책 : 인내력이 있는 것은 플러스 평가를 받을 수 있지만 집착이 강해 보이기도 한다.

㉡ 'B'가 많은 경우 : 뒤끝이 없고 조그만 실패로 일을 포기하기 쉽다.

• 면접관의 심리 : '질리는 경향이 있고, 일을 정확히 끝낼 수 있을까?'

• 면접대책 : 지속적인 노력으로 성공했던 사례를 준비하도록 한다.

⑤ 신중성(주의성) … 자신이 처한 주변상황을 즉시 파악하고 자신의 행동이 어떤 영향을 미치는지를 측정한다.

질문	선택
A : 여러 가지로 생각하면서 완벽하게 준비하는 편이다. B : 행동할 때부터 임기응변적인 대응을 하는 편이다.	
A : 신중해서 타이밍을 놓치는 편이다. B : 준비 부족으로 실패하는 편이다.	
A : 자신은 어떤 일에도 신중히 대응하는 편이다. B : 순간적인 충동으로 활동하는 편이다.	
A : 시험을 볼 때 끝날 때까지 재검토하는 편이다. B : 시험을 볼 때 한 번에 모든 것을 마치는 편이다.	
A : 일에 대해 계획표를 만들어 실행한다. B : 일에 대한 계획표 없이 진행한다.	

▶측정결과

㉠ 'A'가 많은 경우 : 주변 상황에 민감하고, 예측하여 계획 있게 일을 진행한다.

• 면접관의 심리 : '너무 신중해서 적절한 판단을 할 수 있을까?', '앞으로의 상황에 불안을 느끼지 않을까?'

• 면접대책 : 예측을 하고 실행을 하는 것은 플러스 평가가 되지만, 너무 신중하면 일의 진행이 정체될 가능성을 보이므로 추진력이 있다는 강한 의욕을 보여준다.

㉡ 'B'가 많은 경우 : 주변 상황을 살펴보지 않고 착실한 계획 없이 일을 진행시킨다.

• 면접관의 심리 : '사려 깊지 않고, 실패하는 일이 많지 않을까?', '판단이 빠르고 유연한 사고를 할 수 있을까?'

• 면접대책 : 사전준비를 중요하게 생각하고 있다는 것 등을 보여주고, 경솔한 인상을 주지 않도록 한다. 또한 판단력이 빠르거나 유연한 사고 덕분에 일 처리를 잘 할 수 있다는 것을 강조한다.

(3) 의욕적인 측면

의욕적인 측면은 의욕의 정도, 활동력의 유무 등을 측정한다. 여기서의 의욕이란 우리들이 보통 말하고 사용하는 '하려는 의지'와는 조금 뉘앙스가 다르다. '하려는 의지'란 그 때의 환경이나 기분에 따라 변화하는 것이지만, 여기에서는 조금 더 변화하기 어려운 특징, 말하자면 정신적 에너지의 양으로 측정하는 것이다.

의욕적 측면은 행동적 측면과는 다르고, 전반적으로 어느 정도 점수가 높은 쪽을 선호한다. 모의검사의 의욕적 측면의 결과가 낮다면, 평소 일에 몰두할 때 조금 의욕 있는 자세를 가지고 서서히 개선하도록 노력해야 한다.

① 달성의욕 … 목적의식을 가지고 높은 이상을 가지고 있는지를 측정한다.

질문	선택
A : 경쟁심이 강한 편이다. B : 경쟁심이 약한 편이다.	
A : 어떤 한 분야에서 제1인자가 되고 싶다고 생각한다. B : 어느 분야에서든 성실하게 임무를 진행하고 싶다고 생각한다.	
A : 규모가 큰 일을 해보고 싶다. B : 맡은 일에 충실히 임하고 싶다.	
A : 아무리 노력해도 실패한 것은 아무런 도움이 되지 않는다. B : 가령 실패했을 지라도 나름대로의 노력이 있었으므로 괜찮다.	
A : 높은 목표를 설정하여 수행하는 것이 의욕적이다. B : 실현 가능한 정도의 목표를 설정하는 것이 의욕적이다.	

▶측정결과

㉠ 'A'가 많은 경우 : 큰 목표와 높은 이상을 가지고 승부욕이 강한 편이다.
 • 면접관의 심리 : '열심히 일을 해줄 것 같은 유형이다.'
 • 면접대책 : 달성의욕이 높다는 것은 어떤 직종이라도 플러스 평가가 된다.
㉡ 'B'가 많은 경우 : 현재의 생활을 소중하게 여기고 비약적인 발전을 위하여 기를 쓰지 않는다.
 • 면접관의 심리 : '외부의 압력에 약하고, 기획입안 등을 하기 어려울 것이다.'
 • 면접대책 : 일을 통하여 하고 싶은 것들을 구체적으로 어필한다.

② **활동의욕** … 자신에게 잠재된 에너지의 크기로, 정신적인 측면의 활동력이라 할 수 있다.

질문	선택
A : 하고 싶은 일을 실행으로 옮기는 편이다. B : 하고 싶은 일을 좀처럼 실행할 수 없는 편이다.	
A : 어려운 문제를 해결해 가는 것이 좋다. B : 어려운 문제를 해결하는 것을 잘하지 못한다.	
A : 일반적으로 결단이 빠른 편이다. B : 일반적으로 결단이 느린 편이다.	
A : 곤란한 상황에도 도전하는 편이다. B : 사물의 본질을 깊게 관찰하는 편이다.	
A : 시원시원하다는 말을 잘 듣는다. B : 꼼꼼하다는 말을 잘 듣는다.	

▶측정결과

㉠ 'A'가 많은 경우 : 꾸물거리는 것을 싫어하고 재빠르게 결단해서 행동하는 타입이다.
 • 면접관의 심리 : '일을 처리하는 솜씨가 좋고, 일을 척척 진행할 수 있을 것 같다.'
 • 면접대책 : 활동의욕이 높은 것은 플러스 평가가 된다. 사교성이나 활동성이 강하다는 인상을 준다.

㉡ 'B'가 많은 경우 : 안전하고 확실한 방법을 모색하고 차분하게 시간을 아껴서 일에 임하는 타입이다.
 • 면접관의 심리 : '재빨리 행동을 못하고, 일의 처리속도가 느린 것이 아닐까?'
 • 면접대책 : 활동성이 있는 것을 좋아하고 움직임이 더디다는 인상을 주지 않도록 한다.

3 성격의 유형

(1) 인성검사유형의 4가지 척도

정서적인 측면, 행동적인 측면, 의욕적인 측면의 요소들은 성격 특성이라는 관점에서 제시된 것들로 각 개인의 장·단점을 파악하는 데 유용하다. 그러나 전체적인 개인의 인성을 이해하는 데는 한계가 있다.

성격의 유형은 개인의 '성격적인 특색'을 가리키는 것으로, 사회인으로서 적합한지, 아닌지를 말하는 관점과는 관계가 없다. 따라서 채용의 합격 여부에는 사용되지 않는 경우가 많으며, 입사 후의 적정 부서 배치의 자료가 되는 편이라 생각하면 된다. 그러나 채용과 관계가 없다고 해서 아무런 준비도 필요없는 것은 아니다. 자신을 아는 것은 면접 대책의 밑거름이 되므로 모의검사 결과를 충분히 활용하도록 하여야 한다.

본서에서는 4개의 척도를 사용하여 기본적으로 16개의 패턴으로 성격의 유형을 분류하고 있다. 각 개인의 성격이 어떤 유형인지 재빨리 파악하기 위해 사용되며, '적성'에 맞는지, 맞지 않는지의 관점에 활용된다.

- 흥미·관심의 방향 : 내향형 ←————→ 외향형
- 사물에 대한 견해 : 직관형 ←————→ 감각형
- 판단하는 방법 : 감정형 ←————→ 사고형
- 환경에 대한 접근방법 : 지각형 ←————→ 판단형

(2) 성격유형

① 흥미·관심의 방향(내향⇆외향) … 흥미·관심의 방향이 자신의 내면에 있는지, 주위환경 등 외면에 향하는 지를 가리키는 척도이다.

질문	선택
A : 내성적인 성격인 편이다. B : 개방적인 성격인 편이다.	
A : 항상 신중하게 생각을 하는 편이다. B : 바로 행동에 착수하는 편이다.	
A : 수수하고 조심스러운 편이다. B : 자기 표현력이 강한 편이다.	
A : 다른 사람과 함께 있으면 침착하지 않다. B : 혼자서 있으면 침착하지 않다.	

▶측정결과

㉠ 'A'가 많은 경우(내향) : 관심의 방향이 자기 내면에 있으며, 조용하고 낯을 가리는 유형이다. 행동력은 부족하나 집중력이 뛰어나고 신중하고 꼼꼼하다.

㉡ 'B'가 많은 경우(외향) : 관심의 방향이 외부환경에 있으며, 사교적이고 활동적인 유형이다. 꼼꼼함이 부족하여 대충하는 경향이 있으나 행동력이 있다.

② 일(사물)을 보는 방법(직감⇆감각) … 일(사물)을 보는 법이 직감적으로 형식에 얽매이는지, 감각적으로 상식적인지를 가리키는 척도이다.

질문	선택
A : 현실주의적인 편이다. B : 상상력이 풍부한 편이다.	
A : 정형적인 방법으로 일을 처리하는 것을 좋아한다. B : 만들어진 방법에 변화가 있는 것을 좋아한다.	
A : 경험에서 가장 적합한 방법으로 선택한다. B : 지금까지 없었던 새로운 방법을 개척하는 것을 좋아한다.	
A : 성실하다는 말을 듣는다. B : 호기심이 강하다는 말을 듣는다.	

▶측정결과
㉠ 'A'가 많은 경우(감각) : 현실적이고 경험주의적이며 보수적인 유형이다.
㉡ 'B'가 많은 경우(직관) : 새로운 주제를 좋아하며, 독자적인 시각을 가진 유형이다.

③ 판단하는 방법(감정⇆사고) … 일을 감정적으로 판단하는지, 논리적으로 판단하는지를 가리키는 척도이다.

질문	선택
A : 인간관계를 중시하는 편이다. B : 일의 내용을 중시하는 편이다.	
A : 결론을 자기의 신념과 감정에서 이끌어내는 편이다. B : 결론을 논리적 사고에 의거하여 내리는 편이다.	
A : 다른 사람보다 동정적이고 눈물이 많은 편이다. B : 다른 사람보다 이성적이고 냉정하게 대응하는 편이다.	
A : 남의 이야기를 듣고 감정몰입이 빠른 편이다. B : 고민 상담을 받으면 해결책을 제시해주는 편이다.	

▶측정결과
㉠ 'A'가 많은 경우(감정) : 일을 판단할 때 마음·감정을 중요하게 여기는 유형이다. 감정이 풍부하고 친절하나 엄격함이 부족하고 우유부단하며, 합리성이 부족하다.
㉡ 'B'가 많은 경우(사고) : 일을 판단할 때 논리성을 중요하게 여기는 유형이다. 이성적이고 합리적이나 타인에 대한 배려가 부족하다.

④ 환경에 대한 접근방법 … 주변상황에 어떻게 접근하는지, 그 판단기준을 어디에 두는지를 측정한다.

질문	선택
A : 사전에 계획을 세우지 않고 행동한다. B : 반드시 계획을 세우고 그것에 의거해서 행동한다. A : 자유롭게 행동하는 것을 좋아한다. B : 조직적으로 행동하는 것을 좋아한다. A : 조직성이나 관습에 속박당하지 않는다. B : 조직성이나 관습을 중요하게 여긴다. A : 계획 없이 낭비가 심한 편이다. B : 예산을 세워 물건을 구입하는 편이다.	

▶측정결과

㉠ 'A'가 많은 경우(지각) : 일의 변화에 융통성을 가지고 유연하게 대응하는 유형이다. 낙관적이며 질서보다는 자유를 좋아하나 임기응변식의 대응으로 무계획적인 인상을 줄 수 있다.

㉡ 'B'가 많은 경우(판단) : 일의 진행시 계획을 세워서 실행하는 유형이다. 순차적으로 진행하는 일을 좋아하고 끈기가 있으나 변화에 대해 적절하게 대응하지 못하는 경향이 있다.

4 **인성검사의 대책**

(1) 미리 알아두어야 할 점

① 출제 문항 수 … 인성검사의 출제 문항 수는 특별히 정해진 것이 아니며 각 기업체의 기준에 따라 달라질 수 있다. 보통 100문항 이상에서 500문항까지 출제된다고 예상하면 된다.

② 출제형식

　㉠ 1Set로 묶인 세 개의 문항 중 자신에게 가장 가까운 것(Most)과 가장 먼 것(Least)을 하나씩 고르는 유형(72Set, 1Set당 3문항)

다음 세 가지 문항 중 자신에게 가장 가까운 것은 Most, 가장 먼 것은 Least에 체크하시오.

질문	Most	Least
① 자신의 생각이나 의견은 좀처럼 변하지 않는다.	✔	
② 구입한 후 끝까지 읽지 않은 책이 많다.		✔
③ 여행가기 전에 계획을 세운다.		

　㉡ '예' 아니면 '아니오'의 유형(178문항)

다음 문항을 읽고 자신에게 해당되는지 안 되는지를 판단하여 해당될 경우 '예'를, 해당되지 않을 경우 '아니오'를 고르시오.

질문	예	아니오
① 걱정거리가 있어서 잠을 못 잘 때가 있다.	✔	
② 시간에 쫓기는 것이 싫다.		✔

　㉢ 그 외의 유형

다음 문항에 대해서 평소에 자신이 생각하고 있는 것이나 행동하고 있는 것에 체크하시오.

질문	전혀 그렇지 않다	그렇지 않다	그렇다	매우 그렇다
① 머리를 쓰는 것보다 땀을 흘리는 일이 좋다.			✔	
② 자신은 사교적이 아니라고 생각한다.	✔			

(2) 임하는 자세

① **솔직하게 있는 그대로 표현한다** … 인성검사는 평범한 일상생활 내용들을 다룬 짧은 문장과 어떤 대상이나 일에 대한 선로를 선택하는 문장으로 구성되었으므로 평소에 자신이 생각한 바를 너무 골똘히 생각하지 말고 문제를 보는 순간 떠오른 것을 표현한다.

② **모든 문제를 신속하게 대답한다** … 인성검사는 시간 제한이 없는 것이 원칙이지만 기업체들은 일정한 시간 제한을 두고 있다. 인성검사는 개인의 성격과 자질을 알아보기 위한 검사이기 때문에 정답이 없다. 다만, 기업체에서 바람직하게 생각하거나 기대되는 결과가 있을 뿐이다. 따라서 시간에 쫓겨서 대충 대답을 하는 것은 바람직하지 못하다.

③ **일관성 있게 대답한다** … 간혹 반복되는 문제들이 출제되기 때문에 일관성 있게 답하지 않으면 감점될 수 있으므로 유의한다. 실제로 공기업 인사부 직원의 인터뷰에 따르면 일관성이 없게 대답한 응시자들이 감점을 받아 탈락했다고 한다. 거짓된 응답을 하다보면 일관성 없는 결과가 나타날 수 있으므로, 위에서 언급한 대로 신속하고 솔직하게 답해 일관성 있는 응답을 하는 것이 중요하다.

④ **마지막까지 집중해서 검사에 임한다** … 장시간 진행되는 검사에 지치지 않고 마지막까지 집중해서 정확히 답할 수 있도록 해야 한다.

┃1~400┃ 다음 ( ) 안에 당신에게 적합하다면 YES, 그렇지 않다면 NO를 선택하시오(인성검사는 응시자의 인성을 파악하기 위한 자료이므로 정답이 존재하지 않습니다).

	YES	NO
1. 조금이라도 나쁜 소식은 절망의 시작이라고 생각해버린다.	( )	( )
2. 언제나 실패가 걱정이 되어 어쩔 줄 모른다.	( )	( )
3. 다수결의 의견에 따르는 편이다.	( )	( )
4. 혼자서 식당에 들어가는 것은 전혀 두려운 일이 아니다.	( )	( )
5. 승부근성이 강하다.	( )	( )
6. 자주 흥분해서 침착하지 못하다.	( )	( )
7. 지금까지 살면서 타인에게 폐를 끼친 적이 없다.	( )	( )
8. 소곤소곤 이야기하는 것을 보면 자기에 대해 험담하고 있는 것으로 생각된다.	( )	( )
9. 무엇이든지 자기가 나쁘다고 생각하는 편이다.	( )	( )
10. 자신을 변덕스러운 사람이라고 생각한다.	( )	( )
11. 고독을 즐기는 편이다.	( )	( )
12. 자존심이 강하다고 생각한다.	( )	( )
13. 금방 흥분하는 성격이다.	( )	( )
14. 거짓말을 한 적이 없다.	( )	( )
15. 신경질적인 편이다.	( )	( )
16. 끙끙대며 고민하는 타입이다.	( )	( )
17. 감정적인 사람이라고 생각한다.	( )	( )
18. 자신만의 신념을 가지고 있다.	( )	( )
19. 다른 사람을 바보 같다고 생각한 적이 있다.	( )	( )
20. 금방 말해버리는 편이다.	( )	( )
21. 싫어하는 사람이 없다.	( )	( )

22. 대재앙이 오지 않을까 항상 걱정을 한다. ……………………………………( )( )

23. 쓸데없는 고생을 하는 일이 많다. …………………………………………( )( )

24. 자주 생각이 바뀌는 편이다. ………………………………………………( )( )

25. 문제점을 해결하기 위해 여러 사람과 상의한다. …………………………( )( )

26. 내 방식대로 일을 한다. ……………………………………………………( )( )

27. 영화를 보고 운 적이 많다. …………………………………………………( )( )

28. 어떤 것에 대해서도 화낸 적이 없다. ……………………………………( )( )

29. 사소한 충고에도 걱정을 한다. ……………………………………………( )( )

30. 자신은 도움이 안되는 사람이라고 생각한다. ……………………………( )( )

31. 금방 싫증을 내는 편이다. …………………………………………………( )( )

32. 개성적인 사람이라고 생각한다. ……………………………………………( )( )

33. 자기 주장이 강한 편이다. …………………………………………………( )( )

34. 뒤숭숭하다는 말을 들은 적이 있다. ………………………………………( )( )

35. 학교를 쉬고 싶다고 생각한 적이 한 번도 없다. …………………………( )( )

36. 사람들과 관계맺는 것을 보면 잘하지 못한다. ……………………………( )( )

37. 사려깊은 편이다. ……………………………………………………………( )( )

38. 몸을 움직이는 것을 좋아한다. ……………………………………………( )( )

39. 끈기가 있는 편이다. ………………………………………………………( )( )

40. 신중한 편이라고 생각한다. …………………………………………………( )( )

41. 인생의 목표는 큰 것이 좋다. ………………………………………………( )( )

42. 어떤 일이라도 바로 시작하는 타입이다. …………………………………( )( )

43. 낯가림을 하는 편이다. ……………………………………………………( )( )

44. 생각하고 나서 행동하는 편이다. …………………………………………( )( )

45. 쉬는 날은 밖으로 나가는 경우가 많다. …………………………………( )( )

46. 시작한 일은 반드시 완성시킨다. …………………………………………( )( )

47. 면밀한 계획을 세운 여행을 좋아한다. ……………………………………( )( )

48. 야망이 있는 편이라고 생각한다. …………………………………………( )( )

49. 활동력이 있는 편이다. ……………………………………………………( )( )

50. 많은 사람들과 왁자지껄하게 식사하는 것을 좋아하지 않는다. ·······················( )( )

51. 돈을 허비한 적이 없다. ··( )( )

52. 운동회를 아주 좋아하고 기대했다. ···( )( )

53. 하나의 취미에 열중하는 타입이다. ···( )( )

54. 모임에서 회장에 어울린다고 생각한다. ··( )( )

55. 입신출세의 성공이야기를 좋아한다. ··( )( )

56. 어떠한 일도 의욕을 가지고 임하는 편이다. ·····································( )( )

57. 학급에서는 존재가 희미했다. ···( )( )

58. 항상 무언가를 생각하고 있다. ··( )( )

59. 스포츠는 보는 것보다 하는 게 좋다. ··( )( )

60. '참 잘했네요'라는 말을 듣는다. ··( )( )

61. 흐린 날은 반드시 우산을 가지고 간다. ··( )( )

62. 주연상을 받을 수 있는 배우를 좋아한다. ·······································( )( )

63. 공격하는 타입이라고 생각한다. ··( )( )

64. 리드를 받는 편이다. ··( )( )

65. 너무 신중해서 기회를 놓친 적이 있다. ··( )( )

66. 시원시원하게 움직이는 타입이다. ··( )( )

67. 야근을 해서라도 업무를 끝낸다. ···( )( )

68. 누군가를 방문할 때는 반드시 사전에 확인한다. ·······························( )( )

69. 노력해도 결과가 따르지 않으면 의미가 없다. ··································( )( )

70. 무조건 행동해야 한다. ···( )( )

71. 유행에 둔감하다고 생각한다. ···( )( )

72. 정해진대로 움직이는 것은 시시하다. ···( )( )

73. 꿈을 계속 가지고 있고 싶다. ···( )( )

74. 질서보다 자유를 중요시하는 편이다. ··( )( )

75. 혼자서 취미에 몰두하는 것을 좋아한다. ···( )( )

76. 직관적으로 판단하는 편이다. ···( )( )

77. 영화나 드라마를 보면 등장인물의 감정에 이입된다. ···························( )( )

78. 시대의 흐름에 역행해서라도 자신을 관철하고 싶다. ·······················(   )(   )

79. 다른 사람의 소문에 관심이 없다. ·······································(   )(   )

80. 창조적인 편이다. ··(   )(   )

81. 비교적 눈물이 많은 편이다. ··(   )(   )

82. 융통성이 있다고 생각한다. ···(   )(   )

83. 친구의 휴대전화 번호를 잘 모른다. ······································(   )(   )

84. 스스로 고안하는 것을 좋아한다. ···(   )(   )

85. 정이 두터운 사람으로 남고 싶다. ··(   )(   )

86. 조직의 일원으로 별로 안 어울린다. ······································(   )(   )

87. 세상의 일에 별로 관심이 없다. ··(   )(   )

88. 변화를 추구하는 편이다. ···(   )(   )

89. 업무는 인간관계로 선택한다. ··(   )(   )

90. 환경이 변하는 것에 구애되지 않는다. ····································(   )(   )

91. 불안감이 강한 편이다. ···(   )(   )

92. 인생은 살 가치가 없다고 생각한다. ······································(   )(   )

93. 의지가 약한 편이다. ··(   )(   )

94. 다른 사람이 하는 일에 별로 관심이 없다. ·································(   )(   )

95. 사람을 설득시키는 것은 어렵지 않다. ····································(   )(   )

96. 심심한 것을 못 참는다. ··(   )(   )

97. 다른 사람을 욕한 적이 한 번도 없다. ····································(   )(   )

98. 다른 사람에게 어떻게 보일지 신경을 쓴다. ································(   )(   )

99. 금방 낙심하는 편이다. ···(   )(   )

100. 다른 사람에게 의존하는 경향이 있다. ····································(   )(   )

101. 그다지 융통성이 있는 편이 아니다. ······································(   )(   )

102. 다른 사람이 내 의견에 간섭하는 것이 싫다. ······························(   )(   )

103. 낙천적인 편이다. ··(   )(   )

104. 숙제를 잊어버린 적이 한 번도 없다. ·····································(   )(   )

105. 밤길에는 발소리가 들리기만 해도 불안하다. ·······························(   )(   )

106. 상냥하다는 말을 들은 적이 있다. ·······························(　)(　)

107. 자신은 유치한 사람이다. ···(　)(　)

108. 잡담을 하는 것보다 책을 읽는게 낫다. ·····················(　)(　)

109. 나는 영업에 적합한 타입이라고 생각한다. ···············(　)(　)

110. 술자리에서 술을 마시지 않아도 흥을 돋울 수 있다. ·····(　)(　)

111. 한 번도 병원에 간 적이 없다. ·································(　)(　)

112. 나쁜 일은 걱정이 되어서 어쩔 줄을 모른다. ···········(　)(　)

113. 쉽게 무기력해지는 편이다. ·······································(　)(　)

114. 비교적 고분고분한 편이라고 생각한다. ···················(　)(　)

115. 독자적으로 행동하는 편이다. ···································(　)(　)

116. 적극적으로 행동하는 편이다. ···································(　)(　)

117. 금방 감격하는 편이다. ···(　)(　)

118. 어떤 것에 대해서는 불만을 가진 적이 없다. ···········(　)(　)

119. 밤에 못 잘 때가 많다. ···(　)(　)

120. 자주 후회하는 편이다. ···(　)(　)

121. 뜨거워지기 쉽고 식기 쉽다. ···································(　)(　)

122. 자신만의 세계를 가지고 있다. ·································(　)(　)

123. 많은 사람 앞에서도 긴장하는 일은 없다. ···············(　)(　)

124. 말하는 것을 아주 좋아한다. ···································(　)(　)

125. 인생을 포기하는 마음을 가진 적이 한 번도 없다. ·····(　)(　)

126. 어두운 성격이다. ···(　)(　)

127. 금방 반성한다. ··(　)(　)

128. 활동범위가 넓은 편이다. ···(　)(　)

129. 자신을 끈기있는 사람이라고 생각한다. ···················(　)(　)

130. 좋다고 생각하더라도 좀 더 검토하고 나서 실행한다. ·····(　)(　)

131. 위대한 인물이 되고 싶다. ·······································(　)(　)

132. 한 번에 많은 일을 떠맡아도 힘들지 않다. ···············(　)(　)

133. 사람과 만날 약속은 부담스럽다. ·····························(　)(　)

134. 질문을 받으면 충분히 생각하고 나서 대답하는 편이다. ·····················( )( )

135. 머리를 쓰는 것보다 땀을 흘리는 일이 좋다. ····························( )( )

136. 결정한 것에는 철저히 구속받는다. ···································( )( )

137. 외출 시 문을 잠그었는지 몇 번을 확인한다. ·······················( )( )

138. 이왕 할 거라면 일등이 되고 싶다. ··································( )( )

139. 과감하게 도전하는 타입이다. ·······································( )( )

140. 자신은 사교적이 아니라고 생각한다. ·······························( )( )

141. 무심코 도리에 대해서 말하고 싶어진다. ····························( )( )

142. '항상 건강하네요'라는 말을 듣는다. ·································( )( )

143. 단념하면 끝이라고 생각한다. ·······································( )( )

144. 예상하지 못한 일은 하고 싶지 않다. ·······························( )( )

145. 파란만장하더라도 성공하는 인생을 걷고 싶다. ·····················( )( )

146. 활기찬 편이라고 생각한다. ···( )( )

147. 소극적인 편이라고 생각한다. ·······································( )( )

148. 무심코 평론가가 되어 버린다. ······································( )( )

149. 자신은 성급하다고 생각한다. ·······································( )( )

150. 꾸준히 노력하는 타입이라고 생각한다. ·····························( )( )

151. 내일의 계획이라도 메모한다. ·······································( )( )

152. 리더십이 있는 사람이 되고 싶다. ···································( )( )

153. 열정적인 사람이라고 생각한다. ·····································( )( )

154. 다른 사람 앞에서 이야기를 잘 하지 못한다. ·······················( )( )

155. 통찰력이 있는 편이다. ··( )( )

156. 엉덩이가 가벼운 편이다. ··( )( )

157. 여러 가지로 구애됨이 있다. ·······································( )( )

158. 돌다리도 두들겨 보고 건너는 쪽이 좋다. ··························( )( )

159. 자신에게는 권력욕이 있다. ··( )( )

160. 업무를 할당받으면 기쁘다. ··( )( )

161. 사색적인 사람이라고 생각한다. ····································( )( )

YES NO

162. 비교적 개혁적이다. ··( )( )

163. 좋고 싫음으로 정할 때가 많다. ·····························( )( )

164. 전통에 구애되는 것은 버리는 것이 적절하다. ·········( )( )

165. 교제 범위가 좁은 편이다. ·····································( )( )

166. 발상의 전환을 할 수 있는 타입이라고 생각한다. ·····( )( )

167. 너무 주관적이어서 실패한다. ·······························( )( )

168. 현실적이고 실용적인 면을 추구한다. ····················( )( )

169. 내가 어떤 배우의 팬인지 아무도 모른다. ···············( )( )

170. 현실보다 가능성이다. ···( )( )

171. 마음이 담겨 있으면 선물은 아무 것이나 좋다. ········( )( )

172. 여행은 마음대로 하는 것이 좋다. ·························( )( )

173. 추상적인 일에 관심이 있는 편이다. ·····················( )( )

174. 일은 대담히 하는 편이다. ····································( )( )

175. 괴로워하는 사람을 보면 우선 동정한다. ················( )( )

176. 가치기준은 자신의 안에 있다고 생각한다. ·············( )( )

177. 조용하고 조심스러운 편이다. ·······························( )( )

178. 상상력이 풍부한 편이라고 생각한다. ····················( )( )

179. 의리, 인정이 두터운 상사를 만나고 싶다. ·············( )( )

180. 인생의 앞날을 알 수 없어 재미있다. ···················( )( )

181. 밝은 성격이다. ··( )( )

182. 별로 반성하지 않는다. ···( )( )

183. 활동범위가 좁은 편이다. ······································( )( )

184. 자신을 시원시원한 사람이라고 생각한다. ··············( )( )

185. 좋다고 생각하면 바로 행동한다. ··························( )( )

186. 좋은 사람이 되고 싶다. ·······································( )( )

187. 한 번에 많은 일을 떠맡는 것은 골칫거리라고 생각한다. ··············( )( )

188. 사람과 만날 약속은 즐겁다. ·································( )( )

189. 질문을 받으면 그때의 느낌으로 대답하는 편이다. ···( )( )

190. 땀을 흘리는 것보다 머리를 쓰는 일이 좋다. ·······················( )( )

191. 결정한 것이라도 그다지 구속받지 않는다. ·······················( )( )

192. 외출 시 문을 잠갔는지 별로 확인하지 않는다. ···················( )( )

193. 지위에 어울리면 된다. ··( )( )

194. 안전책을 고르는 타입이다. ··( )( )

195. 자신은 사교적이라고 생각한다. ·····································( )( )

196. 도리는 상관없다. ··( )( )

197. 침착하다는 말을 듣는다. ···( )( )

198. 단념이 중요하다고 생각한다. ···( )( )

199. 예상하지 못한 일도 해보고 싶다. ···································( )( )

200. 평범하고 평온하게 행복한 인생을 살고 싶다. ···················( )( )

201. 몹시 귀찮아하는 편이라고 생각한다. ·······························( )( )

202. 특별히 소극적이라고 생각하지 않는다. ·····························( )( )

203. 이것저것 평하는 것이 싫다. ··( )( )

204. 자신은 성급하지 않다고 생각한다. ··································( )( )

205. 꾸준히 노력하는 것을 잘 하지 못한다. ····························( )( )

206. 내일의 계획은 머릿속에 기억한다. ··································( )( )

207. 협동성이 있는 사람이 되고 싶다. ···································( )( )

208. 열정적인 사람이라고 생각하지 않는다. ·····························( )( )

209. 다른 사람 앞에서 이야기를 잘한다. ································( )( )

210. 행동력이 있는 편이다. ··( )( )

211. 엉덩이가 무거운 편이다. ···( )( )

212. 특별히 구애받는 것이 없다. ··( )( )

213. 돌다리는 두들겨 보지 않고 건너도 된다. ·························( )( )

214. 자신에게는 권력욕이 없다. ···( )( )

215. 업무를 할당받으면 부담스럽다. ·····································( )( )

216. 활동적인 사람이라고 생각한다. ·····································( )( )

217. 비교적 보수적이다. ···( )( )

218. 손해인지 이익인지를 기준으로 결정할 때가 많다. ·····( )( )

219. 전통을 견실히 지키는 것이 적절하다. ·····( )( )

220. 교제 범위가 넓은 편이다. ·····( )( )

221. 상식적인 판단을 할 수 있는 타입이라고 생각한다. ·····( )( )

222. 너무 객관적이어서 실패한다. ·····( )( )

223. 보수적인 면을 추구한다. ·····( )( )

224. 내가 누구의 팬인지 주변의 사람들이 안다. ·····( )( )

225. 가능성보다 현실이다. ·····( )( )

226. 그 사람이 필요한 것을 선물하고 싶다. ·····( )( )

227. 여행은 계획적으로 하는 것이 좋다. ·····( )( )

228. 구체적인 일에 관심이 있는 편이다. ·····( )( )

229. 일은 착실히 하는 편이다. ·····( )( )

230. 괴로워하는 사람을 보면 우선 이유를 생각한다. ·····( )( )

231. 가치기준은 자신의 밖에 있다고 생각한다. ·····( )( )

232. 밝고 개방적인 편이다. ·····( )( )

233. 현실 인식을 잘하는 편이라고 생각한다. ·····( )( )

234. 공평하고 공적인 상사를 만나고 싶다. ·····( )( )

235. 시시해도 계획적인 인생이 좋다. ·····( )( )

236. 적극적으로 사람들과 관계를 맺는 편이다. ·····( )( )

237. 활동적인 편이다. ·····( )( )

238. 몸을 움직이는 것을 좋아하지 않는다. ·····( )( )

239. 쉽게 질리는 편이다. ·····( )( )

240. 경솔한 편이라고 생각한다. ·····( )( )

241. 인생의 목표는 손이 닿을 정도면 된다. ·····( )( )

242. 무슨 일도 좀처럼 시작하지 못한다. ·····( )( )

243. 초면인 사람과도 바로 친해질 수 있다. ·····( )( )

244. 행동하고 나서 생각하는 편이다. ·····( )( )

245. 쉬는 날은 집에 있는 경우가 많다. ·····( )( )

246. 완성되기 전에 포기하는 경우가 많다. ··( )( )

247. 계획 없는 여행을 좋아한다. ··( )( )

248. 욕심이 없는 편이라고 생각한다. ···( )( )

249. 활동력이 별로 없다. ···( )( )

250. 많은 사람들과 왁자지껄하게 식사하는 것을 좋아한다. ······························( )( )

251. 이유 없이 불안할 때가 있다. ··( )( )

252. 주위 사람의 의견을 생각해서 발언을 자제할 때가 있다. ·························( )( )

253. 자존심이 강한 편이다. ···( )( )

254. 생각 없이 함부로 말하는 경우가 많다. ··( )( )

255. 정리가 되지 않은 방에 있으면 불안하다. ··( )( )

256. 거짓말을 한 적이 한 번도 없다. ···( )( )

257. 슬픈 영화나 TV를 보면 자주 운다. ···( )( )

258. 자신을 충분히 신뢰할 수 있다고 생각한다. ·······································( )( )

259. 노래방을 아주 좋아한다. ···( )( )

260. 자신만이 할 수 있는 일을 하고 싶다. ··( )( )

261. 자신을 과소평가하는 경향이 있다. ···( )( )

262. 책상 위나 서랍 안은 항상 깔끔히 정리한다. ·······································( )( )

263. 건성으로 일을 할 때가 자주 있다. ···( )( )

264. 남의 험담을 한 적이 없다. ···( )( )

265. 쉽게 화를 낸다는 말을 듣는다. ···( )( )

266. 초초하면 손을 떨고, 심장박동이 빨라진다. ··( )( )

267. 토론하여 진 적이 한 번도 없다. ···( )( )

268. 덩달아 떠든다고 생각할 때가 자주 있다. ···( )( )

269. 아첨에 넘어가기 쉬운 편이다. ··( )( )

270. 주변 사람이 자기 험담을 하고 있다고 생각할 때가 있다. ·······················( )( )

271. 이론만 내세우는 사람과 대화하면 짜증이 난다. ···································( )( )

272. 상처를 주는 것도, 받는 것도 싫다. ···( )( )

273. 매일 그날을 반성한다. ···( )( )

274. 주변 사람이 피곤해 하여도 자신은 원기왕성하다. ·····················( )( )

275. 친구를 재미있게 하는 것을 좋아한다. ·····························( )( )

276. 아침부터 아무것도 하고 싶지 않을 때가 있다. ·····················( )( )

277. 지각을 하면 학교를 결석하고 싶어졌다. ···························( )( )

278. 이 세상에 없는 세계가 존재한다고 생각한다. ·····················( )( )

279. 하기 싫은 것을 하고 있으면 무심코 불만을 말한다. ···············( )( )

280. 투지를 드러내는 경향이 있다. ·································( )( )

281. 뜨거워지기 쉽고 식기 쉬운 성격이다. ···························( )( )

282. 어떤 일이라도 헤쳐 나가는 데 자신이 있다. ·····················( )( )

283. 착한 사람이라는 말을 들을 때가 많다. ···························( )( )

284. 자신을 다른 사람보다 뛰어나다고 생각한다. ·····················( )( )

285. 개성적인 사람이라는 말을 자주 듣는다. ···························( )( )

286. 누구와도 편하게 대화할 수 있다. ·······························( )( )

287. 특정 인물이나 집단에서라면 가볍게 대화할 수 있다. ···············( )( )

288. 사물에 대해 깊이 생각하는 경향이 있다. ·························( )( )

289. 스트레스를 해소하기 위해 집에서 조용히 지낸다. ·················( )( )

290. 계획을 세워서 행동하는 것을 좋아한다. ···························( )( )

291. 현실적인 편이다. ···( )( )

292. 주변의 일을 성급하게 해결한다. ·······························( )( )

293. 이성적인 사람이 되고 싶다고 생각한다. ·························( )( )

294. 생각한 일을 행동으로 옮기지 않으면 기분이 찜찜하다. ·············( )( )

295. 생각했다고 해서 꼭 행동으로 옮기는 것은 아니다. ···············( )( )

296. 목표 달성을 위해서는 온갖 노력을 다한다. ·····················( )( )

297. 적은 친구랑 깊게 사귀는 편이다. ·······························( )( )

298. 경쟁에서 절대로 지고 싶지 않다. ·······························( )( )

299. 내일해도 되는 일을 오늘 안에 끝내는 편이다. ···················( )( )

300. 새로운 친구를 곧 사귈 수 있다. ·······························( )( )

301. 문장은 미리 내용을 결정하고 나서 쓴다. ·························( )( )

302. 사려 깊은 사람이라는 말을 듣는 편이다. ·······················( )( )

303. 활발한 사람이라는 말을 듣는 편이다. ·······················( )( )

304. 기회가 있으면 꼭 얻는 편이다. ·······························( )( )

305. 외출이나 초면의 사람을 만나는 일은 잘 하지 못한다. ·····( )( )

306. 단념하는 것은 있을 수 없다. ·································( )( )

307. 위험성을 무릅쓰면서 성공하고 싶다고 생각하지 않는다. ···( )( )

308. 학창시절 체육수업을 좋아했다. ·····························( )( )

309. 휴일에는 집 안에서 편안하게 있을 때가 많다. ·············( )( )

310. 무슨 일도 결과가 중요하다. ·································( )( )

311. 성격이 유연하게 대응하는 편이다. ·························( )( )

312. 더 높은 능력이 요구되는 일을 하고 싶다. ·················( )( )

313. 자기 능력의 범위 내에서 정확히 일을 하고 싶다. ·········( )( )

314. 새로운 사람을 만날 때는 두근거린다. ·····················( )( )

315. '누군가 도와주지 않을까'라고 생각하는 편이다. ···········( )( )

316. 건강하고 활발한 사람을 동경한다. ·························( )( )

317. 친구가 적은 편이다. ··( )( )

318. 문장을 쓰면서 생각한다. ····································( )( )

319. 정해진 친구만 교제한다. ····································( )( )

320. 한 우물만 파고 싶다. ··( )( )

321. 여러가지 일을 경험하고 싶다. ·······························( )( )

322. 스트레스를 해소하기 위해 몸을 움직인다. ·················( )( )

323. 사물에 대해 가볍게 생각하는 경향이 있다. ···············( )( )

324. 기한이 정해진 일은 무슨 일이 있어도 끝낸다. ············( )( )

325. 결론이 나도 여러 번 생각을 하는 편이다. ·················( )( )

326. 일단 무엇이든지 도전하는 편이다. ·························( )( )

327. 쉬는 날은 외출하고 싶다. ····································( )( )

328. 사교성이 있는 편이라고 생각한다. ·························( )( )

329. 남의 앞에 나서는 것을 잘 하지 못하는 편이다. ···········( )( )

330. 모르는 것이 있어도 행동하면서 생각한다. ·······························(   )(   )

331. 납득이 안 되면 행동이 안 된다. ·····································(   )(   )

332. 약속시간에 여유를 가지고 약간 빨리 나가는 편이다. ··············(   )(   )

333. 현실적이다. ···(   )(   )

334. 곰곰이 끝까지 해내는 편이다. ·······································(   )(   )

335. 유연히 대응하는 편이다. ···(   )(   )

336. 휴일에는 운동 등으로 몸을 움직일 때가 많다. ··················(   )(   )

337. 학창시절 체육수업을 못했다. ·······································(   )(   )

338. 성공을 위해서는 어느 정도의 위험성을 감수한다. ··············(   )(   )

339. 단념하는 것이 필요할 때도 있다. ··································(   )(   )

340. '내가 안하면 누가 할 것인가'라고 생각하는 편이다. ···········(   )(   )

341. 새로운 사람을 만날 때는 용기가 필요하다. ·····················(   )(   )

342. 친구가 많은 편이다. ···(   )(   )

343. 차분하고 사려 깊은 사람을 동경한다. ····························(   )(   )

344. 결론이 나면 신속히 행동으로 옮겨진다. ·························(   )(   )

345. 기한 내에 끝내지 못하는 일이 있다. ····························(   )(   )

346. 이유 없이 불안할 때가 있다. ·······································(   )(   )

347. 주위 사람의 의견을 생각해서 발언을 자제할 때가 있다. ·······(   )(   )

348. 자존심이 강한 편이다. ···(   )(   )

349. 생각 없이 함부로 말하는 경우가 많다. ····························(   )(   )

350. 정리가 되지 않은 방에 있으면 불안하다. ·························(   )(   )

351. 거짓말을 한 적이 한 번도 없다. ···································(   )(   )

352. 슬픈 영화나 TV를 보면 자주 운다. ·······························(   )(   )

353. 자신을 충분히 신뢰할 수 있다고 생각한다. ·····················(   )(   )

354. 노래방을 아주 좋아한다. ···(   )(   )

355. 자신만이 할 수 있는 일을 하고 싶다. ····························(   )(   )

356. 자신을 과소평가하는 경향이 있다. ································(   )(   )

357. 책상 위나 서랍 안은 항상 깔끔히 정리한다. ·····················(   )(   )

YES NO

358. 건성으로 일을 할 때가 자주 있다. ·····················(）（ ）

359. 남의 험담을 한 적이 없다. ·····························(）（ ）

360. 쉽게 화를 낸다는 말을 듣는다. ·······················(）（ ）

361. 초초하면 손을 떨고, 심장박동이 빨라진다. ···········(）（ ）

362. 토론하여 진 적이 한 번도 없다. ·····················(）（ ）

363. 덩달아 떠든다고 생각할 때가 자주 있다. ·············(）（ ）

364. 아첨에 넘어가기 쉬운 편이다. ·······················(）（ ）

365. 주변 사람이 자기 험담을 하고 있다고 생각할 때가 있다. ···(）（ ）

366. 이론만 내세우는 사람과 대화하면 짜증이 난다. ·······(）（ ）

367. 상처를 주는 것도, 받는 것도 싫다. ·················(）（ ）

368. 매일 그날을 반성한다. ·······························(）（ ）

369. 주변 사람이 피곤해하여도 자신은 원기왕성하다. ·······(）（ ）

370. 친구를 재미있게 하는 것을 좋아한다. ···············(）（ ）

371. 아침부터 아무것도 하고 싶지 않을 때가 있다. ·······(）（ ）

372. 지각을 하면 학교를 결석하고 싶어진다. ·············(）（ ）

373. 이 세상에 없는 세계가 존재한다고 생각한다. ·········(）（ ）

374. 하기 싫은 것을 하고 있으면 무심코 불만을 말한다. ···(）（ ）

375. 투지를 드러내는 경향이 있다. ·······················(）（ ）

376. 뜨거워지기 쉽고 식기 쉬운 성격이다. ···············(）（ ）

377. 어떤 일이라도 헤쳐 나가는데 자신이 있다. ···········(）（ ）

378. 착한 사람이라는 말을 들을 때가 많다. ···············(）（ ）

379. 자신을 다른 사람보다 뛰어나다고 생각한다. ·········(）（ ）

380. 개성적인 사람이라는 말을 자주 듣는다. ·············(）（ ）

381. 누구와도 편하게 대화할 수 있다. ···················(）（ ）

382. 특정 인물이나 집단에서라면 가볍게 대화할 수 있다. ···(）（ ）

383. 사물에 대해 깊이 생각하는 경향이 있다. ·············(）（ ）

384. 스트레스를 해소하기 위해 집에서 조용히 지낸다. ·····(）（ ）

385. 계획을 세워서 행동하는 것을 좋아한다. ·············(）（ ）

386. 현실적인 편이다. ···( )( )

387. 주변의 일을 성급하게 해결한다. ·····································( )( )

388. 이성적인 사람이 되고 싶다고 생각한다. ·····················( )( )

389. 생각한 일을 행동으로 옮기지 않으면 기분이 찜찜하다. ·······( )( )

390. 생각했다고 해서 꼭 행동으로 옮기는 것은 아니다. ······( )( )

391. 목표 달성을 위해서는 온갖 노력을 다한다. ·················( )( )

392. 적은 친구랑 깊게 사귀는 편이다. ·································( )( )

393. 경쟁에서 절대로 지고 싶지 않다. ·································( )( )

394. 내일해도 되는 일을 오늘 안에 끝내는 편이다. ···········( )( )

395. 새로운 친구를 곧 사귈 수 있다. ··································( )( )

396. 문장은 미리 내용을 결정하고 나서 쓴다. ···················( )( )

397. 사려 깊은 사람이라는 말을 듣는 편이다. ····················( )( )

398. 활발한 사람이라는 말을 듣는 편이다. ·························( )( )

399. 기회가 있으면 꼭 얻는 편이다. ····································( )( )

400. 외출이나 초면의 사람을 만나는 일은 잘 하지 못한다. ·······( )( )

PART

IV

면접

01 면접의 기본

1 면접의 기본

(1) 면접의 기본 원칙

① **면접의 의미** … 면접이란 다양한 면접기법을 활용하여 지원한 직무에 필요한 능력을 지원자가 보유하고 있는지를 확인하는 절차라고 할 수 있다. 즉, 지원자의 입장에서는 채용 직무 수행에 필요한 요건들과 관련하여 자신의 환경, 경험, 관심사, 성취 등에 대해 기업에 직접 어필할 수 있는 기회를 제공받는 것이며, 기업의 입장에서는 서류전형만으로 알 수 없는 지원자에 대한 정보를 직접적으로 수집하고 평가하는 것이다.

② **면접의 특징** … 면접은 기업의 입장에서 서류전형이나 필기전형에서 드러나지 않는 지원자의 능력이나 성향을 볼 수 있는 기회로, 면대면으로 이루어지며 즉흥적인 질문들이 포함될 수 있기 때문에 지원자가 완벽하게 준비하기 어려운 부분이 있다. 하지만 지원자 입장에서도 서류전형이나 필기전형에서 모두 보여주지 못한 자신의 능력 등을 기업의 인사담당자에게 어필할 수 있는 추가적인 기회가 될 수도 있다.

[서류 · 필기전형과 차별화되는 면접의 특징]

- 직무수행과 관련된 다양한 지원자 행동에 대한 관찰이 가능하다.
- 면접관이 알고자 하는 정보를 심층적으로 파악할 수 있다.
- 서류상의 미비한 사항과 의심스러운 부분을 확인할 수 있다.
- 커뮤니케이션 능력, 대인관계 능력 등 행동 · 언어적 정보도 얻을 수 있다.

③ **면접의 유형**

㉠ **구조화 면접**: 구조화 면접은 사전에 계획을 세워 질문의 내용과 방법, 지원자의 답변 유형에 따른 추가 질문과 그에 대한 평가 역량이 정해져 있는 면접 방식으로 표준화 면접이라고도 한다.

- 표준화된 질문이나 평가요소가 면접 전 확정되며, 지원자는 편성된 조나 면접관에 영향을 받지 않고 동일한 질문과 시간을 부여받을 수 있다.

- 조직 또는 직무별로 주요하게 도출된 역량을 기반으로 평가요소가 구성되어, 조직 또는 직무에서 필요한 역량을 가진 지원자를 선발할 수 있다.
- 표준화된 형식을 사용하는 특성 때문에 비구조화 면접에 비해 신뢰성과 타당성, 객관성이 높다.
- ㉡ 비구조화 면접 : 비구조화 면접은 면접 계획을 세울 때 면접 목적만을 명시하고 내용이나 방법은 면접관에게 전적으로 일임하는 방식으로 비표준화 면접이라고도 한다.
  - 표준화된 질문이나 평가요소 없이 면접이 진행되며, 편성된 조나 면접관에 따라 지원자에게 주어지는 질문이나 시간이 다르다.
  - 면접관의 주관적인 판단에 따라 평가가 이루어져 평가 오류가 빈번히 일어난다.
  - 상황 대처나 언변이 뛰어난 지원자에게 유리한 면접이 될 수 있다.

④ 경쟁력 있는 면접 요령
  - ㉠ 면접 전에 준비하고 유념할 사항
    - 예상 질문과 답변을 미리 작성한다.
    - 작성한 내용을 문장으로 외우지 않고 키워드로 기억한다.
    - 지원한 회사의 최근 기사를 검색하여 기억한다.
    - 지원한 회사가 속한 산업군의 최근 기사를 검색하여 기억한다.
    - 면접 전 1주일간 이슈가 되는 뉴스를 기억하고 자신의 생각을 반영하여 정리한다.
    - 찬반토론에 대비한 주제를 목록으로 정리하여 자신의 논리를 내세운 예상답변을 작성한다.
  - ㉡ 면접장에서 유념할 사항
    - 질문의 의도 파악 : 답변을 할 때에는 질문 의도를 파악하고 그에 충실한 답변이 될 수 있도록 질문사항을 유념해야 한다. 많은 지원자가 하는 실수 중 하나로 답변을 하는 도중 자기 말에 심취되어 질문의 의도와 다른 답변을 하거나 자신이 알고 있는 지식만을 나열하는 경우가 있는데, 이럴 경우 의사소통능력이 부족한 사람으로 인식될 수 있으므로 주의하도록 한다.
    - 답변은 두괄식 : 답변을 할 때에는 두괄식으로 결론을 먼저 말하고 그 이유를 설명하는 것이 좋다. 미괄식으로 답변을 할 경우 용두사미의 답변이 될 가능성이 높으며, 결론을 이끌어 내는 과정에서 논리성이 결여될 우려가 있다. 또한 면접관이 결론을 듣기 전에 말을 끊고 다른 질문을 추가하는 예상치 못한 상황이 발생될 수 있으므로 답변은 자신이 전달하고자 하는 바를 먼저 밝히고 그에 대한 설명을 하는 것이 좋다.

- 지원한 회사의 기업정신과 인재상을 기억 : 답변을 할 때에는 회사가 원하는 인재라는 인상을 심어주기 위해 지원한 회사의 기업정신과 인재상 등을 염두에 두고 답변을 하는 것이 좋다. 모든 회사에 해당되는 두루뭉술한 답변보다는 지원한 회사에 맞는 맞춤형 답변을 하는 것이 좋다.
- 나보다는 회사와 사회적 관점에서 답변 : 답변을 할 때에는 자기중심적인 관점을 피하고 좀 더 넓은 시각으로 회사와 국가, 사회적 입장까지 고려하는 인재임을 어필하는 것이 좋다. 자기중심적 시각을 바탕으로 자신의 출세만을 위해 회사에 입사하려는 인상을 심어줄 경우 면접에서 불이익을 받을 가능성이 높다.
- 난처한 질문은 정직한 답변 : 난처한 질문에 답변을 해야 할 때에는 피하기보다는 정면돌파로 정직하고 솔직하게 답변하는 것이 좋다. 난처한 부분을 감추고 드러내지 않으려 회피하려는 지원자의 모습은 인사담당자에게 입사 후에도 비슷한 상황에 처했을 때 회피할 수도 있다는 우려를 심어줄 수 있다. 따라서 직장생활에 있어 중요한 덕목 중 하나인 정직을 바탕으로 솔직하게 답변을 하도록 한다.

(2) 면접의 종류 및 준비 전략

① 인성면접

ㄱ 면접 방식 및 판단기준
- 면접 방식 : 인성면접은 면접관이 가지고 있는 개인적 면접 노하우나 관심사에 의해 질문을 실시한다. 주로 입사지원서나 자기소개서의 내용을 토대로 지원동기, 과거의 경험, 미래 포부 등을 이야기하도록 하는 방식이다.
- 판단기준 : 면접관의 개인적 가치관과 경험, 해당 역량의 수준, 경험의 구체성 · 진실성 등
ㄴ 특징 : 인성면접은 그 방식으로 인해 역량과 무관한 질문들이 많고 지원자에게 주어지는 면접질문, 시간 등이 다를 수 있다. 또한 입사지원서나 자기소개서의 내용을 토대로 하기 때문에 지원자별 질문이 달라질 수 있다.

ⓒ 예시 문항 및 준비전략

• 예시 문항

> • 3분 동안 자기소개를 해 보십시오.
> • 자신의 장점과 단점을 말해 보십시오.
> • 학점이 좋지 않은데 그 이유가 무엇입니까?
> • 최근에 인상 깊게 읽은 책은 무엇입니까?
> • 회사를 선택할 때 중요시하는 것은 무엇입니까?
> • 일과 개인생활 중 어느 쪽을 중시합니까?
> • 10년 후 자신은 어떤 모습일 것이라고 생각합니까?
> • 휴학 기간 동안에는 무엇을 했습니까?

• 준비전략 : 인성면접은 입사지원서나 자기소개서의 내용을 바탕으로 하는 경우가 많으므로 자신이 작성한 입사지원서와 자기소개서의 내용을 충분히 숙지하도록 한다. 또한 최근 사회적으로 이슈가 되고 있는 뉴스에 대한 견해를 묻거나 시사상식 등에 대한 질문을 받을 수 있으므로 이에 대한 대비도 필요하다. 자칫 부담스러워 보이지 않는 질문으로 가볍게 대답하지 않도록 주의하고 모든 질문에 입사 의지를 담아 성실하게 답변하는 것이 중요하다.

② 발표면접

㉠ 면접 방식 및 판단기준

• 면접 방식 : 지원자가 특정 주제와 관련된 자료를 검토하고 그에 대한 자신의 생각을 면접관 앞에서 주어진 시간 동안 발표하고 추가 질의를 받는 방식으로 진행된다.

• 판단기준 : 지원자의 사고력, 논리력, 문제해결력 등

㉡ 특징 : 발표면접은 지원자에게 과제를 부여한 후, 과제를 수행하는 과정과 결과를 관찰·평가한다. 따라서 과제수행 결과뿐 아니라 수행과정에서의 행동을 모두 평가할 수 있다.

ⓒ 예시 문항 및 준비전략

• 예시 문항

[신입사원 조기 이직 문제]

※ 지원자는 아래에 제시된 자료를 검토한 뒤, 신입사원 조기 이직의 원인을 크게 3가지로 정리하고 이에 대한 구체적인 개선안을 도출하여 발표해 주시기 바랍니다.

※ 본 과제에 정해진 정답은 없으나 논리적 근거를 들어 개선안을 작성해 주십시오.

- • A기업은 동종업계 유사기업들과 비교해 볼 때, 비교적 높은 재무안정성을 유지하고 있으며 업무강도가 그리 높지 않은 것으로 외부에 알려져 있음.
- • 최근 조사결과, 동종업계 유사기업들과 연봉을 비교해 보았을 때 연봉 수준도 그리 나쁘지 않은 편이라는 것이 확인되었음.
- • 그러나 지난 3년간 1~2년차 직원들의 이직률이 계속해서 증가하고 있는 추세이며, 경영진 회의에서 최우선 해결과제 중 하나로 거론되었음.
- • 이에 따라 인사팀에서 현재 1~2년차 사원들을 대상으로 개선되어야 하는 A기업의 조직문화에 대한 설문조사를 실시한 결과, '상명하복식의 의사소통'이 36.7%로 1위를 차지했음.
- • 이러한 설문조사와 함께, 신입사원 조기 이직에 대한 원인을 분석한 결과 파랑새 증후군, 셀프홀릭 증후군, 피터팬 증후군 등 3가지로 분류할 수 있었음.

〈동종업계 유사기업들과의 연봉 비교〉   〈우리 회사 조직문화 중 개선되었으면 하는 것〉

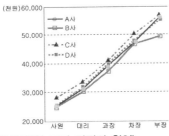
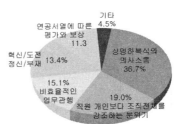

〈신입사원 조기 이직의 원인〉

- • 파랑새 증후군
- -현재의 직장보다 더 좋은 직장이 있을 것이라는 막연한 기대감으로 끊임없이 새로운 직장을 탐색함.
- -학력 수준과 맞지 않는 '하향지원', 전공과 적성을 고려하지 않고 일단 취업하고 보자는 '묻지마 지원'이 파랑새 증후군을 초래함.
- • 셀프홀릭 증후군
- -본인의 역량에 비해 가치가 낮은 일을 주로 하면서 갈등을 느낌.
- • 피터팬 증후군
- -기성세대의 문화를 무조건 수용하기보다는 자유로움과 변화를 추구함.
- -상명하복, 엄격한 규율 등 기성세대가 당연시하는 관행에 거부감을 가지며 직장에 답답함을 느낌.

- 준비전략 : 발표면접의 시작은 과제 안내문과 과제 상황, 과제 자료 등을 정확하게 이해하는 것에서 출발한다. 과제 안내문을 침착하게 읽고 제시된 주제 및 문제와 관련된 상황의 맥락을 파악한 후 과제를 검토한다. 제시된 기사나 그래프 등을 충분히 활용하여 주어진 문제를 해결할 수 있는 해결책이나 대안을 제시하며, 발표를 할 때에는 명확하고 자신 있는 태도로 전달할 수 있도록 한다.

③ 토론면접

ⓘ 면접 방식 및 판단기준
- 면접 방식 : 상호갈등적 요소를 가진 과제 또는 공통의 과제를 해결하는 내용의 토론 과제를 제시하고, 그 과정에서 개인 간의 상호작용 행동을 관찰하는 방식으로 면접이 진행된다.
- 판단기준 : 팀워크, 적극성, 갈등 조정, 의사소통능력, 문제해결능력 등

ⓛ 특징 : 토론을 통해 도출해 낸 최종안의 타당성도 중요하지만, 결론을 도출해 내는 과정에서의 의사소통능력이나 갈등상황에서 의견을 조정하는 능력 등이 중요하게 평가되는 특징이 있다.

ⓒ 예시 문항 및 준비전략
- 예시 문항

  - 군 가산점제 부활에 대한 찬반토론
  - 담뱃값 인상에 대한 찬반토론
  - 비정규직 철폐에 대한 찬반토론
  - 대학의 영어 강의 확대 찬반토론
  - 워크숍 장소 선정을 위한 토론

- 준비전략 : 토론면접은 무엇보다 팀워크와 적극성이 강조된다. 따라서 토론과정에 적극적으로 참여하며 자신의 의사를 분명하게 전달하며, 갈등상황에서 자신의 의견만 내세울 것이 아니라 다른 지원자의 의견을 경청하고 배려하는 모습도 중요하다. 갈등상황을 일목요연하게 정리하여 조정하는 등의 의사소통능력을 발휘하는 것도 좋은 전략이 될 수 있다.

④ 상황면접

ⓘ 면접 방식 및 판단기준
- 면접 방식 : 상황면접은 직무 수행 시 접할 수 있는 상황들을 제시하고, 그러한 상황에서 어떻게 행동할 것인지를 이야기하는 방식으로 진행된다.
- 판단기준 : 해당 상황에 적절한 역량의 구현과 구체적 행동지표

ⓛ 특징 : 실제 직무 수행 시 접할 수 있는 상황들을 제시하므로 입사 이후 지원자의 업무 수행능력을 평가하는 데 적절한 면접 방식이다. 또한 지원자의 가치관, 태도, 사고방식 등의 요소를 통합적으로 평가하는 데 용이하다.

ⓒ 예시 문항 및 준비전략

• 예시 문항

> 당신은 생산관리팀의 팀원으로, 생산팀이 기한에 맞춰 효율적으로 제품을 생산할 수 있도록 관리하는 역할을 맡고 있습니다. 3개월 뒤에 제품A를 정상적으로 출시하기 위해 생산팀의 생산 계획을 수립한 상황입니다. 그러나 원가가 곧 실적으로 이어지는 구매팀에서는 최대한 원가를 줄여 전반적 단가를 낮추려고 원가절감을 위한 제안을 하였으나, 연구개발팀에서는 구매팀이 제안한 방식으로 제품을 생산할 경우 대부분이 구매팀의 실적으로 산정될 것이므로 제대로 확인도 해보지 않은 채 적합하지 않은 방식이라고 판단하고 있습니다. 당신은 어떻게 하겠습니까?

• 준비전략 : 상황면접은 먼저 주어진 상황에서 핵심이 되는 문제가 무엇인지를 파악하는 것에서 시작한다. 주질문과 세부질문을 통하여 질문의 의도를 파악하였다면, 그에 대한 구체적인 행동이나 생각 등에 대해 응답할수록 높은 점수를 얻을 수 있다.

⑤ 역할면접

㉠ 면접 방식 및 판단기준

• 면접 방식 : 역할면접 또는 역할연기 면접은 기업 내 발생 가능한 상황에서 부딪히게 되는 문제와 역할을 가상적으로 설정하여 특정 역할을 맡은 사람과 상호작용하고 문제를 해결해 나가도록 하는 방식으로 진행된다. 역할연기 면접에서는 면접관이 직접 역할연기를 하면서 지원자를 관찰하기도 하지만, 역할연기 수행만 전문적으로 하는 사람을 투입할 수도 있다.

• 판단기준 : 대처능력, 대인관계능력, 의사소통능력 등

ⓛ 특징 : 역할면접은 실제 상황과 유사한 가상 상황에서의 행동을 관찰함으로서 지원자의 성격이나 대처 행동 등을 관찰할 수 있다.

ⓒ 예시 문항 및 준비전략

• 예시 문항

> [금융권 역할면접의 예]
> 당신은 ○○은행의 신입 텔러이다. 사람이 많은 월말 오전 한 할아버지(면접관 또는 역할담당자)께서 ○○은행을 사칭한 보이스피싱으로 500만 원을 피해 보았다며 소란을 일으키고 있다. 실제 업무상황이라고 생각하고 상황에 대처해 보시오.

- 준비전략 : 역할연기 면접에서 측정하는 역량은 주로 갈등의 원인이 되는 문제를 해결하고 제시된 해결방안을 상대방에게 설득하는 것이다. 따라서 갈등해결, 문제해결, 조정·통합, 설득력과 같은 역량이 중요시된다. 또한 갈등을 해결하기 위해서 상대방에 대한 이해도 필수적인 요소이므로 고객 지향을 염두에 두고 상황에 맞게 대처해야 한다. 역할면접에서는 변별력을 높이기 위해 면접관이 압박적인 분위기를 조성하는 경우가 많기 때문에 스트레스 상황에서 불안해지지 않고 유연하게 대처할 수 있도록 시간과 노력을 들여 충분히 연습하는 것이 좋다.

2 면접 이미지 메이킹

(1) 성공적인 이미지 메이킹 포인트

① 복장 및 스타일

㉠ 남성

- 양복 : 양복은 단색으로 하며 넥타이나 셔츠로 포인트를 주는 것이 효과적이다. 짙은 회색이나 감청색이 가장 단정하고 품위 있는 인상을 준다.
- 셔츠 : 흰색이 가장 선호되나 자신의 피부색에 맞추는 것이 좋다. 푸른색이나 베이지색은 산뜻한 느낌을 줄 수 있다. 양복과의 배색도 고려하도록 한다.
- 넥타이 : 의상에 포인트를 줄 수 있는 아이템이지만 너무 화려한 것은 피한다. 지원자의 피부색은 물론, 정장과 셔츠의 색을 고려하며, 체격에 따라 넥타이 폭을 조절하는 것이 좋다.
- 구두 & 양말 : 구두는 검정색이나 짙은 갈색이 어느 양복에나 무난하게 어울리며 깔끔하게 닦아 준비한다. 양말은 정장과 동일한 색상이나 검정색을 착용한다.
- 헤어스타일 : 머리스타일은 단정한 느낌을 주는 짧은 헤어스타일이 좋으며 앞머리가 있다면 이마나 눈썹을 가리지 않는 선에서 정리하는 것이 좋다.

ⓛ 여성

- 의상 : 단정한 스커트 투피스 정장이나 슬랙스 슈트가 무난하다. 블랙이나 그레이, 네이비, 브라운 등 차분해 보이는 색상을 선택하는 것이 좋다.
- 소품 : 구두, 핸드백 등은 같은 계열로 코디하는 것이 좋으며 구두는 너무 화려한 디자인이나 굽이 높은 것을 피한다. 스타킹은 의상과 구두에 맞춰 단정한 것으로 선택한다.
- 액세서리 : 액세서리는 너무 크거나 화려한 것은 좋지 않으며 과하게 많이 하는 것도 좋은 인상을 주지 못한다. 착용하지 않거나 작고 깔끔한 디자인으로 포인트를 주는 정도가 적당하다.
- 메이크업 : 화장은 자연스럽고 밝은 이미지를 표현하는 것이 좋으며 진한 색조는 인상이 강해 보일 수 있으므로 피한다.
- 헤어스타일 : 커트나 단발처럼 짧은 머리는 활동적이면서도 단정한 이미지를 줄 수 있도록 정리한다. 긴 머리의 경우 하나로 묶거나 단정한 머리망으로 정리하는 것이 좋으며, 짙은 염색이나 화려한 웨이브는 피한다.

② 인사

㉠ 인사의 의미 : 인사는 예의범절의 기본이며 상대방의 마음을 여는 기본적인 행동이라고 할 수 있다. 인사는 처음 만나는 면접관에게 호감을 살 수 있는 가장 쉬운 방법이 될 수 있기도 하지만 제대로 예의를 지키지 않으면 지원자의 인성 전반에 대한 평가로 이어질 수 있으므로 각별히 주의해야 한다.

㉡ 인사의 핵심 포인트

- 인사말 : 인사말을 할 때에는 밝고 친근감 있는 목소리로 하며, 자신의 이름과 수험번호 등을 간략하게 소개한다.
- 시선 : 인사는 상대방의 눈을 보며 하는 것이 중요하며 너무 빤히 쳐다본다는 느낌이 들지 않도록 주의한다.
- 표정 : 인사는 마음에서 우러나오는 존경이나 반가움을 표현하고 예의를 차리는 것이므로 살짝 미소를 지으며 하는 것이 좋다.
- 자세 : 인사를 할 때에는 가볍게 목만 숙인다거나 흐트러진 상태에서 인사를 하지 않도록 주의하며 절도 있고 확실하게 하는 것이 좋다.

③ 시선처리와 표정, 목소리

　㉠ 시선처리와 표정 : 표정은 면접에서 지원자의 첫인상을 결정하는 중요한 요소이다. 얼굴 표정은 사람의 감정을 가장 잘 표현할 수 있는 의사소통 도구로 표정 하나로 상대방에게 호감을 주거나, 비호감을 사기도 한다. 호감이 가는 인상의 특징은 부드러운 눈썹, 자연스러운 미간, 적당히 볼록한 광대, 올라간 입 꼬리 등으로 가볍게 미소를 지을 때의 표정과 일치한다. 따라서 면접 중에는 밝은 표정으로 미소를 지어 호감을 형성할 수 있도록 한다. 시선은 면접관과 고르게 맞추되 생기 있는 눈빛을 띄도록 하며, 너무 빤히 쳐다본다는 인상을 주지 않도록 한다.

　㉡ 목소리 : 면접은 주로 면접관과 지원자의 대화로 이루어지므로 목소리가 미치는 영향이 상당하다. 답변을 할 때에는 부드러우면서도 활기차고 생동감 있는 목소리로 하는 것이 면접관에게 호감을 줄 수 있으며 적당한 제스처가 더해진다면 상승효과를 얻을 수 있다. 그러나 적절한 답변을 하였음에도 불구하고 콧소리나 날카로운 목소리, 자신감 없는 작은 목소리는 답변의 신뢰성을 떨어뜨릴 수 있으므로 주의하도록 한다.

④ 자세

　㉠ 걷는 자세

　　• 면접장에 입실할 때에는 상체를 곧게 유지하고 발끝은 평행이 되게 하며 무릎을 스치듯 11자로 걷는다.

　　• 시선은 정면을 향하고 턱은 가볍게 당기며 어깨나 엉덩이가 흔들리지 않도록 주의한다.

　　• 발바닥 전체가 닿는 느낌으로 안정감 있게 걸으며 발소리가 나지 않도록 주의한다.

　　• 보폭은 어깨넓이만큼이 적당하지만, 스커트를 착용했을 경우 보폭을 줄인다.

　　• 걸을 때도 미소를 유지한다.

　㉡ 서있는 자세

　　• 몸 전체를 곧게 펴고 가슴을 자연스럽게 내민 후 등과 어깨에 힘을 주지 않는다.

　　• 정면을 바라본 상태에서 턱을 약간 당기고 아랫배에 힘을 주어 당기며 바르게 선다.

　　• 양 무릎과 발뒤꿈치는 붙이고 발끝은 11자 또는 V형을 취한다.

　　• 남성의 경우 팔을 자연스럽게 내리고 양손을 가볍게 쥐어 바지 옆선에 붙이고, 여성의 경우 공수자세를 유지한다.

ⓒ 앉은 자세

• 남성

> • 의자 깊숙이 앉고 등받이와 등 사이에 주먹 1개 정도의 간격을 두며 기대듯 앉지 않도록 주의한다. (남녀 공통 사항)
> • 무릎 사이에 주먹 2개 정도의 간격을 유지하고 발끝은 11자를 취한다.
> • 시선은 정면을 바라보며 턱은 가볍게 당기고 미소를 짓는다. (남녀 공통 사항)
> • 양손은 가볍게 주먹을 쥐고 무릎 위에 올려놓는다.
> • 앉고 일어날 때에는 자세가 흐트러지지 않도록 주의한다. (남녀 공통 사항)

• 여성

> • 스커트를 입었을 경우 왼손으로 뒤쪽 스커트 자락을 누르고 오른손으로 앞쪽 자락을 누르며 의자에 앉는다.
> • 무릎은 붙이고 발끝을 가지런히 하며, 다리를 왼쪽으로 비스듬히 기울이면 단정해 보이는 효과가 있다.
> • 양손을 모아 무릎 위에 모아 놓으며 스커트를 입었을 경우 스커트 위를 가볍게 누르듯이 올려놓는다.

(2) 면접 예절

① 행동 관련 예절

ㄱ 지각은 절대금물 : 시간을 지키는 것은 예절의 기본이다. 지각을 할 경우 면접에 응시할 수 없거나, 면접 기회가 주어지더라도 불이익을 받을 가능성이 높아진다. 따라서 면접 장소가 결정되면 교통편과 소요시간을 확인하고 가능하다면 사전에 미리 방문해 보는 것도 좋다. 면접 당일에는 서둘러 출발하여 면접 시간 20~30분 전에 도착하여 회사를 둘러보고 환경에 익숙해지는 것도 성공적인 면접을 위한 요령이 될 수 있다.

ㄴ 면접 대기 시간 : 지원자들은 대부분 면접장에서의 행동과 답변 등으로만 평가를 받는다고 생각하지만 그렇지 않다. 면접관이 아닌 면접진행자 역시 대부분 인사실무자이며 면접관이 면접 후 지원자에 대한 평가에 있어 확신을 위해 면접진행자의 의견을 구한다면 면접진행자의 의견이 당락에 영향을 줄 수 있다. 따라서 면접 대기 시간에도 행동과 말을 조심해야 하며, 면접을 마치고 돌아가는 순간까지도 긴장을 늦춰서는 안 된다. 면접 중 압박적인 질문에 답변을 잘 했지만, 면접장을 나와 흐트러진 모습을 보이거나 욕설을 한다면 면접 탈락의 요인이 될 수 있으므로 주의해야 한다.

ⓒ 입실 후 태도 : 본인의 차례가 되어 호명되면 또렷하게 대답하고 들어간다. 만약 면접장 문이 닫혀 있다면 상대에게 소리가 들릴 수 있을 정도로 노크를 두세 번 한 후 대답을 듣고 나서 들어가야 한다. 문을 여닫을 때에는 소리가 나지 않게 조용히 하며 공손한 자세로 인사한 후 성명과 수험번호를 말하고 면접관의 지시에 따라 자리에 앉는다. 이 경우 착석하라는 말이 없는데 먼저 의자에 앉으면 무례한 사람으로 보일 수 있으므로 주의한다. 의자에 앉을 때에는 끝에 앉지 말고 무릎 위에 양손을 가지런히 얹는 것이 예절이라고 할 수 있다.

ⓔ 옷매무새를 자주 고치지 마라. : 일부 지원자의 경우 옷매무새 또는 헤어스타일을 자주 고치거나 확인하기도 하는데 이러한 모습은 과도하게 긴장한 것 같아 보이거나 면접에 집중하지 못하는 것으로 보일 수 있다. 남성 지원자의 경우 넥타이를 자꾸 고쳐 맨다거나 정장 상의 끝을 너무 자주 만지작거리지 않는다. 여성 지원자는 머리를 계속 쓸어 올리지 않고, 특히 짧은 치마를 입고서 신경이 쓰여 치마를 끌어 내리는 행동은 좋지 않다.

ⓜ 다리를 떨거나 산만한 시선은 면접 탈락의 지름길 : 자신도 모르게 다리를 떨거나 손가락을 만지는 등의 행동을 하는 지원자가 있는데, 이는 면접관의 주의를 끌 뿐만 아니라 불안하고 산만한 사람이라는 느낌을 주게 된다. 따라서 가능한 한 바른 자세로 앉아 있는 것이 좋다. 또한 면접관과 시선을 맞추지 못하고 여기저기 둘러보는 듯한 산만한 시선은 지원자가 거짓말을 하고 있다고 여겨지거나 신뢰할 수 없는 사람이라고 생각될 수 있다.

② 답변 관련 예절

ⓖ 면접관이나 다른 지원자와 가치 논쟁을 하지 않는다. : 질문을 받고 답변하는 과정에서 면접관 또는 다른 지원자의 의견과 다른 의견이 있을 수 있다. 특히 평소 지원자가 관심이 많은 문제이거나 잘 알고 있는 문제인 경우 자신과 다른 의견에 대해 이의가 있을 수 있다. 하지만 주의할 것은 면접에서 면접관이나 다른 지원자와 가치 논쟁을 할 필요는 없다는 것이며 오히려 불이익을 당할 수도 있다. 정답이 정해져 있지 않은 경우에는 가치관이나 성장배경에 따라 문제를 받아들이는 태도에서 답변까지 충분히 차이가 있을 수 있으므로 굳이 면접관이나 다른 지원자의 가치관을 지적하고 고치려 드는 것은 좋지 않다.

ⓛ 답변은 항상 정직해야 한다. : 면접이라는 것이 아무리 지원자의 장점을 부각시키고 단점을 축소시키는 것이라고 해도 절대로 거짓말을 해서는 안 된다. 거짓말을 하게 되면 지원자는 불안하거나 꺼림칙한 마음이 들게 되어 면접에 집중을 하지 못하게 되고 수많은 지원자를 상대하는 면접관은 그것을 놓치지 않는다. 거짓말은 그 지원자에 대한 신뢰성을 떨어뜨리며 이로 인해 다른 스펙이 아무리 훌륭하다고 해도 채용에서 탈락하게 될 수 있음을 명심하도록 한다.

ⓒ 경력직을 경우 전 직장에 대해 험담하지 않는다. : 지원자가 전 직장에서 무슨 업무를 담당했고 어떤 성과를 올렸는지는 면접관이 관심을 둘 사항일 수 있지만, 이전 직장의 기업문화나 상사들이 어땠는지는 그다지 궁금해 하는 사항이 아니다. 전 직장에 대해 험담을 늘어놓는다든가, 동료와 상사에 대한 악담을 하게 된다면 오히려 지원자에 대한 부정적인 이미지만 심어줄 수 있다. 만약 전 직장에 대한 말을 해야 할 경우가 생긴다면 가능한 한 객관적으로 이야기하는 것이 좋다.

ⓔ 자기 자신이나 배경에 대해 자랑하지 않는다. : 자신의 성취나 부모 형제 등 집안사람들이 사회 · 경제적으로 어떠한 위치에 있는지에 대한 자랑은 면접관으로 하여금 지원자에 대해 오만한 사람이거나 배경에 의존하려는 나약한 사람이라는 이미지를 갖게 할 수 있다. 따라서 자기 자신이나 배경에 대해 자랑하지 않도록 하고, 자신이 한 일에 대해서 너무 자세하게 얘기하지 않도록 주의해야 한다.

3 면접 질문 및 답변 포인트

(1) 가족 및 대인관계에 관한 질문

① 당신의 가정은 어떤 가정입니까?

면접관들은 지원자의 가정환경과 성장과정을 통해 지원자의 성향을 알고 싶어 이와 같은 질문을 한다. 비록 가정 일과 사회의 일이 완전히 일치하는 것은 아니지만 '가화만사성'이라는 말이 있듯이 가정이 화목해야 사회에서도 화목하게 지낼 수 있기 때문이다. 그러므로 답변 시에는 가족사항을 정확하게 설명하고 집안의 분위기와 특징에 대해 이야기하는 것이 좋다.

② 친구 관계에 대해 말해 보십시오.

지원자의 인간성을 판단하는 질문으로 교우관계를 통해 답변자의 성격과 대인관계능력을 파악할 수 있다. 새로운 환경에 적응을 잘하여 새로운 친구들이 많은 것도 좋지만, 깊고 오래 지속되어온 인간관계를 말하는 것이 더욱 바람직하다.

(2) 성격 및 가치관에 관한 질문

① 당신의 PR포인트를 말해 주십시오.

PR포인트를 말할 때에는 지나치게 겸손한 태도는 좋지 않으며 적극적으로 자기를 주장하는 것이 좋다. 앞으로 입사 후 하게 될 업무와 관련된 자기의 특성을 구체적인 일화를 더하여 이야기하도록 한다.

② 당신의 장·단점을 말해 보십시오.

지원자의 구체적인 장·단점을 알고자 하기 보다는 지원자가 자기 자신에 대해 얼마나 알고 있으며 어느 정도의 객관적인 분석을 하고 있나, 그리고 개선의 노력 등을 시도하는지를 파악하고자 하는 것이다. 따라서 장점을 말할 때는 업무와 관련된 장점을 뒷받침할 수 있는 근거와 함께 제시하며, 단점을 이야기할 때에는 극복을 위한 노력을 반드시 포함해야 한다.

③ 가장 존경하는 사람은 누구입니까?

존경하는 사람을 말하기 위해서는 우선 그 인물에 대해 알아야 한다. 잘 모르는 인물에 대해 존경한다고 말하는 것은 면접관에게 바로 지적당할 수 있으므로, 추상적이라도 좋으니 평소에 존경스럽다고 생각했던 사람에 대해 그 사람의 어떤 점이 좋고 존경스러운지 대답하도록 한다. 또한 자신에게 어떤 영향을 미쳤는지도 언급하면 좋다.

(3) 학교생활에 관한 질문

① 지금까지의 학교생활 중 가장 기억에 남는 일은 무엇입니까?

가급적 직장생활에 도움이 되는 경험을 이야기하는 것이 좋다. 또한 경험만을 간단하게 말하지 말고 그 경험을 통해서 얻을 수 있었던 교훈 등을 예시와 함께 이야기하는 것이 좋으나 너무 상투적인 답변이 되지 않도록 주의해야 한다.

② 성적은 좋은 편이었습니까?

면접관은 이미 서류심사를 통해 지원자의 성적을 알고 있다. 그럼에도 불구하고 이 질문을 하는 것은 지원자가 성적에 대해서 어떻게 인식하느냐를 알고자 하는 것이다. 성적이 나빴던 이유에 대해서 변명하려 하지 말고 담백하게 받아드리고 그것에 대한 개선노력을 했음을 밝히는 것이 적절하다.

(4) 지원동기 및 직업의식에 관한 질문

① 왜 우리 회사를 지원했습니까?

이 질문은 어느 회사나 가장 먼저 물어보고 싶은 것으로 지원자들은 기업의 이념, 대표의 경영능력, 재무구조, 복리후생 등 외적인 부분을 설명하는 경우가 많다. 이러한 답변도 적절하지만 지원 회사의 주력 상품에 관한 소비자의 인지도, 경쟁사 제품과의 시장점유율을 비교하면서 입사동기를 설명한다면 상당히 주목 받을 수 있을 것이다.

② 만약 이번 채용에 불합격하면 어떻게 하겠습니까?

불합격할 것을 가정하고 회사에 응시하는 지원자는 거의 없을 것이다. 이는 지원자를 궁지로 몰아넣고 어떻게 대응하는지를 살펴보며 입사 의지를 알아보려고 하는 것이다. 이 질문은 너무 깊이 들어가지 말고 침착하게 답변하는 것이 좋다.

③ 당신이 생각하는 바람직한 사원상은 무엇입니까?

직장인으로서 또는 조직의 일원으로서의 자세를 묻는 질문으로 지원하는 회사에서 어떤 인재상을 요구하는 가를 알아두는 것이 좋으며, 평소에 자신의 생각을 미리 정리해 두어 당황하지 않도록 한다.

④ 직무상의 적성과 보수의 많음 중 어느 것을 택하겠습니까?

이런 질문에서 회사 측에서 원하는 답변은 당연히 직무상의 적성에 비중을 둔다는 것이다. 그러나 적성만을 너무 강조하다 보면 오히려 솔직하지 못하다는 인상을 줄 수 있으므로 어느 한 쪽을 너무 강조하거나 경시하는 태도는 바람직하지 못하다.

⑤ 상사와 의견이 다를 때 어떻게 하겠습니까?

과거와 다르게 최근에는 상사의 명령에 무조건 따르겠다는 수동적인 자세는 바람직하지 않다. 회사에서는 때에 따라 자신이 판단하고 행동할 수 있는 직원을 원하기 때문이다. 그러나 지나치게 자신의 의견만을 고집한다면 이는 팀원 간의 불화를 야기할 수 있으며 팀 체제에 악영향을 미칠 수 있으므로 선호하지 않는다는 것에 유념하여 답해야 한다.

⑥ 근무지가 지방인데 근무가 가능합니까?

근무지가 지방 중에서도 특정 지역은 되고 다른 지역은 안 된다는 답변은 바람직하지 않다. 직장에서는 순환 근무라는 것이 있으므로 처음에 지방에서 근무를 시작했다고 해서 계속 지방에만 있는 것은 아님을 유의하고 답변하도록 한다.

(5) 여가 활용에 관한 질문 – 취미가 무엇입니까?

기초적인 질문이지만 특별한 취미가 없는 지원자의 경우 대답이 애매할 수밖에 없다. 그래서 가장 많이 대답하게 되는 것이 독서, 영화감상, 혹은 음악감상 등과 같은 흔한 취미를 말하게 되는데 이런 취미는 면접관의 주의를 끌기 어려우며 설사 정말 위와 같은 취미를 가지고 있다 하더라도 제대로 답변하기는 힘든 것이 사실이다. 가능하면 독특한 취미를 말하는 것이 좋으며 이제 막 시작한 것이라도 열의를 가지고 있음을 설명할 수 있으면 그것을 취미로 답변하는 것도 좋다.

(6) 지원자를 당황하게 하는 질문

① 성적이 좋지 않은데 이 정도의 성적으로 우리 회사에 입사할 수 있다고 생각합니까?

비록 자신의 성적이 좋지 않더라도 이미 서류심사에 통과하여 면접에 참여하였다면 기업에서는 지원자의 성적보다 성적 이외의 요소, 즉 성격·열정 등을 높이 평가했다는 것이라고 할 수 있다. 그러나 이런 질문을 받게 되면 지원자는 당황할 수 있으나 주눅 들지 말고 침착하게 대처하는 면모를 보인다면 더 좋은 인상을 남길 수 있다.

② 우리 회사 회장님 함자를 알고 있습니까?

회장이나 사장의 이름을 조사하는 것은 면접일을 통고받았을 때 이미 사전 조사되었어야 하는 사항이다. 단답형으로 이름만 말하기보다는 그 기업에 입사를 희망하는 지원자의 입장에서 답변하는 것이 좋다.

③ 당신은 이 회사에 적합하지 않은 것 같군요.

이 질문은 지원자의 입장에서 상당히 곤혹스러울 수밖에 없다. 질문을 듣는 순간 그렇다면 면접은 왜 참가시킨 것인가 하는 생각이 들 수도 있다. 하지만 당황하거나 흥분하지 말고 침착하게 자신의 어떤 면이 회사에 적당하지 않은지 겸손하게 물어보고 지적당한 부분에 대해서 고치겠다는 의지를 보인다면 오히려 자신의 능력을 어필할 수 있는 기회로 사용할 수도 있다.

④ 다시 공부할 계획이 있습니까?

이 질문은 지원자가 합격하여 직장을 다니다가 공부를 더 하기 위해 회사를 그만 두거나 학습에 더 관심을 두어 일에 대한 능률이 저하될 것을 우려하여 묻는 것이다. 이때에는 당연히 학습보다는 일을 강조해야 하며, 업무 수행에 필요한 학습이라면 업무에 지장이 없는 범위에서 야간학교를 다니거나 회사에서 제공하는 연수 프로그램 등을 활용하겠다고 답변하는 것이 적당하다.

⑤ 지원한 분야가 전공한 분야와 다른데 여기 일을 할 수 있겠습니까?

　　수험생의 입장에서 본다면 지원한 분야와 전공이 다르지만 서류전형과 필기전형에 합격하여 면접을 보게 된 경우라고 할 수 있다. 이는 결국 해당 회사의 채용 방침상 전공에 크게 영향을 받지 않는다는 것이므로 무엇보다 자신이 전공하지는 않았지만 어떤 업무도 적극적으로 임할 수 있다는 자신감과 능동적인 자세를 보여주도록 노력하는 것이 좋다.

02 면접기출

경험기반 인터뷰 면접은 1분 자기소개가 주어지고 그에 대해서 면접관들이 개별 질문을 한다. 인성을 물어보는 경우도 있으며 전공에 대해 질문을 하는 경우도 있다.

직무상황기반 토론 면접은 서류를 나누어주고 그것을 읽은 다음 그 상황(장비의 오작동 등)에 처했을 때 어떻게 할 것인지를 다른 사람과 토론한다. 감독관들은 처음에 설명을 하고나서는 어떤 개입도 하지 않으며, 5분 정도 남았을 때 지원자들 중 한 사람이 전체 의견과 해결방안에 대해 요약, 작성하여 제출한다.

1 최신 면접기출

① 살면서 자기가 힘들었던 것을 어떻게 극복했는지 말해보시오.

② 공급 배관망 가스 압력은?

③ 자동차 타이어의 공기압은 몇인가?

④ LNG 가스와 CNG가스는 무엇이며 각각의 차이점은?

⑤ 본인의 직업관은 어떻게 되는가?

⑥ 회식문화에 대해서 어떻게 생각하는가?

⑦ 취미가 무엇인가?

⑧ 입사를 하게 되면 어떤 일을 하고 싶은지 말해보시오.

⑨ 한국가스기술공사에 대해 아는 대로 말해보시오.

⑩ 본인의 취미에 대해 말해보시오.

⑪ 해당 직무를 선택한 이유에 대해 말해보시오.

⑫ 연고지가 아닌 지방근무가 가능합니까?

⑬ 지원직군에서 무슨 업무를 하는지 알고 왔습니까?

⑭ 본인을 당사가 채용해야 하는 이유에 대해 말해보시오.

⑮ 본인만의 경쟁력이 무엇인지 말해보시오.

⑯ 지원 분야에 대한 본인의 강점을 말해보시오.

⑰ 보유한 자격증에 대해 설명해보시오.

⑱ 본인이 희망하지 않는 분야에 배치된다면 어떻게 하겠습니까?

⑲ 영어로 자기소개를 간단히 해 보시오.

⑳ 변전소 UPS 트립 코일이 소손되었을 경우 어떻게 수리해야 하는지 말해보시오.

㉑ 유도전동기의 기동방법에 대해 설명해보시오.

㉒ 농형과 권선형 유도전동기의 차이점에 대해 설명해보시오.

㉓ CSR에 대해 설명해보시오.

㉔ 한국가스기술공사의 사업영역에는 어떠한 것이 있는지 말해보시오.

㉕ 설계 관련 프로그램을 사용해 본적이 있습니까?

㉖ 본인의 경력을 정비가 아닌 설계분야에 접목할 수 있을 것 같다고 생각합니까?

㉗ 본인의 적성이나 생각한 업무가 아닌 다른 업무가 주어진다면 어떻게 하겠습니까?

㉘ 대학교 시절 가장 좋아했던 과목은 무엇이며, 그 이유는 무엇입니까?

㉙ 상사가 불합리한 지시를 할 경우 어떻게 대응하겠습니까?

㉚ 베르누이의 법칙과 레이놀즈 계수에 대해 설명해보시오.

㉛ 공정 관련 프로그램은 어떤 것을 다루어 보았습니까?

㉜ 유체역학 관련 프로그램에 대해 아는 대로 말해보시오.

2 **면접기출**

① 자기소개를 해보시오.

② 한국가스기술공사에 대해 아는 것을 말해보시오.

③ 자신의 장단점에 대해 말해보시오.

④ 결혼관 및 원하는 배우자 상에 대해 말해보시오.

⑤ 채용공고는 어떻게 접하고 지원했는가?

⑥ 여가시간에는 무엇을 하고 지내는가?

⑦ 당신의 전공에 대해 설명해 보시오.

⑧ 개인의 이익과 집단의 이익 중 무엇이 더 중요하다고 생각하는지 자신의 경험에 빗대어 이야기 해 보시오.

⑨ 최근 청년실업문제가 대두되고 있는데 실업문제가 청년들의 문제라고 생각하는가? 아니면 국가(정부)의 문제라고 생각하는가?

⑩ 한국가스기술공사 본사에 온 첫 느낌은 어떤가?

⑪ 살아오면서 누군가를 설득해본 경험이 있는가?

⑫ 기능사와 기술자의 차이를 말해보시오.

⑬ 마지막으로 하고 싶은 말을 해보시오.

⑭ 상사가 부정한 일로 자신의 이득을 취하고 있다. 이를 인지하게 되었을 때 자신이라면 어떻게 행동할 것인가?

⑮ 본인이 했던 일 중 가장 창의적이었다고 생각하는 경험에 대해 말해보시오.

⑯ 직장 생활 중 적성에 맞지 않는다고 느낀다면 다른 일을 찾을 것인가? 아니면 참고 견뎌내겠는가?

⑰ 면접을 보러 가는 길인데 신호등이 빨간불이다. 시간이 매우 촉박한 상황인데 무단횡단을 할 것인가?

⑱ 상사와 종교 · 정치에 대한 대화를 하던 중 본인의 생각과 크게 다른 경우 어떻게 하겠는가?

⑲ 오늘 경제신문 첫 면의 기사에 대해 브리핑 해보시오.

⑳ 장래에 자녀를 낳는다면 주말 계획은 자녀와 자신 중 어느 쪽에 맞춰서 할 것인가?

㉑ 현재 사회 전체적으로 심각한 취업난인 반면 중소기업은 인력이 부족하다는데 어떻게 생각하는가?

㉒ 지방이나 오지 근무에 대해서 어떻게 생각하는가?

㉓ 상사에게 부당한 지시를 받으면 어떻게 할 것인가?

㉔ 최근 주의 깊게 본 시사 이슈는 무엇인가?

㉕ 자신만의 스트레스 해소법이 있는가?

상식
용어사전
시리즈

합격GO!

1 빈출 일반상식

공기업/공공기관 채용시험 일반상식에서 자주 나오는 빈출문항을 정리하여 수록한 교재! 한 권으로 일반상식 시험 준비 마무리 하자!

2 중요한 용어만 한눈에 보는 시사용어사전 1152

매일 접하는 각종 기사와 정보 속에서 현대인이 놓치기 쉬운, 그러나 꼭 알아야 할 최신 시사상식을 쏙쏙 뽑아 이해하기 쉽도록 정리했다!

3 중요한 용어만 한눈에 보는 경제용어사전 1007

주요 경제용어는 거의 다 실었다! 경제가 쉬워지는 책, 경제용어사전!

4 중요한 용어만 한눈에 보는 부동산용어사전 1300

부동산에 대한 이해를 높이고 부동산의 개발과 활용, 투자 및 부동산 용어 학습에도 적극적으로 이용할 수 있는 부동산용어사전!